Survival
CHILDREN
儿童生存现状系列

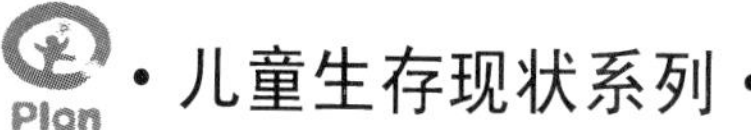

中国儿童福利前沿（2011）

Discovery Report:

Emerging Issues and Findings for Child Welfare and Protection in China (2011)

尚晓援 王小林 等/著

致　谢

本书的各项研究分别得到了国际计划（Plan International）、儿童乐益会（Right To Play）、SIDA（Swedish International Development Cooperation Agency）等组织的资金和实物支持，特此致谢。感谢民政部社会福利和慈善促进司、天津市儿童福利院、大同市社会福利院以及其他参与调查的政府和非政府组织在调研过程中的大力支持和帮助。北京师范大学儿童福利中心的研究生谢佳闻、唐敏、赵屹、李香萍、徐丽萍和张华参与了实地调研和资料整理工作，谢佳闻在本书的最后定稿过程中做了大量的文字编辑工作，特此致谢。

"This material is funded by Sida, The Swedish International Development Cooperation Agency. Sida does not necessarily share the opinions expressed herein. The sole responsibility for content belongs to the author."

致　谢

This material is funded by Sida, The Swedish International Development Cooperation Agency. Sida does not necessarily share the opinions expressed herein. The sole responsibility for content belongs to the author.

前　言

中国的儿童福利制度，正处在大规模变革的初期。在这个时候，学术界只有站在儿童福利领域的最前沿，才有可能用其知识、热情和集体努力对新制度的建设作出卓有成效的贡献，并引导制度建设。北京师范大学儿童福利研究中心多年来在儿童福利领域进行政策研究。我们发现，我们关注的很多问题，在两三年甚至更长的时间之后，会成为政策领域和儿童福利学界的热点问题。从前沿问题到热点问题之间的时间差，反映了中国儿童福利制度进步的轨迹和速度。因此，我们决定尽早把自己研究的一些初步成果加以发表，缩短从儿童福利前沿问题到热点问题之间的时间差距。我们的根本目的，是推动中国儿童福利制度的建设和进步。当儿童福利的一个“前沿”问题成为学术界、社会甚至是“两会”代表们关注的热点问题之后，这个问题就被提到政府制定政策的议事日程之上，解决这个问题的政策手段也就逐渐成熟了。

2010 年，我们出版了《中国儿童福利前沿问题》，社会反响很大，很多研究者或机构希望索取相关信息。因此，我们决定，2011 年出版第二本关于中国儿童福利前沿问题的著作。本书中讨论的问题，都是我们最近两三年中关注和进行了初步研究的问题，也是我们希望下一步更加深入研究的问题。

2010 年，被业内人士称为中国的“儿童福利元年”。因为国务院办公厅《关于加强孤儿保障工作的意见》标志着国家对孤儿生活的保障真正从福利院内扩展到院外。在西方国家福利制度发展的历史上，院内福利向院外福利的扩展，是现代意义上的社会福利制度的滥觞。此后，政府部门在儿童福利方面进行制度建设的努力，和中国公民社会对儿童福利问题的关注，一发而不可收。在2011年的“两会”期间，代表们关于弱势儿童群体的提案数量是前所未有的。中国的儿童福利制度建设，在“十二五”期间会大大提速。在这样的背景下，本书在结论部分提出了一个重要的论点：

中国儿童福利的制度突破已经开始，在这个新制度形成和发展的关键时期，中国面对的最重要的挑战，不是资金的短缺，不是政治家的决心，不是整个社会的关注与否或儿童是否拥有政治声音。因为经过多年的努力，这些条件都已经具备。现在，最重要的挑战来自儿童福利学界自身：在这个极其重要的发展阶段，中国的学术界在儿童福利的理念、制度创新和体制设计方面，能够前进多远，决定了中国新的儿童福利制度能够向前推进的程度。

我们期望通过自己抛砖引玉的努力，吸引更多的学者和社会各界人士关注中国弱势儿童群体的问题，更期望在中国政府部门、商业部门、公民社会和学术界的共同努力之下，中国尽快建立起一个新的儿童福利制度。这个制度将为我们的儿童提供一个更加和谐、公正和充满人性的成长环境，为我们所有的人，带来更加光明的未来。

本书中涉及的各项研究，分别得到了福特基金会（Ford Foundation）、澳大利亚新南威尔士大学社会政策研究中心（Social Policy Research Centre, UNSW）、澳大利亚研究署（Australian Research Council）、联合国儿童基金会（UNICEF）、摩根大通基金会（JPMorgan Chase Foundation）、戴蒙基金会（Dimon Foundation）、儿童乐益会中国（Right To Play China）和北京师范大学壹基金公益研究院等组织的资金和实物支持，特此致谢。北京师范大学壹基金公益研究院儿童福利研究中心的徐佳、刘令堃，研究生和志愿者赵屹、朱照南、曹意文参与了调研和资料整理工作，虞婕在本书的最后定稿中做了大量的文字编辑工作，特此致谢。

尚晓援

目　录

第一部分　政策篇

第一章　中国儿童福利政策报告（2011） …………… 王振耀　尚晓援 / 3

一　中国儿童和儿童福利 ………………………………………………… / 3

二　中国儿童福利政策概览 …………………………………………… / 18

三　中国儿童福利项目 ………………………………………………… / 46

四　中国儿童福利政策发展评估 ……………………………………… / 52

五　对我国儿童福利政策未来发展的建议 …………………………… / 59

附录一　中国儿童福利的法律、法规和政策目录 …………………… / 64

附录二　中国主要儿童福利项目 ……………………………………… / 75

附录三　中国儿童福利的主要非政府组织名录 ……………………… / 84

第二部分　预算篇

第二章　中国儿童预算分析：一个基于儿童福利的概念框架

………………………………… 王小林　王素霞　尚晓援 / 111

一　引言 ……………………………………………………………… / 111

二　福利概念及多维度儿童福利概念框架的发展 …………………… / 111
三　基于儿童福利的儿童预算概念框架 …………………… / 113
四　中国儿童福利及儿童预算分析 …………………… / 118
五　总结与建议 …………………… / 122

第三章　夏县农村儿童抚育成本研究 …………………… 李振刚 / 125
一　前言 …………………… / 125
二　预算标准法的基本原理 …………………… / 127
三　研究设计 …………………… / 130
四　预算标准所涉及的消费领域 …………………… / 135
五　代表家庭类型生活成本 …………………… / 141
六　儿童抚养成本 …………………… / 145
七　儿童抚养成本的实际应用 …………………… / 150
附录一　食物成本的测算 …………………… / 156
附录二　商品和服务清单 …………………… / 161

第三部分　状态篇

第四章　四川省凉山州三县儿童状况及福利需求分析 ……… 黄晓燕 / 177
一　引言 …………………… / 177
二　调查设计与实施 …………………… / 178
三　三县儿童生存与发展的基本状况 …………………… / 180
四　三县儿童状况的特点及原因分析 …………………… / 200
五　儿童需求 …………………… / 204
六　应对策略 …………………… / 208

第五章　中国儿童的水、卫生设施和能源服务

——基于五省（区）的调查 ……………… 王小林　尚晓援 / 211

一　引言 …………………………………………………………… / 211

二　不安全饮用水、卫生设施和能源对儿童健康的威胁 ……… / 211

三　中国五省（区）农村儿童获得安全饮用水、卫生设施和能源的状况 …………………………………………… / 214

四　政策建议 ……………………………………………………… / 220

第六章　家庭寄养、社会网络和成年孤儿就业渠道分析

——山西省大同市社会福利院的个案研究

…………………………………………… 唐　敏　尚晓援 / 222

一　导言 …………………………………………………………… / 222

二　农村孤儿的社会网络分析 …………………………………… / 228

三　社会网络在成年孤儿就业中的作用 ………………………… / 229

四　结论 …………………………………………………………… / 241

附录　访谈提纲 …………………………………………………… / 247

第四部分　组织篇

第七章　儿童福利服务组织的公信力研究 …………………… 尚晓援 / 255

一　理论框架 ……………………………………………………… / 255

二　主要假说 ……………………………………………………… / 257

三　资料收集方法和局限性 ……………………………………… / 258

第八章　儿童福利服务组织公信力建设研究之一：安琪之家的个案研究

…………………………………………… 李　敬　尚晓援 / 260

一　导言 …………………………………………………………… / 260

二　用户创造服务：安琪之家的创立 …… / 262
三　正规化和专业化之路 …… / 265
四　安琪之家的公信力建设 …… / 269
五　结论 …… / 272

第九章　儿童福利服务组织公信力建设研究之二：儿童希望 …… 林　甦 / 275
一　导言 …… / 275
二　理论框架 …… / 275
三　研究方法 …… / 276

第十章　儿童福利服务组织公信力建设研究之三：南宁市儿童福利院 …… 王霞绯　尚晓援 / 296
一　导言 …… / 296
二　南宁市福利院 …… / 297
三　福利院的公信力建设 …… / 304
四　福利院面临的公信力挑战 …… / 312
五　政策建议 …… / 314

后记　任重道远：理论研究和制度创新的挑战 …… / 317

Contents

Part One Policies

Chapter 1 China's Child Welfare Policies (2011)

Zhenyao Wang Xiaoyuan Shang / 3

1. Chinese children and child welfare / 3
2. An overview of child welfare policies in China / 18
3. Child welfare programs in China / 46
4. Assessment of the development of child welfare policies in China / 52
5. Policy suggestions for the future development of child welfare policies in China / 59

Appendix 1: Lists of laws, regulations and policies of child welfare in China / 64

Appendix 2: The main child welfare programs in China / 75

Appendix 3: A list of the main NGOs for child welfare in China / 84

Part Two Budget

Chapter 2 An Analysis of Child Budget in China: from the Perspective of Child Welfare

Xiaolin Wang Suxia Wang and Xiaoyuan Shang / 111

1. Introduction / 111

2. Development of the concepts of welfare and multidimensional child welfare / 111

3. Child budget conceptual framework: from the perspective of child welfare / 113

4. China's child welfare and analysis of child budget / 118

5. A summary and suggestions / 122

Chapter 3 Costs of Children: the Case of Xia County

Zhengang Li / 125

1. Introduction / 125

2. Basic principles of budget standard method / 127

3. Research design / 130

4. Consumer items included in the budget standard / 135

5. The living costs of representative family types / 141

6. Costs of raising children / 145

7. Actual application of the costs of raising children / 150

Appendix 1: An estimation of food costs / 156

Appendix 2: A list of goods and services / 161

Part Three Situation

Chapter 4 The Welfare Needs of Children: Cases of Three Counties in Liangshan *Xiaoyan Huang* / 177

1. Introduction / 177

2. Survey design and implementation / 178

3. The Situation and development of Children in the three counties / 180

4. An analysis of characteristics of children's needs and factors affecting children / 200

5. Children's needs / 204

6. Policy Suggestions / 208

Chapter 5 The Analysis of Children's Needs on Water, Sanitary Facilities and Power Supply *Xiaolin Wang Xiaoyuan Shang* / 211

1. Introduction / 211

2. The influence of unsafe water, sanitation facilities and power supply on children's health / 211

3. The situation of the five counties: children's access to safe water, sanitation facilities and power supply / 214

4. Policy advices / 220

Chapter 6 Foster Care, Social Network and Employment Channels of Grown-up Orphans *Min Tang Xiaoyuan Shang* / 222

1. Introduction / 222

2. An analysis of the social network of rural orphans / 228

3. The role of social networks in grown - up orphans' job search efforts / 229

4. Conclusion / 241

Appendix: Interview outline / 247

Part Four Organizations

Chapter 7 Accountabilities of Child Welfare Organizations *Xiaoyuan Shang* / 255

1. Theoretical framework / 255

2. Main hypotheses / 257

3. Data collection methods and limitations / 258

Chapter 8 Accountabilities of a Child Welfare Organization: the Case of Angel Home *Jing Li Xiaoyuan Shang*/ 260

1. Introduction / 260
2. User initiating services: the establishment of Angel Home / 262
3. A road towards standardization and specialization / 265
4. Building accountabilities / 269
5. Conclusion / 272

Chapter 9 Accountabilities of a Child Welfare Organization: the Case of Child Hope *Su Lin* / 275

1. Introduction / 275
2. Theoretical framework / 275
3. Research methods / 276

Chapter 10 Accountabilities of a Child Welfare Organization: the Case of Nanning Child Welfare Institution

Xiafei Wang Xiaoyuan Shang / 296

1. Introduction / 296
2. Nanning welfare institute / 297
3. Efforts of building accountabilities by the welfare institute / 304
4. The accountability challenges facing the welfare institute / 312
5. Policy advices / 314

Postscript Long Way to Go: Theoretical and Institutional Innovation Challenge / 317

第一部分

政策篇

第一章　中国儿童福利政策报告（2011）

王振耀　尚晓援

一　中国儿童和儿童福利

（一）中国儿童人口基本状况

截至2008年底，中国0～18岁儿童的总数是2.78亿人，占中国人口总数的20.93%[①]。儿童的生存与发展状况对中国未来经济社会的持续发展至关重要。值得肯定的是，婴儿死亡率从1991年的50.2‰下降到2009年的13.8‰，5岁以下儿童死亡率从1991年的61‰降至2009年的17.2‰[②]。同时，儿童的中小学入学率、儿童卫生和营养状况等都较过去有不同程度的改善。

从人口分布来看，中国0～14岁的儿童中有34.86%分布在东部地区，中部和西部地区的儿童分布比例分别为32.95%和32.19%，其中东部地区最多、西部地区最少（见表1－1）。但从数据可见，中国儿童人口在分布上不存在显著的地区差异。但是，在少年儿童抚养比方面，儿童数量相对较少的西部地区，抚养比却高达29.0%，意味着每100个14～65岁的人就需要抚养29名0～14岁儿童，而东部地区这一比例为19.25%。如果将儿童人口分布与中、东、西部经济发展水平结合来看，不难发现，人均

---

① 根据下述资料计算：国家统计局人口和就业统计司编《中国人口和就业统计年鉴2009》光盘资料，统计出版社，表2－3。

② 资料来源：《2010中国卫生统计年鉴》，http：//www.moh.gov.cn/publicfiles/business/htmlfiles/zwgkzt/ptjnj/year2010/index2010.html。

国内生产总值越低的地区，少年儿童抚养比反而越高，说明中国越是经济不发达地区，儿童的生存与发展状况越需要改善。这关系到中国的未来。

表 1-1　中国地区儿童分布与经济状况

地　区	0～14 岁儿童人口比重（%）	少年儿童抚养比（%）	人均地区生产总值（元）
中　部	32.95	23.54	16435.1
东　部	34.86	19.25	40539.1
西　部	32.19	29.01	15124.3

资料来源：据《中国统计年鉴 2009》第 95、99 页相关数据计算。

有特殊需求的儿童群体，包括孤儿、残疾儿童、流浪乞讨儿童、留守儿童、单亲家庭子女、受暴力侵害和虐待儿童，以及受艾滋病影响儿童等弱势群体，其数量如下。

民政部 2010 年统计数据显示，在民政部门登记的孤儿人数已经从 2005 年的 57.4 万上升至 71.2 万；根据尚晓援等的调查，青海、西藏、新疆、宁夏以及广西、贵州和云南等经济欠发达省区孤儿比例高于其他地区，农村户口的孤儿占总数的 86.3%，城市户口的孤儿占 13.7%（尚晓援，2008b）。

截至 2006 年 4 月 1 日，0～17 岁的各类残疾儿童共计 504.3 万人，大约占残疾人总数的 6.08%，其中 0～14 岁的残疾儿童有 386.78 万，占 0～14 岁儿童总数的 4.66%（中国残联康复部，2006），其中，2009 年底未入学的适龄残疾儿童有 21.1 万人。

根据 2005 年全国 1% 人口抽样调查的数据推断，中国进城务工的农村劳动力约 1.3 亿人，全国农村留守儿童约 5800 万人，其中 14 周岁以下的农村留守儿童约 4000 多万人。与 2000 年相比，2005 年农村留守儿童规模增长十分迅速。在全部农村儿童中，留守儿童的比例达 28.29%，平均每 4 个农村儿童中就有 1 个多留守儿童，其中 5 周岁以下的幼童大约 1566 万人，占全部留守儿童的 27%。大量的儿童得不到父母的照料，由祖父母和亲属照料，这是中国独特的照料范式。

再就是受艾滋病影响的儿童。受艾滋病影响的儿童指父母中至少有一方，或者儿童本身是HIV感染者或艾滋病患者的儿童（尚晓援，2008）。据联合国儿童基金会2005年的研究，预计到2010年底，大约有49.6万~89.4万在中国的儿童成为受艾滋病影响的儿童，其中2万~2.7万儿童因艾滋病失去父母双方①。目前，实际数目不详。

中国受暴力侵害和虐待的儿童数尚无精确统计。但是，在联合国儿童基金会和民政部联合建立的儿童福利示范区中，基线调查数据显示，没有受到过家长打骂的儿童比例为48%。以此推算，中国受到家长打骂的儿童，人数当以亿计。其中多数是家长教育方法不当。但是，打骂程度严重，已经可以称得上是“虐待”的，仍然有5%以上。照此推算，中国受到虐待的儿童数，可以千万计。体罚和虐待对儿童造成的身心伤害，至今尚未有适当的研究和政策干预。不难看出，中国弱势儿童群体数量庞大，对儿童福利的需求迫切。

（二）中国儿童福利事业的发展

本报告使用的“儿童福利”概念，主要指政府提供的旨在保障儿童安全、改善儿童生活和发展状态的各种服务和津贴。这些福利服务有的提供给所有儿童，有的提供给有特殊需要的儿童，包括涉及儿童发展的各种教育和医疗服务，以及替代性养护（机构养育、家庭寄养和领养）、儿童津贴、对残疾儿童的康复服务和其他服务等。为保障儿童避免受到暴力侵害和虐待的各种服务也属于儿童福利的范围。在很多国家，又称为“儿童保护”，不同国家的服务项目差别很大。

由于儿童福利涉及儿童生存发展的各个方面，涉及最弱势的社会群体。公民社会组织也积极参与儿童福利服务的供给。这是扩大的儿童福利概念。

1. 历史起源

中国目前的儿童福利事业，是在新中国成立后逐步建立和发展起来的。在1949年以前，中国其实没有现代意义上的“儿童福利”。当时，中国的特殊儿童福利制度是一个混合体系，除了政府部门举办的特困儿童救济机

---

① 联合国儿童基金会：《联合国儿基会和中国政府合作艾滋病预防关怀项目报告》，内部文件，2005。

构，来自西方国家的宗教组织、其他国内外非政府组织和个人在对孤残儿童提供照料方面发挥着重要作用。当时“育婴堂”、“救济院”等慈善机构遍布全国大小城市。

民国时期，国民政府于1928年公布了《各地方救济院规则》，规定各省、市、县政府及有条件的乡镇，为教养无自救力的老幼残等人设立包括孤儿所在内的救济院。这些设施已具有社会福利的一些特点。抗战时期，1940年，社会部下设社会福利司，专门负责社会福利事项，并随后兴办了重庆实验救济院等示范单位。重庆实验救济院内设安老、育幼等处所，收容老弱病残600余人。

中国共产党成立后，在掌握全国政权之前，曾提出过自己的关于国家福利的政策主张。如1931年，中华苏维埃第一次全国代表大会通过的《土地法》规定：“老弱残废以及孤寡，自己不能劳动，而且没有家属可依靠的人，应由苏维埃政府实行救济。”1948年，陕甘宁边区为救助6～12岁无依无靠的儿童，建立了难民教养院，并发动群众收容安置6岁以下孤儿难童。

2. 新中国儿童福利的阶段性发展

1949年新中国成立，伴随着政治经济社会的发展，儿童福利事业经历了巨大的变迁，有几个不同的发展阶段。在不同阶段，由于当时社会背景、指导思想与政策方针的不同，儿童福利具有不同的特征。

（1）第一阶段：1949～1957年。

这一时期是儿童福利事业发展的起始阶段，1949年10月新中国成立后，中国政府面临的主要问题是如何巩固政权，重建社会秩序，开展社会主义经济建设活动。儿童福利面临的主要问题是如何在社会主义建设中保障儿童在国家社会生活中的地位。1951年10月，全国第一次妇女儿童福利工作会议举行；同年11月，中国人民保卫儿童全国委员会成立，以保护儿童、促进中国的儿童福利事业为宗旨。宋庆龄任主席，康克清任秘书长。这一阶段有关儿童福利的政策与服务开始孕育和萌芽，但尚未形成明确的体系和框架。

就特殊儿童福利而言，在1949年，除了地方政府所办的孤儿院之外，中国还有大量的孤儿院是由个人、教堂或慈善组织兴办的。1949年以后，当时的意识形态强调国家的作用，大量的非政府组织和慈善组织被取缔，这些孤儿院一部分关闭了，另一部分则由新政府接管，经过改组成为国有儿童福利机构。

1951年5月，内务部在北京召开了全国城市救济福利工作会议，会议提出，“在必要和可能条件下，适当地举办和改进有利于人民的社会福利事业”。此后，社会福利事业开始持续发展。据1953年的统计，全国有社会救济事业单位920所，先后收容的游民、娼妓以及孤老残幼达37.4万余人，奠定了新中国社会福利事业的基础，对稳定社会秩序、安定人民生活、医治战争创伤、恢复国民经济、巩固新生的人民政权，起到了一定作用。

随着历史的前进和社会的发展，儿童福利院经历了由不定型到定型的发展过程。这一过程分三个阶段：一是新中国成立初期，这一时期的儿童福利院大多是从国民党政府时期的“育婴堂”等慈善机构接管过来的，收养的主要是旧社会留下来的大量弃婴、孤儿和流浪儿童。儿童与被收容的孤寡老人、残疾人混在一起，主要是对孤儿单纯收养，尚未定型成为福利院。二是1954～1958年，这一时期的孤儿、流浪儿、顽劣儿童的收容开始与孤寡老人、残疾老人等分开，单设单办，单独成为儿童教养院，已含有儿童福利院的性质，但仍未形成儿童福利院的形态，主要还是收容改造顽劣儿童与收容流浪儿童，没有主动、大批收养孤儿。

在1953年10月21日～11月13日召开的第二次全国民政工作会议上，通过了《第二次全国民政会议决议》（以下简称《决议》），这一决议得到1953年12月10日政务院第197次政务会议的批准。《决议》在“关于农村救济和城市救济”的章节中指出，“关于城市救济工作：对无依无靠、无法维持生活的残老孤幼和贫民以及游民等，应根据必要和可能按其有无劳动力分别予以教养、救济或劳动改造……对无依无靠、无法维持生活的残老孤幼，予以必要的救济……生产教养院应收容教养无依无靠、无法维持生活的残老孤幼，不应不分对象地乱收……对收容的学龄儿童应采取半工半读的办法，施以初等文化教育和可能的技术教育，培养其自谋生活的能力。”① 各地民政部门按照第二次全国民政会议精神，对生产教养事业单位进行了一系列的整顿，通过遣送安置、帮助就业、办理领养和其他方式，对游民、乞丐进行了清理，并按规定的收容范围，结合当地情况，对孤老、

① 中华人民共和国民政部大事记编委会：《中华人民共和国民政部大事记（1949～1986）》，中国社会出版社，2004，第573页。

孤儿进行收容，基本上克服了乱收错收现象。据 1956 年统计，全国有生产教养院 176 所，收养人员 84000 多人，其中婴幼孤儿 2 万多人。

（2）第二阶段：1958 ~ 1966 年。

中国儿童福利事业的初步发展是在 1958 ~ 1966 年期间，这个时期最突出的特征是在城乡人民公社运动、妇女解放运动与妇女积极参加劳动生产，以及三年自然灾害的影响下，儿童生存与发展成为相对独立的议题，其面临的主要问题是妇女解放运动和妇女参加生产劳动后儿童的日常生活照顾问题，当时建设托儿所、幼儿园，成为关系工农业生产和妇女解放的大事。中国儿童福利事业在这一阶段得到初步发展，儿童生存发展与儿童福利状况在多个领域取得一定进展。

就特殊儿童福利而言，1958 年以后，儿童福利院单独设立，专门收养孤儿、弃婴、残儿，把顽劣儿童、有劣迹的社会流浪儿童另行收入工读学校改造教育。至此，儿童福利院开始定型定向，初步确立了“教养结合”的办院方针。此后，在办院实践上，提出了发展职业教育、增加技能训练与培养的新课题。

三年自然灾害期间，中国出现了大量的孤儿，政府建立了新的儿童福利机构，收养这些在饥荒中出现的孤儿。经过一段时间的过渡和探索，新的社会福利和社会救济系统建立起来了。这个制度有三个特点。

第一个特点：以国家福利为主导，辅之以农村的集体福利制度。中国针对有特殊困难的儿童提供的福利服务，基于一个重要的假定，即家庭和扩展家庭（含祖父母、外祖父母、兄姐甚至父母双方的兄弟姐妹等），承担抚育儿童的主导责任。因此，只有在核心家庭（父母子女）和扩展家庭都缺位的情况下，国家和集体才承担起孤儿养育的责任。在早期，制度设计假定儿童养育是一种负担。因此，在养育方法上，强调减轻国家负担，在能够有人收养的情况下，尽量地为儿童安排家庭收养。只有在实在无人收养的情况下，国家和集体才开始承担孤儿养育的责任。

第二个特点：城乡分割。作为社会福利制度的一个组成部分，中国孤残儿童养护体系，反映了中国社会福利制度的最重要特征，即城乡二重性。国家全额拨款的儿童福利机构一般只负责收养城市地区的儿童，在乡村地区，家庭和亲友网络在保护孤儿方面举足轻重。而那些没有家也没有亲戚的孩子，则受到“五保”制度的保护。

第三个特点：非政府组织和非政府的宗教组织在儿童养护方面的作用受到严格限制。在孤残儿童养护的领域，基本上不包括非政府组织和个人的慈善活动。直到现在，儿童福利院都是由政府全额拨款和派人经营。除了SOS组织以外，非政府的儿童福利机构即使已经存在，也不是完全合法的。

在具有这些特点的特殊儿童福利制度下，在孤残儿童养护方面，国家扮演的是补救角色。为了减轻国家负担，在没有非国有的中介组织的条件下，个人和家庭被认为是重要的养护资源。因此，领养始终得到政策许可，是替代性养护的一个最重要的方面。

除了领养之外，在国家福利提供保护的范围内，院舍式养护过去被认为是理想的养护方式。院舍式养护的机构，如儿童福利院或社会福利院，由国家全额拨款并派人经营。这些机构大部分设在城市地区，一般只负责城市户籍的孤残儿童养护。只有在未设立福利院的地区，地方政府才把孤儿和弃婴寄养到家庭，这是一种没有办法的办法。这种做法过去在农村比较多。此外，由于国家在乡村没有设立儿童福利院，在某些地区，孤儿和弃婴被收容在国家或集体兴办的农村养老院里。除此之外，农村的“五保”制度和家庭网络保护了一部分孤儿和弃婴。为退伍转业军人设置的光荣院，也收养荣军家属中的孤儿。

由于对孤儿和弃婴的养护由政府负全面责任，儿童福利机构所需要的一切都由政府提供，其维持或发展也全靠政府拨款，孤儿的状况就与政府的政绩联系在一起了。甚至在有些场合，还变成了政治符号：一旦出了什么差错，就是“给社会主义抹黑”。同时，在这种背景下，其他经济来源，如社会捐献，被明里暗里地禁止。直到1993年，福利院才开始正式合法使用社会慈善捐助（尚晓援，2008a）。

除了上述制度特点和政策特点之外，对孤残儿童养护的目标体系也逐渐明确，并随着历史发展逐渐明朗。到20世纪60年代，包括“养”、“治”、“教”三个方面的养护目的，由上海市儿童福利院提出，并得到民政部的首肯。1963年3月21日，内务部、教育部联合发出《关于加强儿童福利单位的教育工作的联合通知》。通知指出，各地民政部门领导的儿童福利单位是救济性质的，儿童福利事业是儿童教育事业的一部分[①]。

具有这些制度特点的特殊儿童福利制度一直延续至今。虽然整个制度面临改革，但旧的制度框架仍然制约着未来的发展。

（3）第三阶段：1967～1978年。

1967～1978年期间，中国儿童福利事业的发展受阻，这个时期最突出的特征是儿童福利事业像其他事业一样，深受“文化大革命”的影响，发展迟缓，甚至出现许多儿童福利机构因为政治运动而处于瘫痪或无法正常运转的情况，也使得中国儿童福利事业刚刚发展起来的政策与体系建设几乎回到原点。就特殊儿童福利而言，有些地区的儿童福利院与其他福利机构合并，儿童的特殊需要受到忽视。除了上述整体性的制度特点之外，儿童福利事业在社会和政治动荡中往往受到很大冲击。例如，在1966～1976年，很多城市的儿童福利院与社会福利院合并，婴幼儿需要的特殊照料被忽视。在有些院，婴幼儿由福利院的老年人看护。

（4）第四阶段：1979～1989年。

这一时期包括了儿童福利政策与福利服务的恢复、重建与稳步发展。1979年3月，举行了中国人民保卫儿童全国委员行全体会议，决定加强保卫儿童工作，并积极支持联合国关于1979年为国际儿童年的决议；之后于1981年5月，在北京成立了全国儿童和少年工作协调委员会；1985年3月，中国政府同联合国儿童基金会签署了1985～1989年合作方案行动计划；同年5月，联合国儿童基金会执行主任詹姆士·格兰特在北京举行记者招待会时宣布，从1985年开始的五年里，联合国儿童基金会每年将向中国提供1000万～1200万美元的援助，主要用于发展儿童教育和妇幼保健等事业。中国儿童福利事业在经历了这一阶段的恢复与重建之后，已开始逐渐进入稳步发展时期。

特殊儿童福利在这个阶段也逐渐恢复。指导思想和制度建设都继承了“文化大革命”之前的特殊儿童福利制度。1978年以后，儿童福利院的发展进入复苏时期。有的院将职业教育、技能训练与就业安置相挂钩，有的院

---

① 中华人民共和国民政部大事记编委会：《中华人民共和国民政部大事记（1949～1986）》，中国社会出版社，2004，第202页。

将职业教育、技能训练与院办厂结合为一体，采取教师、技师结合，学生（儿童、青少年）、工人结合的办法；有的院实行职业教育、技能训练与社会福利企业挂钩，分散学徒的办法；也有的院探索从小学开始就将文化教育与技能训练、职业教育相兼顾的新途径。这些创建与发展都是同现代化建设及社会主义市场经济的需要相适应的。随着改革的不断深入，在对残疾儿童“养、治、教”相结合这一方针的基础上，1982 年，民政部在对外经济贸易部的协助下，同联合国儿童基金会合作，开展了“残疾儿童康复”（后改为“残疾儿童社区康复”）项目，并取得了可喜的成绩。有的儿童福利院主要收养无家可归、无依无靠、无生活来源的孤儿、弃婴和残疾儿童，同时也开展自费收养业务，主要代养社区内家庭照管困难的残疾儿童。

（5）第五阶段：1990～2009 年。

20 世纪 90 年代以来是中国儿童福利事业发展较为快速的时期，关于促进儿童福利的政策建议与服务举措开始逐渐上升到制度化建设的层面。这一阶段也是中国经济社会快速发展的时期，国家国际地位提升，促进了中国儿童福利事业的发展。1990 年 12 月，中国正式签署了联合国《儿童权利公约》，翌年全国人大批准并于 1992 年 4 月 1 日正式生效；1992 年 3 月，国务院妇女儿童工作协调委员会编制了《九十年代中国儿童发展规划纲要》，规定了 20 世纪 90 年代中国儿童生存、保护和发展的主要目标、策略措施，成为面向 21 世纪的中国儿童人权状况保护和发展的纲领。

虽然中国签署了《儿童权利公约》，但是在这个时期，少数弱势儿童的特殊需要未得到足够重视。1991 年的《收养法》出台以后，对国内的特殊儿童福利制度有一定冲击。在 20 世纪最后十年，中国儿童福利出现了一些问题，如社会上出现很多被遗弃儿童，福利院接收的儿童大量增加，在人员和经费突然紧张的情况下，出现了大量婴儿死亡的现象。这引起了中国政府和国际社会的广泛关注。从 20 世纪 90 年代中期以后，中国政府大大增加了对弱势儿童群体福利的重视，经费投入增加，儿童福利理念有了重大转变，养护方式改善，为下一步儿童福利的快速发展打下了基础。从 1993 年开始，国有儿童福利院开始接受社会捐赠，成为中国儿童福利从国家福利向多元福利转变的开始。1994 年开始，特殊儿童福利领域最重要的对外开放政策——涉外收养也放开了。但是，在这个时期，儿童仍然被认为是家庭、社会或国家的“负担”。政策的指导思想是减少儿童数量，以促进经济发展和人均 GDP 的增加。

在 21 世纪初，中国儿童福利制度酝酿的重大理念转变逐渐向政策转变过渡。其中最重要的转变之一是养护方式的转变，逐渐从强调机构内养护向家庭寄养转变。2000 年民政部和联合国儿童基金会委托北京师范大学对国有儿童福利机构的养护方式进行了大规模调查，在其后，肯定了家庭寄养是适合儿童发展和国情的养护方法。2003 年民政部正式出台了家庭寄养的工作文件。

2005 年，民政部委托北京师范大学，进行了中国历史上第一次孤儿状况调查，发现亲属寄养是中国孤儿的主要养护方式。在国家支持缺位的情况下，这个群体面临着生活贫困、缺医少药、失学等问题。胡锦涛总书记对调查结果作出重要批示，民政部长和有关部门都对孤儿问题非常重视。在这个调查之后，中国的儿童福利制度面对的儿童群体也逐渐扩大，逐渐从找不到监护人的被遗弃儿童，向更多的失去父母照料的儿童扩展。2006 年 3 月，民政部等部委联合下发《关于加强孤儿救助工作的意见》。中国特殊儿童福利制度面对的群体，扩大到福利院之外的失怙儿童。其后几年，国家逐渐增加了对院内外失怙儿童的支持力度。

（6）第六个阶段：2010 年以来。

2010 年是中国儿童福利史上非常重要的一年。中国政府建立了第一个专项儿童福利津贴——孤儿福利金制度。这意味着国家对儿童提供的福利从院内转向院外。同时，联合国儿童基金会和民政部联合建立了儿童福利示范区，对建立新的儿童福利制度进行试点。在其他很多方面，国家都加大了对儿童福利和儿童保护的重视。

2010 年 10 月 12 日，温家宝总理在国务院常务会议上指出，“加强孤儿保障工作，是改善民生、建设和谐社会的重要任务。要建立与中国经济社会发展水平相适应的孤儿保障制度，使得孤儿生活得更加幸福、更有尊严”，会议审议并原则通过《关于加强孤儿保障工作的意见》。

总体来看，该阶段以来，国家对儿童福利事业的重视程度不断提高，社会各界的参与程度有所提高，包括国际性的非政府组织和基金会，国内的政府机关、宗教团体和福利企业，以及公民个人等都在以不同方式参与到中国儿童福利事业的建设中。

（三）中国儿童福利的管理与组织

中国目前在国家部委一级尚无专门的儿童福利行政机构，但是，很多国家机构都有关于儿童福利和儿童保护事务的部门。国务院妇女儿童工作委员会是目前中国负责0～14岁儿童福利的最高综合协调机构，但非行政管理部门。其他和儿童福利有关的组织，分散于全国人大内务司法委员会及国务院各部委相应的儿童工作部门，如民政部儿童福利处、文化部未成年人文化处、卫生部妇幼保健司。共青团系统和妇联系统是带有行政色彩的群众团体，负有协助政府管理青少年和儿童事务的职能，共青团和妇联从属性上是社会性组织，但都具有一定的行政色彩，都肩负着协助政府管理青少年、儿童事务的职能。如全国青联和共青团组织少年部、妇联组织下设的儿童工作部等。

国务院妇女儿童工作委员会，负责协调和推动政府有关部门执行妇女儿童的各项法律、法规和政策措施，发展妇女儿童事业。其主要致力于中国妇女儿童的生存、保护和发展，协助国务院制定和颁布《九十年代中国儿童发展规划纲要》和《中国儿童发展纲要（2001～2010年）》，推动政府有关部门认真履行联合国《儿童权利公约》等保护儿童权益的国际公约等。

全国人大内务司法委员会内设妇女儿童青少年室，主要就保障妇女儿童权益等问题与有关部门和群众团体进行联系，负责承办有关妇女儿童和青少年方面立法的调研及草拟工作、针对法律实施情况执法检查的各项业务，以及有关妇女儿童和青少年地方法规的备案和审查工作。

民政部内设社会福利和慈善事业促进司儿童福利处、社会事务司，中华慈善协会等部管社团，以及中国收养中心、低保司、中国社会福利协会等部属事业单位共同承担孤儿、流浪乞讨儿童和残疾儿童等特殊儿童群体的临时性庇护、养育、安置、康复、生活保障和国内及涉外收养工作等，并拟定有关方针政策和法规、规章。2011年3月，中国收养中心正式改名为中国儿童福利和收养中心。

卫生部妇幼保健与社区卫生司，内设综合处、社区卫生处、妇女卫生处、儿童卫生处、健康促进与教育处，负责妇幼卫生、社区卫生、健康教育工作，起草有关法律、法规、政策、规划，并组织实施。如拟定《母婴保健法》配套法规、规章和规范，实施计划生育技术服务监督管理，建立妇幼卫生标准，牵头组织预防和减少出生缺陷与先天残疾工作等。

全国妇联儿童工作部，设置家教处、社会教育处、家教学会和中英项目办等，依法维护妇女儿童合法权益，参与推动保护妇女儿童法律、法规及政策的制定和完善，促进妇女儿童事业的发展。

教育部基础教育司，承担义务教育的宏观管理工作，会同有关方面提出加强农村义务教育的政策措施，拟定推进义务教育均衡发展的政策，保障各类学生平等接受义务教育，促进适龄儿童入学，不断扩大残疾儿童入学比例等。同时，教育部内设关心下一代工作委员会，针对青少年的实际，开展智育、体育、美育、创新等方面的教育活动，致力于推进素质教育、关心青少年学生健康成长。

中华全国青年联合会，致力于开展维护青少年合法权益工作，为维护青少年合法权益提供政策法律依据；大力宣传、贯彻《未成年人保护法》，依法维护青少年合法权益；采取多种手段、对有特殊困难的青少年实施救助；进行青少年自护知识和法律知识的普及和宣传，增强青少年的自我保护能力。

打击拐卖妇女儿童犯罪办公室，于 2007 年 12 月由公安部成立，在儿童保护方面做出了重大努力。

从目前来看，主要提供儿童福利的政府部门包括民政部、人力资源和社会保障部、司法部、卫生部、教育部等，分别负责为儿童提供收养、保护、医疗、教育、最低生活保障、就业服务和法律援助等福利。财政部负责儿童福利的资金保障。公安部有专门负责妇女儿童保护的打击拐卖妇女儿童犯罪办公室。在中国，共青团、妇联、全国未成年人保护委员会和残联等群众性团体和组织，在儿童福利的提供和组织方面也发挥着重要的作用。如共青团组织的希望工程和全国妇联组织的春蕾计划，在提供教育救助方面发挥了非常积极的作用（见图 1－1 至图 1－3）。

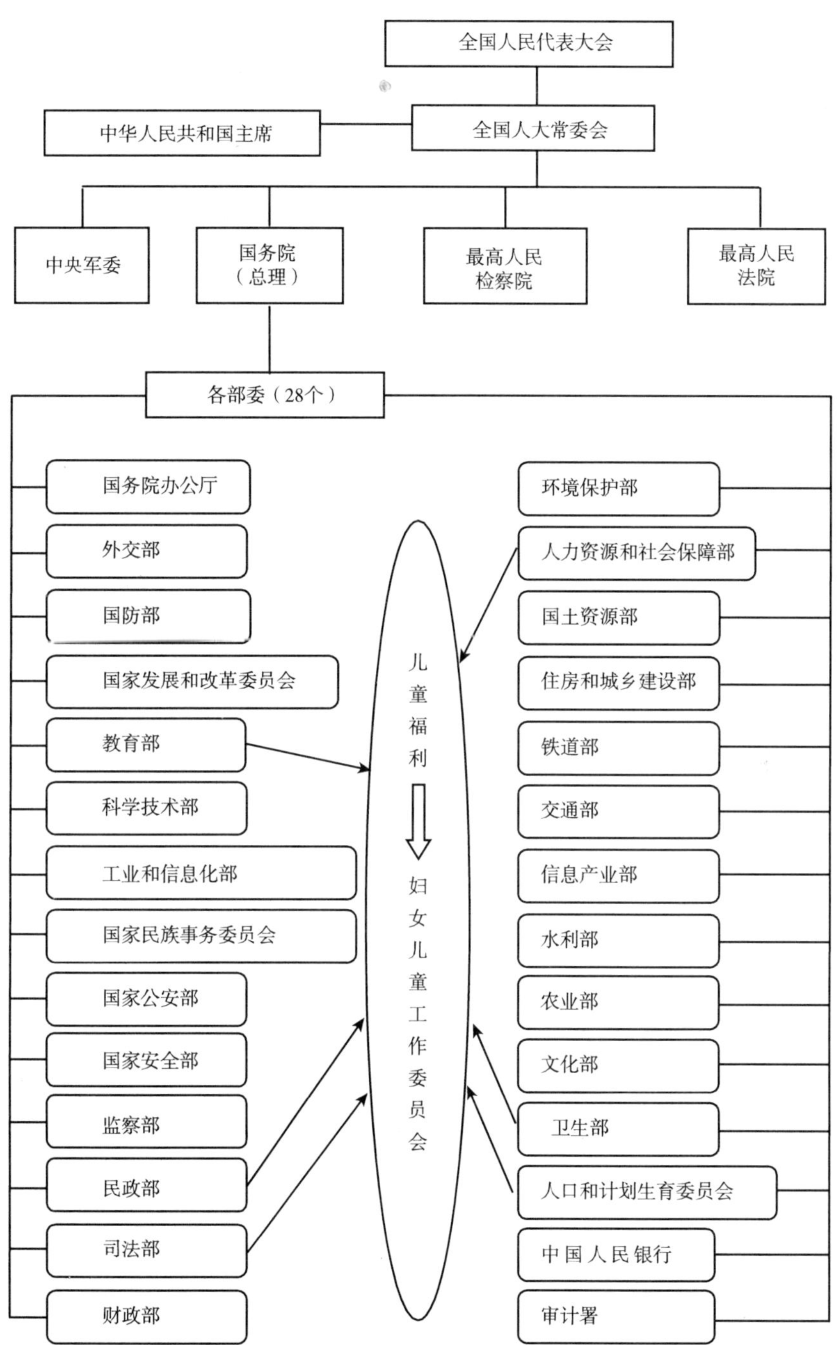

图1-1 提供儿童福利的国务院部委

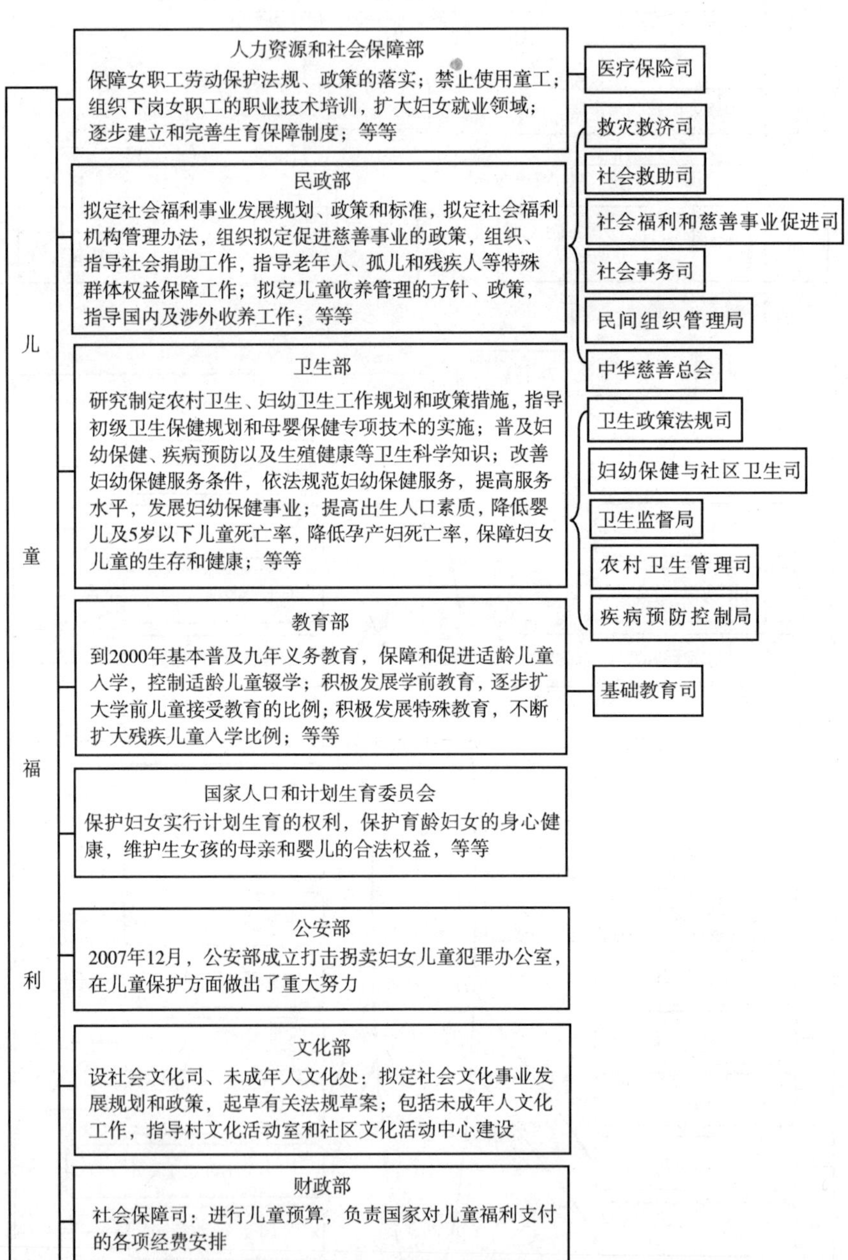

图 1－2　儿童福利的行政组织和有关部门

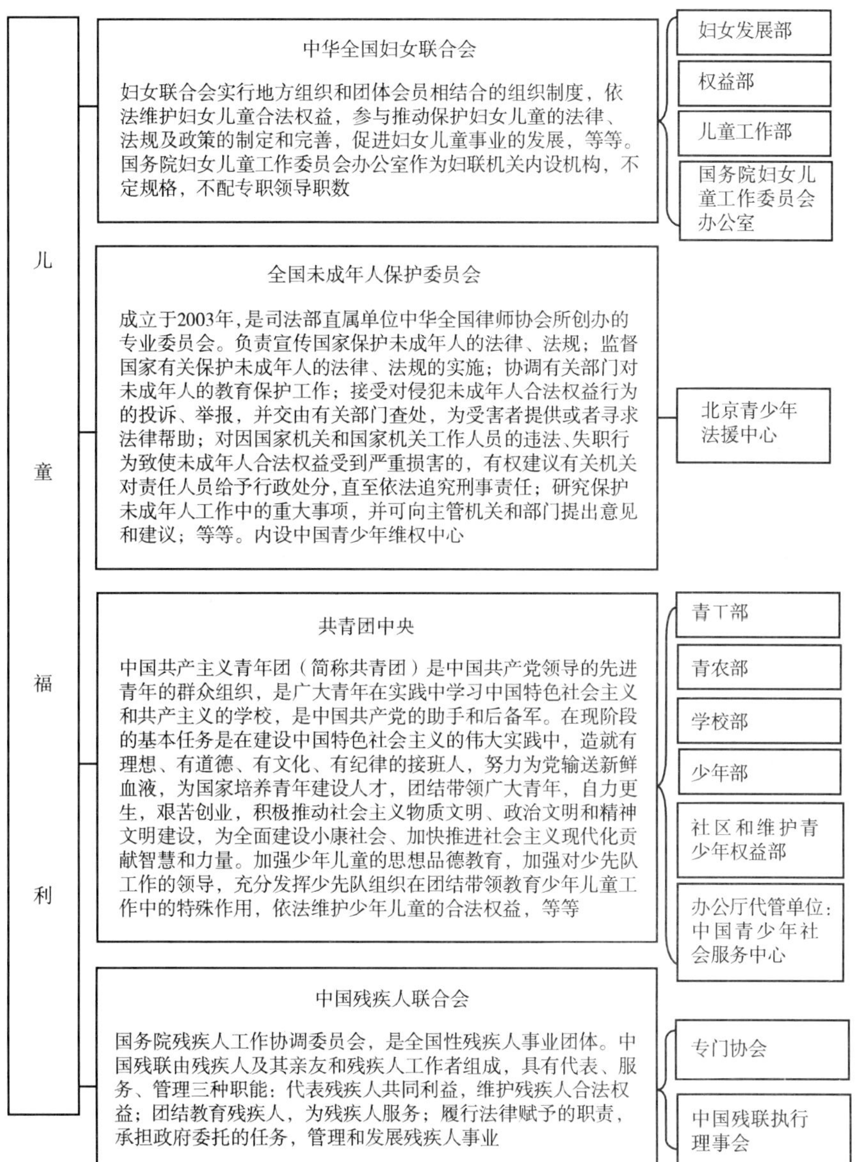

图1－3　与儿童福利制度有关的政府组织的群众机构

二　中国儿童福利政策概览

（一）一般性儿童福利

《儿童权利公约》明确指出：世界上每一个儿童都应平等地享有生存权、保护权、发展权和参与权。我国是《儿童权利公约》的签约国之一，1990 年 8 月 29 日，中国驻联合国大使李道豫代表中国政府在联合国《儿童权利公约》上签字，中国自此成为《儿童权利公约》的第 105 个签约国，《儿童权利公约》于 1992 年 4 月 1 日正式对中国生效。这意味着中国政府承担并履行公约规定的保障儿童的基本人权的各项协议。在此基础上，中国政府制定了国别方案：《九十年代中国儿童发展规划纲要》与《中国儿童发展纲要（2001～2010 年）》，其中提出了实现中国对儿童生存、保护和发展的十大目标。上述两个纲要是中国履行《儿童权利公约》和实现对世界儿童问题首脑会议庄严承诺的有力措施和切实保障。2011 年，《中国儿童发展纲要（2011～2020）》正在紧锣密鼓地制定，该纲要将结合我国经济发展水平，切实规划我国儿童福利事业发展的又一个十年。

中国从国情出发，参照世界各国立法，特别是有关保护儿童权益的法律和国际文件，制定了以《宪法》为核心，包括《刑法》、《民法通则》、《婚姻法》、《教育法》、《义务教育法》、《残疾人保障法》、《未成年人保护法》、《妇女权益保障法》、《母婴保健法》、《传染病防治法》和《收养法》等在内的一系列有关儿童生存、保护和发展的法律，以及大量相应的法规和政策措施，形成了较为完备的保护儿童权益的法律体系。《宪法》明确规定："国家培养青年、少年、儿童在品德、智力、体质等方面全面发展"，"儿童受国家的保护"，"禁止虐待儿童"。根据《宪法》，中国的有关法律对儿童的生命权、生存与发展、基本健康和保健、家庭环境和替代性照料、教育、休闲和文化活动以及残疾儿童的特殊保护等均有全面系统的规定，并规定对虐待、遗弃、故意杀害儿童以及偷盗、拐卖、绑架、出卖、收买儿童等犯罪行为，予以严厉惩处。

在中国的宪法、法律和有关行政法规中，还对保护儿童权益的政府职能、社会参与、工作原则以及相应的法律责任有比较完整的规范，从中可以清楚地看出中国为保护儿童权益制定的法律框架和社会保障机制是行之有效的，这也构成了儿童福利制度的法制基础。中国目前的《未成年人保护法》在法理和制度层面都有待于进一步完善。例如有的国外学者认为，中国儿童保护法律的哲学基础在于，对儿童保护的承诺的基础不是儿童权利，而是儿童契约。其特点是承诺的交换，即要求儿童在未来对另一方履行一定的责任，以换取另一方在目前对他们提供安全和福利的保障（Bao - Er, 2005）。国内有些学者，以权利和义务的互相转化为主题，提出了类似的观点（佟丽华，2001）。这与欧美国家建立在现代儿童观基础上的儿童福利与保护制度体系，还是有一定差距的。

此外还有与儿童福利相关的政府部门规章，例如《社会福利机构管理暂行办法》、《儿童社会福利机构基本规范》以及《关于进一步发展孤残儿童福利事业的通知》、《关于加快社会福利社会化的意见》等。

（二）儿童基本生活保障

1. 贫困儿童配套生活保障

“五保”救助。早在1956年，中国就建立了农村“五保”供养制度。2006年3月1日起，国务院正式颁布实施《农村五保供养工作条例》修订条例。

第二章第六条规定，老年、残疾或者未满16周岁的村民，无劳动能力、无生活来源又无法定赡养、抚养、扶养义务人，或者其法定赡养、抚养、扶养义务人无赡养、抚养、扶养能力的，享受农村“五保”供养待遇。

第二章第十一条规定，农村“五保”供养资金，在地方人民政府财政预算中安排。

根据这个条例，农村地区的孤儿、无法定抚养人的残疾儿童应该享受“五保”供养待遇，用以满足儿童基本的生存和生活需求，但同时存在各地区的经济发展水平和财政收入不平衡的问题。

农村特困救助。农村特困救助制度突出对“不救不得活”的重点对象进行生活救助，是民政部门在缺少固定经费来源的情况下，在各地力所能及的范围内提供一定帮助的制度。以孤儿为例，在农村有11.6万名孤儿被定为农村特困户救助对象，占农村孤儿总数的23.41%。近年来，该制度逐渐被农村最低生活保障制度覆盖。

最低生活保障制度。近年来，中国最低生活保障制度在全国各地逐步推开。据民政部统计，截至2010年第四季度，全国县以上农村最低生活保障户数达到2528.1万户，保障了5228.4万农村居民的基本生活。1999年国务院发布实施《城市居民最低生活保障条例》，2002年以来，逐渐在全国实现了应保尽保。城市散居的孤儿、贫困儿童大多数也被安排在这项制度保障范围内。截至2010年第四季度，全国共有1137.7万户、2311.1万城市居民得到了最低生活保障（民政部，2010）。

2. 孤儿基本生活保障

建立孤儿最低养育标准。中国早期没有专门针对孤儿的救助政策，主要通过农村“五保”、城市及农村低保等制度将孤儿涵盖，且救助水平偏低。近两年来，中国政府在保障孤残儿童基本生活等方面做出了较大的努力。

2009年2月和6月，民政部先后下发了《关于制定社会散居孤儿最低养育标准的通知》和《关于制定福利机构儿童最低养育标准的指导意见》两个重要文件。从保障社会散居孤儿基本生活和成长发育的需要出发，确定全国统一的社会散居孤儿最低养育标准为每人每月600元；针对福利机构儿童残疾比例高、残疾种类多、营养康复和医疗需求大的特点，经测算论证，建议福利机构儿童最低养育标准为每人每月1000元。建立孤儿最低养育津贴制度，标志着中国迈出了孤儿制度性救助的实质性一步，面向全体孤儿的福利框架已初步形成。

2010年10月12日，温家宝总理主持召开国务院常务会议，审议并原则通过《关于加强孤儿保障工作的意见》，认为加强孤儿保障工作，是改善民生、建设和谐社会的重要任务，要建立与我国经济社会发展水平相适应的孤儿保障制度，使孤儿生活得更加幸福、更有尊严。2010年11月16日，《国务院办公厅关于加强孤儿保障工作的意见》正式下发，对孤儿安置、基本生活、教育、医疗、就业、住房等政策措施作了全面安排和系统规范；民政部与财政部也随之联合下发《关于发放孤儿基本生活费的通知》，由中央财政安排25亿多元专项资金补助各地，用于发放孤儿基本生活费。

2010年12月30日，国务院召开全国加强孤儿保障工作电视电话会议，回良玉副总理强调，加强孤儿保障工作，建立与我国经济社会发展水平相适应的孤儿保障制度，是党中央、国务院顺应时代发展作出的一项重要制度安排，是保障和改善民生的一项重大任务。此项制度，标志着我国对孤儿的福利保障体系已基本建立。

（三）儿童替代性养护

孤儿作为一个特殊的弱势群体，需要养护服务。根据国家对儿童的照料责任，可以将孤儿分成两类：国有儿童福利院监护的儿童和社会散居的儿童。政府对由国家监护的儿童除了负有保障基本生活的责任之外，还负有提供替代性养护的责任。目前，社会散居孤儿主要由其亲属提供替代性养护。过去，国家对自己监护的儿童，除了收养之外，主要以提供机构内照料为主。近些年引入了家庭寄养、小家庭养育等模式。因此，亲属寄养以及多种形式的国家安排的寄养和机构内养护，成为中国对孤儿提供替代性养护的主要方式。

从养护形式来看，2005 年，全国共有 6.9 万名孤儿由国家监护，占 12.0%（这些儿童中 40% 左右生活在儿童福利机构和敬老院内），而生活在民间慈善机构的孤儿占 4.9%。绝大部分的孤儿（约 34.9 万名），是由其亲属来抚养的，亲属供养占到了孤儿总数的 61.1%，寄养在非亲属家庭以及其他供养方式的仅占 8.7%（尚晓援，2008b）。

1. 国内外收养

基于儿童权利保护中的“儿童最大利益”原则，回归家庭是失怙儿童的最大福祉。由此，作为长期永久性的安置手段，国内外收养是最利于儿童健康成长的替代性养护方式。中国关于收养的现有政策法规主要包括《中华人民共和国收养法》（1992）、《公安部关于加强涉外收养儿童出国管理工作的通知》（1996）、《国内与跨国收养及寄养家庭照管实施准则》（1996）、《关于国内公民收养弃婴等落户问题的通知》（1997）、《中国公民收养子女登记办法》（1999）、《外国人在中华人民共和国收养子女登记办法》（1999），为福利院儿童的收养工作提供了政策规范。

2009 年民政事业发展统计报告显示，2009 年全国收养登记合计 44260 件。其中，中国公民收养登记 39801 件，外国人收养登记 4459 件。被收养人合计 44359 人，其中残疾儿童 2578 人，女性 32241 人。

2. 家庭寄养

中国孤残儿童的家庭寄养工作得到深入开展，不论是家庭寄养的理念，还是操作程序的规范性，抑或是监督管理水平，都有新的提升。按照寄养人与被寄养儿童之间的关系，可以将家庭寄养分为亲属寄养和非亲属寄养。其中，亲属寄养是中国目前社会散居孤儿的主要养护方式，以使儿童回归家庭为最高原则，亲属寄养是在收养之外，较为提倡的失依儿童养护模式。加之当前社会散居孤儿最低养育标准的实施，为亲属寄养提供了有力的经济保障。

针对非亲属寄养模式，2003 年民政部出台了《家庭寄养管理暂行办法》，将民政部门监护的儿童委托在家庭中养育的照料模式加以规范化，为他们回归家庭、回归社会创造条件。2006 年，民政部在联合 15 个部门出台的《关于加强孤儿救助工作的意见》中明确规定，由民政部门监护的孤儿，可以在社会（儿童）福利院、敬老院、孤儿学校、SOS 儿童村和流浪未成年人救助保护中心等机构集中安置，并可以根据《家庭寄养管理暂行办法》的规定，开展家庭寄养。

2006 年，在全国贯彻《关于加强孤儿救助工作的意见》会议上，窦玉沛副部长指出，“为了促进孤残儿童的人格发育和健康成长，福利机构的养育模式不断创新，已从单纯的院舍养育发展到收养、寄养、助养、小家庭养育等多种模式。大力推进家庭寄养，通过探索并借鉴国外的经验，制定了《家庭寄养管理暂行办法》，一些城市家庭寄养已经成为儿童照料的主要方式，儿童的生活质量得到了普遍提高”。

2009 年 10 月，中国儿童福利政策研究会暨第五届全国儿童福利院院长论坛讨论了民政部拟出台的《家庭寄养管理办法（修订稿）》。该修订稿参照了武汉市儿童福利院推行的集“养、治、康、教”于一体的“武汉模式”。据不完全统计，目前已开展家庭寄养的社会福利机构占有儿童收养任务的福利机构的 50% 以上。这些机构中有超过一半的孤残儿童由家庭寄养模式照顾，家庭寄养成为照顾孤残儿童的主要替代性养护方式。据统计，寄养在非亲属家庭与接受其他供养方式的孤儿占到孤儿总数的 17.9%。

中国非亲属寄养发展出了机构内部家庭式照料与家庭寄养、农村家庭与城市家庭寄养，以及真实家庭与模拟家庭寄养等多种形式（见表 1－2）。当前家庭寄养方式面临的主要任务是对模式的运行效果进行评估，更好地规范和管理家庭寄养，通过克服实施过程中的不足，促进寄养儿童更好发展。

表 1－2　当前中国家庭式照料和家庭寄养的不同模式

<table>
<tr><th colspan="2">类　型</th><th>特　征</th><th>代　表</th></tr>
<tr><td rowspan="2">机构内
家庭式照料</td><td>工作人员型</td><td>机构工作人员和多名儿童组建成临时家庭，实施家庭式照顾</td><td>英国救助儿童会</td></tr>
<tr><td>招聘人员型</td><td>招募人员和多名儿童组建临时家庭，实施家庭式养育</td><td>合　肥</td></tr>
<tr><td rowspan="3">家庭寄养</td><td>农村社区家庭寄养型</td><td>把孤残儿童寄养在农村家庭</td><td>大同、昆明</td></tr>
<tr><td>城市家庭寄养型</td><td>把儿童寄养在城市家庭，分散在不同社区</td><td>上　海</td></tr>
<tr><td>城市社区家庭寄养型</td><td>把儿童寄养在城市社区</td><td>南　昌</td></tr>
</table>

3. 机构内养护

儿童福利机构的主要功能是为没有或者找不到亲生父母的儿童提供庇护和照料服务，安排领养、家庭寄养、教育、医疗、康复和就业服务等。

2001 年 2 月，中国颁布了《儿童社会福利机构基本规范》，对福利机构中儿童的膳食、护理、残疾儿童康复、心理、教育以及儿童福利机构的人力资源配置、制度建设、设施设备等各个方面都作了规定和最低要求。民政部在 2009 年 6 月 9 日发布的《关于制定福利机构儿童最低养育标准的指导意见》中，经测算论证，建议将福利机构儿童最低养育标准设定为每人每月 1000 元，对儿童机构养育提供了资金支持。

在机构建设方面，2004 年 5 月民政部印发《“儿童福利机构建设蓝天计划”实施方案》，决定在“十一五”期间实施“儿童福利机构建设蓝天计划”（以下简称“蓝天计划”），加强儿童福利机构基础设施建设，资助地方政府在大中城市新建、改建和扩建一批功能完善、设施齐全、环境优美的儿童福利机构。2007 年 5 月 24 日，民政部、国家发展改革委又出台《关于印发〈“十一五”儿童福利机构建设规划〉和〈儿童福利机构设施建设指导意见（试行）〉的通知》，对儿童福利机构的建设提供了具体的意见和标准。

截至 2009 年底，全国各类收养性单位共收养儿童 11.5 万人，比 2008 年增长 27.8%。全国独立儿童福利机构 303 个，比 2008 年增加 13 个，床位 4.4 万张，比 2008 年增长 9.1%。除此之外，截至 2009 年底，全国有流浪儿童救助保护中心 116 个，床位 0.4 万张。全年救助城市生活无着的流浪乞讨未成年人 14.5 万人次（民政部网站，2010 年 6 月 24 日）。

（四）儿童健康与医疗卫生

中国儿童健康体系侧重于保护儿童的生命安全，尤其是年幼儿童的生长发育、疾病防治和健康改善。在《中国儿童发展纲要（2001—2010年）》中“儿童健康”领域包含提高出生人口素质、保障孕产妇安全分娩、降低婴儿和5岁以下儿童死亡率、提高儿童营养水平以及加强儿童卫生保健教育五大目标。按照世界卫生组织的定义，“健康”包括“身体、心理和社会适应三方面的完满状态，而不仅仅是没有疾病或虚弱现象”，针对儿童期特殊的生理特点，目前的政策主要集中在身体健康上。

1. 儿童初级保健策略

儿童初级保健包括家庭和社区，以及卫生机构实施的预防性和医疗性措施。儿童保健工作是卫生工作的重要组成部分，属于公共卫生范畴。为促进儿童保健工作，规范儿童保健服务，提高儿童健康水平，根据《中华人民共和国母婴保健法》及其实施办法，2009年卫生部组织有关单位和专家制定了《全国儿童保健工作规范（试行）》，该规范根据不同年龄儿童生理和心理发育特点，对医疗卫生机构向儿童提供的基本保健服务，包括出生缺陷筛查与管理（包括新生儿疾病筛查）、生长发育监测、喂养与营养指导、早期综合发展、心理行为发育评估与指导、免疫规划、常见疾病防治、健康安全保护、健康教育与健康促进等服务内容均提出明确要求。该规范的发布也标志着从2010年起我国城乡儿童保健服务开始执行统一标准。

（1）儿童疾病预防。

儿童疾病预防包含预防儿童期主要疾病的一系列干预措施，涵盖了母婴安全、新生儿保健和计划免疫等方面，其目的是做好常见病的预防，减少传染病的发生，降低婴儿和儿童死亡率，减少疾病和残疾的发生率或降低其严重程度，以促进儿童的健康生长和发育。从全国的情况看，我国儿童的健康和营养状况普遍改善，婴儿死亡率由2000年的32.2‰下降到2009年的13.8‰①。

（2）儿童生长发育和健康促进。

① 《2010中国卫生统计年鉴》，中国协和医科大学出版社，2010。

儿童生长发育和健康促进主要关注：在准儿童生长发育期建立合理的生活制度，培养儿童良好的生活习惯；促进儿童身心健康；为儿童提供合理的营养，提倡母乳喂养，及时添加辅助食品，确保膳食平衡，满足其正常生长发育需要；建立定期健康检查制度，3 岁以下儿童开展生长发育监测；根据年龄开展与其相适应的体格锻炼，增进儿童身心健康及抗病能力；制定各种安全措施，保障儿童人身安全，防止事故的发生；选择适合儿童身心发展和健康的儿童玩具、教具以及制作材料；做好环境卫生、个人卫生及美化绿化工作，为儿童创造安全、整洁、优美的环境；对儿童进行健康教育，教授其自我保健的技能，培养其健康的生活习惯。

（3）儿童基本医疗——儿童疾病综合管理技术推广。

儿童疾病综合管理是儿童基本医疗的一项重要内容，也是儿童初级保健的主要组成部分。儿童疾病综合管理项目也是世界卫生组织和联合国儿童基金会共同开发的，针对发展中国家 5 岁以下儿童常见病诊治和预防保健的适宜技术。这项技术的特点在于，不需要花费大量资金添置设备，而是通过规范医生的诊疗活动、促进预防保健以及加强危急重症转诊等软件建设，就可以显著提高基层卫生机构的服务水平，投入小，成效显著，特别适合在农村地区推广。我国于 1998 年引入这项技术，在取得试点阶段和扩展阶段的成功之后，2010 年进入全面推广阶段。

2. 儿童医疗保障与大病救助

（1）儿童基本医疗保险。

将儿童纳入城镇居民医疗保险与农村合作医疗范围，是实现儿童享有基本医疗保障的重大举措，目前各地陆续出台了面向本地全体儿童的医疗保障政策。城市地区主要通过推行儿童医保政策，逐步将儿童纳入基本医疗保险覆盖范围，有效缓解了儿童的“就医难”及家庭“因病致贫”、“因病返贫”等问题。农村地区依托新型农村合作医疗，为农村地区儿童享受基本医疗提供了保障支持。

2009 年 4 月，我国为建立中国特色的医药卫生体制，逐步实现人人享有基本医疗卫生服务的目标，发布了《中共中央、国务院关于深化医药卫生体制改革的意见》，要求加快建立和完善以基本医疗保障为主体，其他多种形式的补充医疗保险和商业健康保险为补充，覆盖城乡居民的多层次医疗保障体系；全面推广城镇居民基本医疗保险，重视解决老人、残疾人和儿童的基本医疗保险问题；坚持广覆盖、保基本、可持续的原则，从重点保障大病起步，逐步向门诊小病延伸，不断提高保障水平。建立了国家、单位、家庭和个人责任明确、分担合理的多渠道筹资机制，实现社会互助共济。到 2011 年，基本医疗保障制度全面覆盖城乡居民，基本公共卫生服务得到普及。目前北京、天津、杭州和深圳等城市，已开始探索实行不同形式的少儿医保政策。以天津为例，自 2009 年 9 月 1 日将学生、儿童纳入城乡医疗保险，到 2010 年 7 月，学生、儿童参保率已接近 100%。

（2）儿童大病救助。

目前中国针对儿童的医疗救助主要集中于儿童大病救助阶段，取得了较大进展。为落实国务院 2010 年度医改任务工作要求，切实提高患重大疾病农村儿童的医疗保障水平，卫生部、民政部于 2010 年 6 月印发了《关于开展提高农村儿童重大疾病医疗保障水平试点工作的意见》，旨在优先选择几种危及儿童生命健康、医疗费用高、经积极治疗后效果较好的重大疾病开展试点，通过新农合和医疗救助等各项医疗保障制度的紧密结合，探索有效的补偿和支付办法，提高对重大疾病的医疗保障水平。在此形势下，各地积极开展相关试点，工作取得良好进展。全国政协十一届四次会议上，卫生部部长陈竺表示，2011 年我国儿童先天性心脏病和急性白血病将全面推行免费治疗。民政部等部门也推动“明天计划”、“重生行动”，动员慈善力量，开展横向合作。各地积极进行儿童大病救助工作的探索，已有五个省筹得了保险经费，率先为儿童福利院的孤儿办理了大病医疗保险。同时，民政部将积极和财政部核算儿童大病医疗的具体开支，全面落实儿童大病救助工作。

在儿童医疗救助方面，由各社会组织提供的各类基金也起到了非常重要的作用。例如，中国儿童少年基金会成立的“中国儿童保险专项基金”，可涵盖 12 种少年儿童常发重大疾病，受捐儿童一旦确诊患病即可获得一次性赔付。这一保险能够为参加了城镇居民基本医疗保险或新型农村合作医疗的患儿家庭补充需要自费承担的部分，也可以为患儿及其家庭补充必要的营养费、交通费和误工费等。

3. 残疾儿童康复

根据2006年全国残疾人抽样调查的结果测算，中国0～14岁的残疾儿童有386.78万，占到0～14岁儿童总数的4.66%。其中，0～6岁5类残疾现患率[①]依次为智力残疾7.47‰，肢体残疾1.38‰，言语残疾1.80‰，视力残疾0.68‰，听力残疾0.39‰。在孤儿群体中，有很大比例的孤儿正是由于身患残疾，但未能得到有效康复和治疗而被亲人遗弃成为残疾孤儿。

尽管中国残疾儿童康复工作取得了一定成绩，但仍然存在诸多问题。2001年“中国0～6岁残疾儿童抽样调查”结果表明，中国0～6岁残疾儿童中近35%没有接受过任何形式的康复服务，在各级各类康复机构中接受专业服务的仅占14%[②]。中国目前残疾儿童的康复工作仍处于分散救助、阶段性救助层面，绝大多数残疾儿童只能依靠家庭或临时性社会救助接受康复服务。目前中国针对残疾儿童康复的方针政策主要包括以下几方面。

《肢体残疾康复“十一五”实施方案》是在总结“十五”肢体残疾康复工作的基础上，紧紧围绕实现残疾人“人人享有康复服务”的阶段目标，为满足广大肢体残疾人的基本康复需求，改善贫困肢体残疾儿童康复状况而确定的。通过重点工程任务的实施，全面推动肢体残疾康复工作，使更多的残疾人受益。截至2008年12月底，各地贫困智力残疾儿童康复训练和家长培训总任务完成过半；承担社区康复工作任务的县（市、区）基本完成成年智力残疾人的康复需求调查和建档立卡，并开展有针对性的康复训练服务。

《中国残联贫困智力残疾儿童抢救性康复救助项目实施办法》由残联于2009年出台，其任务目标是：2009～2011年，每年资助5000名贫困智力残疾儿童进行系统的康复训练，并培训其家长及亲友，救助对象为年龄不超过6岁的城乡低保家庭儿童，救助标准为每年人均1万元。目前辽宁、广西等地已经启动了该项目。

在地方层面，2010年3月，武汉市启动0～6岁贫困残疾儿童抢救性康复工程。有0～6岁残疾儿童的贫困家庭，可在社区提出申请，由市政府组

---

① 现患率是指在一定时间里，处在一定危险人群中的实际病例比率。由于现患率调查包括新、老患者，因此现患率总量大于发病率。

② 中国残联康复部：《关于印发残疾儿童康复工作座谈会领导同志讲话的通知》，2006年10月27日。

织统一筛查后，对残疾儿童进行免费康复治疗。2010 年 8 月，浙江省政府启动 0 ~ 6 岁贫困残疾儿童抢救性康复专项行动，提供免费康复治疗。宁夏于 2010 年 12 月 9 日出台《宁夏回族自治区实施〈中华人民共和国残疾人保障法〉办法》，并于 2011 年 2 月 1 日起施行，新生儿疾病基本病种筛查、诊断、治疗将全部免费，6 岁以下残疾儿童可免费接受抢救性康复治疗。

4. 妇幼保健与儿童营养

（1）妇幼保健。

健康是儿童最基本且最核心的权利之一，关系到每一个儿童的根本福祉。保护儿童健康事关中国经济社会的可持续发展和民族的未来。婴儿死亡率从 1991 年的 50.2‰下降到 2009 年的 13.8‰，5 岁以下儿童死亡率从 1991 年的 61‰下降至 2009 年的 17.2‰。而按联合国千年发展目标，至 2015 年，5 岁以下儿童死亡率要在 1990 年的基础上降低 2/3，即到 2015 年，我国 5 岁以下儿童死亡率应降到 20.3‰[①]。这些可喜的进步得益于中国不断完善的妇幼保健政策。

全国各地县级以上地区普遍建立了妇幼保健院和爱婴医院；普遍实现了婚前检查和婚前保健制度；建立了孕妇的孕产期和围产期保健制度和档案，对有严重遗传病和残疾的儿童进行及早应对；实行了 0 ~ 14 岁儿童的计划免疫措施和办法，极大地提高了儿童的健康水平，使儿童的生存有了保障，人口质量大大提高。2000 年开始，由卫生部、财政部和国务院妇女儿童工作委员会办公室开展的“降低孕产妇死亡和消除新生儿破伤风”项目，在降低儿童死亡率方面也起到了积极的促进作用。2009 年 2 月，卫生部发布了《新生儿疾病筛查管理办法》，成为中国继婚检、母亲产检之后又一道保障新生婴儿健康的“安全阀”。新规定的实施，预计每年可减少 6000 名左右残疾儿童的出生。2009 年，卫生部又印发了《农村孕产妇住院分娩补助项目管理方案》，旨在保障母婴安全、降低孕产妇死亡率和婴儿死亡率。同时，卫生部决定从 2009 年起开始实施“增补叶酸预防神经管缺陷”项目，计划每年为全国 1200 万名准备怀孕的农村妇女免费增补叶酸。

---

① http：//news. sohu. com/20100923/n275216075. shtml（2010 年 9 月 23 日）。

生育保险亦是加强妇幼保健的重要环节，目前各地开始逐渐重视生育保险的覆盖率。2010 年 10 月，南京市对灵活就业人员提供城镇职工生育保险，一改过去企业职工参加职工生育保险，而灵活就业人员则无法参加生育保险的局面；北京市于 2011 年将企业外地户籍职工、机关事业单位外地户籍职工纳入生育保险范围。

（2）儿童营养。

中国 5 岁以下儿童中重度营养不良比重，已经从 1997 年的 3.51%，下降到 2009 年的 1.71%，其中北京、天津、上海等发达地区已降至 0.3% 以下①，这主要得益于中国政府对儿童营养的重视。同时，中国政府在保护、促进和支持母乳喂养方面做了大量工作。1995 年 6 月，卫生部、国家工商行政管理局、广播电影电视部、新闻出版署、国内贸易部及中国轻工总会六部门联合颁发了《母乳代用品销售管理办法》，对母乳代用品生产者及销售者不正当的推销行为作出了严格的规定。2007 年，卫生部颁布《婴幼儿喂养策略》，旨在进一步普及婴幼儿的喂养知识，提升中国婴幼儿的哺育水平。

2010 年，卫生部和国家标准化管理委员会颁布了《辅食营养补充品通用标准》；同年，卫生部疾病预防控制局和联合国儿童基金会在四川、甘肃、陕西三省 8 县开展“汶川地震灾区婴幼儿营养改善项目”，旨在对当地卫生工作人员和婴幼儿家长进行婴幼儿喂养的宣传教育，并免费为 23000 余名 6～24 月龄的婴幼儿发放辅食补充营养包。

（五）儿童教育

1. 学龄前教育和照料

（1）服务供给。

学龄前教育通常指 0～6 岁儿童的教育和养育。在 0～3 岁期间，主要是家庭为儿童提供良好的环境，使儿童获得足够的营养、关爱和交流；在 3～6 岁期间，除了给儿童提供足够的营养、关爱，还要使儿童学会与人交往、适应集体生活、愿意学习并做好入学准备。后一阶段的养育和教育任务通

---

① 《2010 中国卫生统计年鉴》，中国协和医科大学出版社，2010。

常由专门的教育机构承担。

中国学龄前教育主要通过社会化办园的方式提供，1983 年教育部《关于发展农村幼儿教育的几点意见》中提出“支持群众个人办园”。1985 年召开全国教育工作会议，并发布中共中央《关于教育体制改革的决定》，规定了“基础教育由地方负责”的原则。据此，1989 年国家教委发布《幼儿园管理条例》，启动了计划经济时期由政府提供的福利式教育向社会化办园的转变。1997 年，中国出台《全国幼儿教育事业“九五”发展目标实施意见》，并在此基础上于 2003 年颁布了《关于幼儿教育改革与发展的指导意见》，是中国重构学龄前教育体制的纲领性文件。

当前，学龄前教育阶段是中国各级各类教育中的薄弱环节，主要表现为“教育资源短缺，投入不足，师资队伍不健全，体制机制不完善，城乡区域发展不平衡，一些地方‘入园难’问题突出”。对此，中国于 2010 年 11 月颁布了《国务院关于当前发展学前教育的若干意见》，以贯彻《国家中长期教育改革和发展规划纲要（2010～2020 年）》，积极发展学前教育，着力解决当前的“入园难”问题，满足适龄儿童入园需求为目标。

（2）服务使用状态。

中国儿童主要在家庭里得到照顾。家庭成员，如父母、祖父母等为儿童提供照顾。在家庭之外，政府主办的以及社会上营利和非营利的学前班、幼儿园等，为儿童提供早期的照料服务。表 1－3 是根据教育部网站提供的统计数据计算的、由不同的供给者提供给 0～5 岁的儿童的学前照料和教育服务。

表 1－3　幼儿园、学前班和学前教育注册人数

单位：%

主办方	幼儿园	学前班	儿童数
政　府	24	49	56
社　区	14	9	8
非政府力量	62	42	36
总计（n）	100（133722 所）	100（824872 个）	100（49981399 人）

资料来源：根据教育部网站资料计算，http：//www.moe.edu.cn/edoas/website18/19/info1261647581896419.htm，date：20/6/2010。

按照联合国教科文组织2007年《全民教育全球监测报告》公布的数字，2004年全球幼儿教育毛入园率为37%，其中有3/4的国家达到了75%以上，中国为36%。2007年，中国幼儿教育毛入园率达到42%，比2004年增长了6%。

在得到学前教育的儿童中，56%从政府举办的各种学前教育机构或小学附设的学前班中得到教育，8%从社区举办的各种学前照料和教育机构中得到照料和教育，同时还有36%的儿童得到市场提供的照料服务和教育。即使在政府举办的各种学前照料和教育机构中，由于这个部分的教育不是基础教育，国家不承担经费责任，家长必须根据教育质量缴纳数量不等的费用，同时还有大量不能达到政府注册标准的学前照料机构存在，因此学前教育的市场化模式非常明显。学前教育是我国目前儿童福利制度的重大缺口之一。

2010年11月《国务院关于当前发展学前教育的若干意见》中提出，大力发展公办幼儿园，提供"广覆盖、保基本"的学前教育公共服务。加大政府投入，新建、改建、扩建一批安全、适用的幼儿园，对扭转学前教育市场化的倾向，当有一定的作用。

2. 义务教育发展

中国于1986年通过《中华人民共和国义务教育法》，规定国家实行九年制义务教育，标志着中国义务教育制度的正式确立，并规定国家对接受义务教育的学生免收学费，仅需缴纳一定的杂费。21世纪初，面对农村义务教育出现的新情况和基于减轻农民负担的考虑，2002年，经国务院批准下发了《关于完善农村义务教育管理体制的通知》，加强对农村义务教育的领导和管理，提出建立义务教育经费保障机制，保证农村义务教育投入。2005年国务院常务会议提出，从2006年开始，免除西部地区农村义务教育阶段学生全部学杂费；2007年扩大到中部和东部地区，并对贫困家庭学生免费提供教科书并补助寄宿生生活费。2008年国务院常务会议正式决定，在全国范围内免除城市义务教育阶段学生学杂费。2010年，流动人口子女平等接受义务教育以及参加升学考试被纳入教育改革重点工作内容。目前，我国基本实现了把义务教育经费全面纳入公共财政保障范围的目标，城乡有1.6亿适龄青少年享受九年免费制义务教育，对贫困学生免收书本费。我国小学学龄儿童净入学率达到99.5%，初中和高中阶段毛入学率分别达到99%和79.2%（崔清新、李菲，2010）。

针对非义务教育阶段的贫困家庭学生，2010年11月财政部、教育部联合下发了《普通高中国家助学金管理暂行办法》。在地方层面上，各地区根据本地区的经济发展水平和地区特色，也制定了关于义务教育一系列政策的具体实施办法。其中有代表性的地方经验有：北京出台了《北京市普通高中人民助学金制度》，依据学生实际学习费用、家庭经济状况、家庭享受社会救济情况、所居住地区生活水平确定人民助学金标准并划分等级，为保障困难家庭的孩子高中阶段接受教育提供了帮助；江苏省发布《江苏省普通高中政府助学金管理办法（暂行）》，高中助学金主要用于受助学生的生活费开支，资助标准为平均每生每年1000元，学校可根据学生困难程度，在800~1200元范围内确定具体资助标准。中国政府在义务教育普及与相关政策完善方面做出了巨大的努力。

3. 特殊儿童教育扶持

由于身体和精神上以及来自社会外界的各种障碍，大量残疾儿童无法享受到受教育的权利。据全国残联统计，截至2009年底，全国未入学适龄残疾儿童少年总数21.1万人，其中视力残疾3.1万人，听力残疾2.9万人，言语残疾2.0万人，智力残疾4.4万人，肢体残疾4.6万人，精神残疾1.4万人，多重残疾2.7万人[①]。另据中国残联统计，全国的儿童入学率已达到99%，而这个数据在残疾儿童中却只有76%。

残疾少年儿童教育是基础教育的重要组成部分。残疾少年儿童教育主要有三种形式：第一种是主要为盲聋哑等残疾少年儿童举办特殊教育学校，这是1949年以后发展起来的；第二种是在普通学校办特殊教育班；第三种是残疾少年儿童随普通班就读[②]。主体是第三种形式。到2002年底，在普

---

① 《2009年中国残疾人事业发展统计公报》，http：//www. gov. cn/fwxx/cjr/content_1626562. htm。

② 随班就读，是指特殊儿童在普通教育机构中和普通儿童一起接受能满足他们特殊需要的教育形式，是中国内地接受了西方国家“融合教育”理念，同时考虑到中国特有的发展中国家的国情，对残疾儿童提供的教育形式。随班就读能够在教育经费较少的情况下极大地提高残疾儿童的入学率，满足很多残疾儿童就学的需要，符合中国的国情，也符合国际上“正常化”教育、回归主流、一体化教育、全纳教育的发展趋势。自1989年国家教委试行在全国开展随班就读工作以来，随班就读在中国得到大力发展。中国残疾儿童入学率的提高，和随班就读政策的实施有密切关系。

通学校特教班和随班就读的残疾学生已占义务教育阶段全部在校残疾学生的63%，随班就读是在残疾少年儿童中普及义务教育的主要形式。这种对残疾少年儿童教育的“双轨”体制是在中国的国情下，在西方全纳制思想影响下产生的制度安排。

1994年，中国残联与教育部共同颁布《关于开展残疾儿童少年随班就读工作的试行办法》，要求各地积极开展落实随班就读工作。新疆维吾尔自治区2008年开始，将特殊教育纳入普及九年义务教育范围当中，加大特殊教育学校的建设力度，同时通过财政拨款，对原有的9所特教学校进行改建、扩建，并配备一定的康复设备；2010年5月，天津市教育部门决定为200名重度适龄残疾儿童少年提供“送教服务”；2010年开始，福建省将为义务教育阶段适龄重度残疾儿童少年开展“送教上门”服务，送教服务全部实行免费。不足的是，由于家庭贫困、身体残疾、缺乏父母照料等原因，许多学龄儿童仍然未能享受正常的教育，或因缺乏上学的设施、条件、动力而辍学。

中国从2006年开始，在全国范围内分批实现了九年制的免费义务教育。《义务教育法》中，用法律形式确定了在中国逐渐形成的以随班就读为主体、以特教学校为骨干的残疾儿童教育体制。对残疾儿童接受教育的权利作了如下规定。

第三章“学校”中规定：“第十九条　普通学校应当接收具有接受普通教育能力的残疾适龄儿童、少年随班就读，并为其学习、康复提供帮助。”

第七章“法律责任”中规定：“第五十七条　学校有下列情形之一的，由县级人民政府教育行政部门责令限期改正；情节严重的，对直接负责的主管人员和其他直接责任人员依法给予处分：（一）拒绝接收具有接受普通教育能力的残疾适龄儿童、少年随班就读的……”

在2008年和2009年发布的政策中，残疾儿童的教育问题被重申，这种具有发展中国家特点，又体现包容性的教育方式，被重新强调，并提出了提高适龄视力、听力、智力残疾儿童少年（以下简称三类残疾儿童少年）入学率等政策目标。

国务院办公厅《转发教育部等部门关于进一步加快特殊教育事业发展意见的通知》中提出了残疾儿童教育具体的政策目标：继续提高残疾儿童

少年义务教育普及水平。城市和经济发达地区，适龄视力、听力、智力残疾儿童少年入学率要基本达到当地普通儿童少年水平；已经“普九”的中西部农村地区，其三类残疾儿童少年入学率要逐年提高；未“普九”地区要将残疾儿童少年义务教育作为普及九年义务教育的重要内容，三类残疾儿童少年入学率达到70%左右。积极创造条件，以多种形式对重度肢体残疾、重度智力残疾、孤独症、脑瘫和多重残疾儿童少年等实施义务教育，保障儿童福利机构适龄残疾儿童少年接受义务教育（国务院，2009）。提出三类残疾儿童入学率具体要达到的目标，是残疾儿童教育政策方面的一个重大的进展。

在看到随班就读政策的积极作用的同时，对这一政策的局限性和需要改进的方面，应该有清醒的认识。首先，随班就读对学校工作提出了新的要求：教师一方面要对随班就读的学生进行与普通教育一致的基本要求的教育；另一方面又要针对特殊学生的特殊教育需要提供特别设计的教育方案和服务，以实现其康复、补偿以及潜能和人格的充分发展。没有额外的资源，并经过专门的特殊教育培训，教师很难在其繁重的教育工作中，对随班就读的残疾儿童提供满足他们特殊需要的教育。

其次，随班就读的政策，并不是指所有的残疾儿童都可以进入普通学校接受教育。只有“具有接受普通教育能力的残疾适龄儿童、少年”才可以进入普通学校随班就读。对“具有接受普通教育能力的残疾适龄儿童、少年”的定义，主要指视力、听力、轻度智力残疾的儿童少年，这被称为“三类残疾儿童”。各地政府有具体规定，如上海市规定了8类特殊儿童为随班就读对象：低视力、重听、轻度智力障碍、肢体残疾、学习障碍、言语和语言障碍、情绪和行为障碍、病孩。这些对象包括未入学的适龄特殊儿童、经过一段时间的特殊教育后具备随班就读条件的残疾儿童和已经进入中小学的各类轻度残疾儿童和学习有困难的儿童。

在中国，从正式的制度看，三类残疾儿童不受歧视，有权利在公立学校学习。学校不得拒绝户口在当地的儿童入学。国家还通过免除杂费、课本费和给予生活补贴等方法给残疾儿童一定的优惠政策。但是，还有一些重度智力残疾、脑瘫儿童、自闭症儿童等，处于就学无门的状态。这是中国儿童福利制度的另外一个重要的制度缺口。

4. 流动及留守儿童教育关注

中国针对农民工子女的流动儿童入学问题的政策相对较少，只有教育部1998年3月2日发布《流动儿童少年就学暂行办法》，随后则是地方层面出台的相应举措：北京市教委于2008年发布《北京市教育委员会、北京市财政局关于进一步做好来京务工人员随迁子女在京接受义务教育工作的意见》，落实对来京务工人员随迁子女接受义务教育工作的管理责任，加大对来京务工人员随迁子女接受义务教育的投入力度，逐步规范自办学校等；河南省和广东省也出台相应的政策：《河南省人民政府关于进一步做好进城务工农民随迁子女义务教育工作的意见》、《广东省流动儿童少年就学暂行办法》等；浙江省则设立了外来务工人员子女教育专项资金，出台《关于印发〈浙江省外来务工人员子女教育专项资金管理办法〉的通知》，保障流动儿童受教育的权利。

针对留守儿童的成长困境，中国尚未在国家层面上出台制度化的措施。在地方层面上，以安徽为例，下发了《中共安徽省委、安徽省人民政府关于做好关爱农村留守儿童工作的意见》，从强化家庭、社会、学校三方职责，改善基础条件，优化成长环境和加强经费保障出发，结合实际开展关爱农村留守儿童工作。留守儿童是中国社会转型与发展不可避免的代价，但不应由农民工和留守儿童自身来承担，至少在公共服务体系的建设中，国家有责任和义务采取各项政策措施，尽力弥补留守儿童在成长中的缺失环节。在本书接近完稿时，民政部传来消息，国家准备大大加强对留守儿童的社会支持工作，并正式由民政部门承担（访问民政部官员，2011年4月6日）。

（六）儿童保护

《联合国儿童公约》第6条规定："确保儿童的生命权、生存权和发展权的完整。"2000年，联合国通过了两项《儿童权利公约》任择议定书。这两项任择议定书是对保护儿童权利的有力补充，为那些易受武装冲突、贩卖、被迫卖淫或从事色情活动伤害的儿童提供了道德和法律上的保障。如果一个社会中最年轻的成员遭受虐待或被剥夺了基本权利，安全时刻受到威胁，这个社会是不能蓬勃发展和进步的。中国现有的儿童保护相关政策和项目如表1－4所示，主要涉及流浪儿童保护、儿童安全、被拐卖儿童救助等方面。

表 1-4　中国儿童保护主要政策与项目

类别	年份	政策与项目	目标或成效
流浪儿童保护	2006	民政部等部门联合颁布《关于加强流浪未成年人工作的意见》	截至 2008 年底，全国共有救助单位 1422 个，床位 5.1 万张，全年救助未成年人 15.6 万人次
	2003	为流浪儿童重返家庭、融入社会，国内第一个“类家庭”在中国郑州建立	“郑州模式”采取全天候开放式救助点、固定救助亭、流动救助车、类家庭、家庭寄养、技能培训、网站服务、跟踪回访、高校社工合作、定期评估等多种形式，对少年儿童进行救助保护
儿童安全	2000	“安康计划”由中国儿童少年基金会发起实施	通过实施系列公益活动，构筑儿童少年安康成长体系，营造安全健康成长的社会氛围
	2008	国际计划与安徽医科大学合作，在陕西省蒲城县的三个乡镇实施了“农村儿童意外伤害预防”项目	项目终期评估和调查结果显示，项目开展一年来，儿童意外伤害的发生率总体下降，由 16.2% 下降至 10.6%；儿童的意外伤害知晓率和认知行为正确率提高了 10 个百分点；儿童缺课天数和意外伤害经济负担均有所下降
被拐卖儿童救助	2000	公安部出台《关于打击拐卖妇女儿童犯罪适用法律和政策有关问题的意见》	2000～2005 年，公安机关共破获拐卖儿童案件 4911 起，解救被拐卖儿童万名以上。拐卖儿童犯罪在一些地区的高发势头得到有效遏制
	2007	国务院办公厅印发《中国反对拐卖妇女儿童行动计划（2008～2012 年）》	健全反拐工作协调、保障机制，建立集预防、打击、救助和康复于一体的反拐工作长效机制
	2009	云南“预防流动儿童拐卖试点项目”正式在昆明启动	为精确查找被拐卖儿童、妇女，实现全国联网对比，云南省公安厅专门研究部署了 DNA 检验技术和“打拐 DNA 数据库”的建设及应用
	2011	最高人民法院、最高人民检察院、公安部、司法部	根据《中华人民共和国刑法》、《中华人民共和国刑事诉讼法》等法律及司法解释的规定，最高人民法院、最高人民检察院、公安部、司法部联合发布《关于限令拐卖妇女儿童犯罪人员投案自首的通告》

1. 流浪乞讨儿童保护

2009年民政事业发展统计报告显示，截至2009年底，全国有流浪儿童救助保护中心116个，床位0.4万张。2009年救助城市生活无着的流浪乞讨未成年人14.5万人次。据国务院妇女儿童工作委员会办公室相关调查，流浪儿童中70%～80%为照料者缺失或家庭不完整的儿童，其生活照料的地方责任归属无法确定。

2007年，由教育部、共青团中央和民政部等19个部门联合出台了《关于加强流浪未成年人工作的意见》，针对流浪人员中的未成年群体，明确规定救助保护机构要为流浪未成年人提供全面的服务，采取多种措施保障受助未成年人的生活、教育、管理、返乡和安置；组织适合未成年人需要的活动，通过文化知识教育、职业技能培训等帮助未成年人获得谋生技能，为回归社会、独立生活做好准备；要求民政与教育、公安和司法行政等部门共同对有不良行为的流浪未成年人进行法制教育、行为矫治和心理辅导，监护人无法履行职责的服刑人员子女也可以由流浪未成午人救助保护机构提供生活照料。地方层面的做法也各有特色，其中最典型的当属郑州市救助保护流浪少年儿童中心构建的流浪儿童救助保护体系，该体系被民政部和联合国儿童基金会誉为“郑州模式”。“郑州模式”极具推广意义，为地方性流浪儿童救助保护工作提供了宝贵的经验。针对流浪儿童群体，其实施犯罪行为的比例极高，他们往往由于生活贫困且缺乏教育而导致犯罪行为的发生。而救助站为流浪儿童提供的大多是短暂的、阶段性和临时性的救助，并未真正改变其自身的处境，儿童再次流浪街头的不占少数。因此，现阶段中国对流浪儿童的救助工作，应努力探索一个更为全面的救助体系，将生活、教育和医疗等诸多环节联系起来，对流浪儿童的救助切实起到标本兼治的作用。

2. 打击拐卖妇女儿童现象

据官方数据统计，中国境内每年有1万名左右的妇女儿童被拐卖，被拐卖的人口中儿童（主要是5岁以下的男孩）约占10%[①]。近年来由于政府、地方社区以及整个社会对这一问题的日益警醒，使国内拐卖妇女儿童的现

---

① 《儿童保护与社区服务存在的问题》，http：//www. unicef. org/china/zh/protection_community. html。

象有所减少。中国于2007年12月出台了《中国反对拐卖妇女儿童行动计划（2008~2012年）》，提出健全反拐工作协调与保障机制，明确了相关部门的职责任务，加强合作，建立集预防、打击、救助和康复于一体的反拐工作长效机制，要求提高工作效率，最大限度地减少拐卖妇女儿童犯罪活动的发生，最大限度地减轻被拐卖妇女儿童遭受的身心伤害。本行动计划出台后，河南、陕西等地开始积极予以贯彻实施，云南等地还开展了专项试点，均取得了一定成效。

现在，拐卖儿童的问题已经逐步在家长、公民社会和政府部门之间达成共识，从立法、执法到公民监督等方面，形成了协同努力的局面。著名网站“宝贝回家”，动员了大量的网民为寻找被拐卖儿童提供线索，并和公安部的打击拐卖妇女儿童犯罪办公室协同作战，成功解救了上百名儿童。参与这些行动的网站编辑、义务工作者、律师、公安部官员和学者，为了进一步保护儿童，还为人大代表起草儿童保护议案，争取从立法上更有效地保护儿童。

2011年1月1日，最高人民法院、最高人民检察院、公安部、司法部联合发出了《关于限令拐卖妇女儿童犯罪人员投案自首的通告》，试图对累积的拐卖妇女儿童案件作出清算，以便更严厉地打击拐卖妇女儿童现象，并从买方入手，根绝拐卖儿童的市场。

（七）非政府儿童福利组织

在1949年以前，非政府的儿童福利机构在儿童福利的供给中发挥着重要的作用。新中国成立之前，除了地方政府所办的孤儿院之外，中国还有大量的孤儿院是由个人、教堂或慈善组织兴办的。1949年之后，大量的非政府组织和慈善组织被取缔。1976年唐山大地震之后，国际民间慈善组织SOS儿童村进入中国。改革开放之后，政府对非政府儿童福利机构逐渐采取了新政策，非政府儿童福利机构在中国逐渐发展。2008年汶川地震之后，涌现了一些新的非政府儿童福利机构，它们的存在和发展已经成为现在中国公民社会组织的重要组成部分。但是，目前国内非政府儿童福利组织的发展依然面临着很多问题，从宏观层面的政策法规限制到微观层面的组织管理和项目运作都尚待科学完善。

1. 中国非政府儿童福利机构政策法规

从管理的角度看，中国的非政府儿童福利机构包括从事与儿童福利和服务相关工作的社团、民办非企业单位和基金会等。在中国，这些非政府儿童福利机构的发展，首先取决于非政府组织发展的大的法治环境。这个环境是由有关法律法规和执行方式决定的。这些法律法规决定了公民社会组织能够合法地存在，并按照本组织的宗旨开展活动的法律环境。

（1）非政府儿童福利机构政策体系。

在这个方面，涉及公民社会组织最重要的法律制度首先是宪法第 35 条的规定："中华人民共和国公民有言论、出版、结社、游行、示威的自由。"这为公民的结社权利和结社自由提供了宪法保障。其次是 1986 年颁布的《民法通则》，确定社会团体可以取得法人资格，并且关于法人的一般规定可以适用于社会团体。再次是社团登记的制度。最重要的法律法规包括：1998 年国务院颁发的《社会团体登记管理条例》和《民办非企业单位登记管理暂行条例》。最后，除上述关于一般社会团体的立法外，国务院和各级政府部门对一些重要的部门和行业有专门的法律或政策规定，也涉及儿童福利组织。比如《基金会管理办法》、《中华人民共和国公益事业捐赠法》、《中华人民共和国妇女权益保障法》、《中华人民共和国未成年人保护法》以及国务院的一些部委为了履行社会团体业务主管单位的职责而发布的一些行政规章（苏力等，1999）。

在儿童福利领域，民政部关于社会福利社会化、家庭寄养和儿童福利机构的规定对非政府儿童福利机构的发展产生了重要影响。例如，2003 年颁布的《家庭寄养管理暂行办法》规定："家庭寄养服务机构可以通过与国（境）内外社会组织合作、通过接受社会捐赠获得资助。与国（境）外社会组织或者个人开展同家庭寄养有关的合作项目，应当按照有关规定办理手续。"2006 年 3 月 15 个部委《关于加强孤儿救助工作的意见》提出广泛动员社会力量关心和帮助孤儿。要大力推进社会福利社会化，发展慈善事业，鼓励民间组织、企业事业单位、公民和外资等社会力量支持参与儿童福利事业，进一步推动孤儿救助工作的开展。2009 年《民政部关于进一步加强受艾滋病影响儿童福利保障工作的意见》提到健全工作网络，动员社会力量，保障受艾滋病影响儿童健康成长。鼓励民间组织、企业事业单位等社会力量支持参与，为受艾滋病影响儿童生存、发展创造良好的舆论氛围和社会环境。

这些单行法律法规特别就某些特殊儿童非政府社会团体的设立、职能、组织等问题作出了规定。

（2）中国非政府儿童福利机构管理体制。

大量的非政府儿童福利机构属于民办非企业单位。民办非企业单位是指企事业单位、社会团体和其他社会力量以及公民个人利用非国有资产举办的、从事非营利性社会服务活动的社会组织[①]。同社会团体一样，民办非企业单位也要按照有关规定先进行合法登记，然后再根据法律、法规授权或行政机关委托而成为公共管理主体。如《社会力量办学条例》第 31 条规定，经批准实施学历教育的学校的学生，完成学业、考试合格的，由所在学校按照国家有关规定颁发学历证书。

中国对社会团体的管理实行双重管理体制，被称为“分级登记，双重管理”。根据 1998 年颁布的《社会团体登记管理条例》，社会团体申请注册登记，必须首先接受业务主管部门的审查，再接受登记管理机关的审查。登记管理机关是各级民政部门。对基金会的管理，是“分级登记，三重管理”，除了业务主管部门和登记管理机关，还增加了银行的审查和管理。

党的“十七大”之后，中央对加强社会组织管理、发挥社会组织作用的工作日益重视。2008 年初，胡锦涛总书记在中共中央政治局第四次集体学习中强调，要创新社会管理体制，支持社会组织参与公共服务和社会管理，形成公共服务供给的社会和市场参与机制。党的十七届二中全会通过的《关于深化行政管理体制改革的意见》提出，“更好地发挥公民和社会组织在社会公共事务管理中的作用，更加有效地提供公共产品”。

根据中央的精神，在各级党委政府的重视和领导下，各级社会组织管理部门以科学发展观为统领，全面贯彻落实党的“十七大”和十七届二中全会、三中全会精神，积极面对新情况，勇于解决新问题，坚持改革发展，在实践中大胆探索，不断创新社会组织管理体制机制。

① 见《民办非企业单位登记管理暂行条例》第 2 条。

2008年9月，深圳市发布《关于进一步发展和规范我市社会组织的意见》，提出“创新社会组织登记管理体制”，并作出规定：“除法律、行政法规规定须由有关部门在登记前进行前置审批的社会组织外，工商经济类、社会福利类、公益慈善类的社会组织申请人均可直接向社会组织登记管理机关申请登记。”这就触及了社会组织发展的最核心、最瓶颈的问题——体制问题，实现了双重管理向直接登记的转变。此外，深圳市还规划建设“社会组织孵化基地”，通过政策、资金、硬件设施的扶持促进协会、商会等社会组织发展。山东、福建等省也积极探索实行行业协会有偿服务，建立政府购买行业协会的服务机制。

北京市民政局2011年度工作会议透露，北京将加快社会组织的民间化步伐，公务员等将逐步从社会组织中退出。从2011年起，北京市推行工商经济类、社会福利类、公益慈善类和社会服务类的社会组织无需再找主管单位，可以直接到民政部门登记注册，政府部门进行业务指导的新型管理体制①。

这些新的规定和试点是对中国社会组织管理体制的突破和创新，为非政府组织的发展提供了一定的政策支持和发展空间，也会促使更多非政府儿童福利机构的产生。

（3）非政府儿童福利机构面临的政策法律挑战。

由于客观上存在着对非政府力量提供的社会服务的迫切需要，从民政部门的角度看，对非政府儿童福利机构的态度是积极的。在大政策环境允许的情况下，2004年部本级专门拨款200万元支持非政府的福利机构。同时，虽然非常慎重，各地的民政部门也在给一些非政府儿童福利机构进行登记注册。

不过，非政府儿童福利机构的发展受到大环境的一定限制：政府努力将非政府组织的发展限制在政府能够控制的范围，以避免政府不能控制的力量获得合法化的发展，危及中国发展必需的社会安定局面。适度的支持与约束，构成了中国非政府儿童福利机构发展的基本政策环境。

---

① 《公益慈善等四类社会组织在京登记注册无需主管单位》，http://news.xinhuanet.com/society/2011-04/07/c_121277803.htm。

民间儿童福利组织合法化的一个很重要的障碍是儿童的监护权问题。国有儿童福利院的监护权在福利院院长。因此，儿童福利院有送养权。目前，民政部正在酝酿改革，把监护权集中到政府。民政局局长作为法人代表有监护权，所有儿童福利院的院长都没有监护权，只能通过民政局送养。经过这样的改革，国有儿童福利院和非政府儿童福利机构并轨的可能性增加了①。

2. 非政府组织与困境儿童救助

在目前的条件下，由于政府和市场的供给能力有限，不能为所有的困境儿童提供非常完善的福利服务和救助。很多困境儿童如孤儿、流浪儿童、残疾儿童、大病儿童、贫困儿童等需要国有儿童福利机构之外的力量为他们提供服务，满足他们生存和发展的需求。

自20世纪80年代起，境外的非政府组织逐渐进入中国，开展困境儿童救助工作。在此后的二十几年里，境外和本土的儿童救助组织如雨后春笋般发展起来，日益介入困境儿童救助的各个领域中。

（1）非政府儿童福利组织现状。

由于中国非政府儿童福利机构的注册登记情况比较混乱，难以统计其确切的数量。非政府儿童福利机构注册情况可以分为以下三类：民政注册、工商注册和未注册。

根据服务对象的不同可以将非政府儿童福利机构分为以下几类：①服务所有弱势儿童类：例如项目覆盖中国20多个省市的英国儿童救助会，关注流浪儿童、残疾儿童和被拐卖儿童；②服务孤儿、流浪儿等无人抚养的儿童类；③服务服刑人员子女类，该类非政府组织主要的救助对象是服刑人员无人抚养的子女，例如警官张淑琴先后创办了4个罪犯子女村；④服务有生理缺陷的儿童类，这类非政府组织为儿童家长提供有关咨询、家庭训练指导服务，为缺陷儿童的养护、教育人员提供行为技巧培训，例如慧灵智障儿童服务机构、北京星星雨教育研究所等；⑤服务艾滋病影响儿童类，这类组织主要是在目前中国艾滋病人的数量日益上升的情况下出现的一类组织，例如东珍受艾滋病影响孤儿学校、东珍纳兰儿童心理研究所等；

① 访问民政部官员，2010年12月。

⑥服务权益被侵害儿童，例如青少年法律援助中心为所有权利受到侵害的青少年提供法律帮助。

上述的非政府儿童福利机构，主要承担了以下的服务职能：收养部分孤儿，并尽可能为他们提供受教育的机会；提供专业的、有针对性的治疗性培训和服务；通过提供法律服务等各种手段，维护保障儿童的权利不受侵害。

中国非政府儿童救助组织的经费来源有多个渠道：一是以某个企业或其他营利组织为主要资金来源，如中华蓝天儿童村衡水孤儿院以经营果园为主要收入来源；专门救助女孤儿的邢台春蕾学校，是以春蕾企业集团的资助为经济来源的。但是，由于企业是以赢利为目的，与非政府组织的非营利性的本质相矛盾，所以这种组织只占极少的一部分，而且其发展前景令人担忧。如沧州阳光儿童村刚成立时，负责人苏玉祥有自己的企业，但当厂子倒闭以后，儿童村就陷入了困境。二是依靠社会捐助，包括国外的捐助和国内的捐助两部分。这是大多数儿童救助非政府组织主要的资金来源，其中对境外资金的依赖尤为普遍。北京慧灵智障人士社区服务机构，主要接受域外的组织和个人的捐助，特别是受香港明爱基金会的长期资助；北京市太阳村特殊儿童救助研究中心的资金70%来自外资企业。此外，太阳村开辟了农场，依靠自己的力量解决部分经费，保障孩子们的基本生活；北京智光特殊教育培训学校，学费收入只占学校支出的30%，其余经费全部依靠社会捐助来解决，其中来自国外的捐助占90%，主要来自国外的基金会、外国驻华使馆、外国驻华企业。来自国内的捐助主要是残联每年1万元的拨款（约占支出的1.3%）以及个人一些零散的捐助。三是政府购买服务的资金。四是使用者付费的收入。

（2）非政府儿童福利机构的优势与不足。

非政府组织的成立大多是基于一种强烈的公益、慈善价值或使命感，很多非政府儿童福利机构是由一些热心公益、关注儿童发展的个人或团体成立的，有些是有特殊需要的儿童家长自发成立的。他们将对待自己子女的情感转移到更多社会成员身上，这是可以推动和改变社会的力量。基于这样的价值观和理念，非政府儿童福利机构大多能够在艰苦的条件下坚持为困境儿童服务，切实站在弱势儿童的立场行事，采用自下而上的管理方式，动员更多的社会资源，并且大多会产生一些独创性的方法。

但是，非政府儿童福利机构也存在诸多不足。除了外部政策和大环境的限制，很多非政府的儿童福利组织内部存在很多问题，例如公信力不足，财务制度和管理体制不够科学健全，专业化程度不足，缺乏项目管理的经验，等等。

（八）中国儿童福利的制度缺口

中国的儿童福利制度，2010 年有了重大突破，社会散居孤儿和失去父母、主要照料者缺失的儿童，得到了国家的儿童福利津贴。但是，通过上面的制度分析，我们发现，仍然存在着重要的制度缺口，导致儿童权利不能完全实现，儿童发展受到阻碍。这些缺口，需要政府和公民社会共同努力，进行制度建设，完善中国的儿童福利制度。在这个报告中，我们仅仅对几个影响最大、需要尽快解决，同时国家也完全有力量解决的重大制度问题，作一个简单的总结。

第一，学前教育的缺口。中国学前教育的过度市场化和私有化，在很多城市造成了入托难、学前教育昂贵的情况。儿童的早期教育在发达国家日益成为国家人力资源战略的重要部分，早期教育的责任逐渐从家庭向国家转移。在这个关键的时期，中国前一时期主导的政策取向是国家把早期教育的财务责任陆续向家庭转移，把服务提供的责任向市场转移。这个政策取向在儿童早期教育的服务供给方面产生了非常消极的影响，对中国的未来可能会产生严重的负面影响。因此，要断然中断目前放任早期教育私有化的倾向，国家应尽快制定新的早期教育政策，对儿童福利进行战略性投入，向儿童早期教育（即国家的未来）发展倾斜，此为当务之急。

第二，在残疾儿童康复和三类残疾儿童之外的残疾儿童就学方面，目前的制度有重要的缺口。目前主导的残疾儿童治疗和康复思路还是医学模式。服务提供和家长的要求都是重治疗，轻康复。同时，残疾儿童迫切需要的治疗和康复服务都是主要由市场提供，家长埋单。家长投入首先向治疗倾斜。在家长无力负担时，对儿童一生有重大影响的治疗和康复被推迟或放弃，结果是残疾儿童需要一生依靠家长和国家的支持，这对家庭和国家都是重大的负担。

第三，在儿童安全方面，缺少整套的制度安排。随着私家车的普及和道路交通流量的增加，道路事故已经是中国儿童的最大杀手。据全球儿童安全组织的儿童意外伤害研究报告，意外伤害是中国 0～14 岁儿童的首位死亡原因，每年有超过 20 万名 0～14 岁的儿童因意外伤害而死亡（死亡率为 67.13/10 万），每三位死亡的儿童中就有一位是意外伤害所导致。中国 0～14 岁儿童意外伤害死亡的总费用，约占到中国 GDP 的 2 个百分点。中国 0～14岁儿童意外伤害死亡的发生率是美国的 2.5 倍，韩国的 1.5 倍[①]。在发达国家，关于儿童的道路安全，有整套的制度安排，包括家长和儿童的道路安全教育、学校附近的道路标志设计、上学或放学期间在学校附近安排的安全员、对儿童在汽车内座位的法律规定，以及对家长的监护要求（如 14 岁以下儿童没有成人监护不能自己外出）等。

第四，儿童保护的制度缺口。除各种意外伤害之外，人为暴力伤害也不容忽视，如校园暴力、网络伤害以及其他环境污染等因素造成的伤害等。尤其在 2010 年 3 月以来，中国发生了几起校园杀童事件，更是引起全社会的警醒。在儿童的家庭教育方面，中国目前的制度安排是家长几乎有完全的自由。在家庭中打骂儿童是非常普遍的现象，同时，家庭中针对儿童的暴力和恶性虐待事件时有发生。中国目前虽然有相关的禁止虐待儿童的法律规定，但是，在执行过程中尚有难度。儿童保护制度空白的现象亟待改变。

第五，提供儿童福利服务的机构发展不足。目前，国家在儿童福利服务领域中，已经不作为主要服务提供者发挥作用。这个领域的服务提供，亟待非政府非营利组织来补充。因此，鼓励非政府儿童福利服务提供组织的发展，规范服务市场，是政府的责任，也是这个领域发展的当务之急。

第六，缺乏儿童发展性支持和对家庭的支持。儿童发展性福利需求以所有儿童的全面发展为界定标准，倾向于广义的儿童福利概念，使政府的儿童福利政策适度惠及全体儿童，采取避免儿童陷入困境的预防性干预模式，保障所有儿童身心健康发展。从需求的迫切程度来看，现阶段中国儿童发展性福利应当首先侧重于从孤儿、留守儿童、单亲家庭儿童、残疾儿

---

① 引自全球儿童安全网络，http：//www.safekidschina.org/research.html，2011 年 2 月 20 日。

童等弱势儿童群体入手，改变造成大量儿童与父母分离的政策，推动留守儿童和父母团聚，支持弱势儿童家庭等。同时，鼓励开展社区服务、社区看护、早期项目以及各种家庭支持，最终惠及全体儿童。

三 中国儿童福利项目

儿童福利项目是儿童福利服务递送的渠道之一。中国的“补缺型”儿童福利制度主要为以孤儿、弃婴、残疾儿童、受艾滋病影响的儿童和残疾儿童为主体的困境儿童群体提供最低限度的服务。常规的服务不能满足这些儿童最基本的生存、安全和发展需要。因此，在常规的福利服务之外，政府部门、国内外的非政府组织，通过项目形式，为儿童提供示范性的或者急需的福利服务。

按照性质，儿童福利项目主要分为两类：示范性的和补救性的。示范性项目的主要目的是通过项目实施，把一种体现了新的理念或方法的服务引入现行的儿童福利服务体系中。补救性的项目则集中在解决某一急需解决的儿童福利问题上。项目设计的服务一般有一定的提供时段。项目过后，服务就不存在了，或者以其他项目的形式继续提供。当然，也有的项目在起到了示范作用之后，推动了新的常规性服务项目的建立，实现了儿童福利的制度性发展。

从项目发起和组织者看，有些项目的组织者是政府部门，大量的是非政府组织。在儿童福利领域，政府部门和非政府组织的合作是一种常见的形式。

（一）示范性的儿童福利项目

联合国儿童基金会和我国民政部都是政府组织。政府部门主导的儿童福利项目，首推联合国儿童基金会和民政部联合进行的重大项目。2010 年政府主导的儿童福利项目，首推儿童福利示范区项目。

这个项目的宗旨是示范性，在示范区建立全面的儿童福利递送体系，为中国儿童福利递送体系的建立提供经验和模式。

2008 年，中国人均 GDP 首次突破 3000 美元，这一经济节点标志着中国经济社会步入了新的发展阶段。随着经济发展阶段的提升，建立健全与之相适应的社会福利制度也被提上议事日程。基于经济社会发展的重要历史机遇，民政部和联合国儿童基金会共同开发了中国儿童福利示范区项目（2010～2015）（见图1－4），服务对象遍及5省区（云南省、河南省、山西省、四川省、新疆维吾尔自治区）12个县120个村的所有儿童。儿童福利服务的内容则突破生活救助的单一模式，扩展为推动多维度儿童福利的适度普惠型，意在探索有效的多维度儿童贫困监测系统、针对一般儿童的基本福利服务和针对脆弱儿童的特殊福利服务、儿童福利服务递送体系配置、必要的财政和技术保障、必要的政策和行政支持，以便为国家建立全新的、基于社区的儿童福利制度提供经验。最终目的是使所有儿童平等享有福利服务。目前，项目还在实施阶段，随着项目的逐步展开，这一开放的项目平台将动态吸纳更多的优质子项目，不断充实丰富这一创造性的全纳式儿童福利项目。

图1－4　中国儿童福利示范项目框架

（二）补救性的儿童福利项目

补救性的儿童福利项目表现出以特殊儿童类型和儿童特殊需要为导向的明显特征。中国困境儿童主体包括孤儿、弃婴、残疾儿童、贫困儿童、流浪儿童和留守儿童。此外，还有所占人数比例不大、未得到政府和社会力量足够重视的少数困境儿童群体，同样面临着巨大的生存威胁，得不到有效的发展保障。这类群体的儿童包括实际监护权缺位的儿童（爹死娘嫁人的儿童）、隔代人照料的儿童、童工、被拐卖的儿童、违法犯罪的青少年以及服刑人员子女等。

基于当前中国社会福利领域政府主导、社会力量介入有限的实际情况，以困境儿童为主要服务对象的中国儿童福利服务工作，其整体布局由行政业务主管单位民政部门牵头设计执行，其他相关业务由政府部门、社会团体和非政府组织等社会力量不同程度地参与。下文将按照不同的困境儿童类别概述现有的主要儿童福利服务项目。

1. 孤残儿童

孤儿、弃婴是民政部门在儿童福利领域首要保障的对象，在国有社会福利机构内养护的弃婴大多数为中重度残疾儿童，因此通常指称他们为孤残儿童。在民政部门作为行政主管的前提下，形成了以民政部门牵头、其他相关政府部门共同参与配合的多部门合作机制，举办了全国性的儿童福利项目，项目成果惠及众多监护权归国家的孤残儿童。其中，最具代表性的有以下几项。

（1）“残疾孤儿手术康复明天计划”（2004 年）。该项目由民政部举办，项目目标是 2004～2006 年的 3 年期间，每年民政部从通过发行中国福利彩票募集的彩票公益金中拿出 1 亿元，省、市、自治区从省级留用彩票公益金、地方财政和社会捐赠中筹集 1 亿元，总共筹措 6 亿元，确保为 2.8 万名，力争为 3 万名残疾孤儿有效实施手术矫治和康复。随着项目的不断推进，2007 年建立了“明天计划长效机制”，民政部决定在坚持工作机制不变、福利彩票公益金资助渠道不变、定点医院合作制度不变的基础上，确保进入社会福利机构的残疾孤儿得到及时有效的手术治疗和康复训练。

（2）“儿童福利机构建设蓝天计划”（2006 年）。以科学发展观和落实胡锦涛总书记关于加强孤残儿童工作的重要指示为指导，以改善孤残儿童成长环境、提高孤残儿童生活质量为目标，以建设儿童福利机构设施、完善儿童福利机构功能、提高服务水平为重点，采取地方财政投入为主、福利彩票公益金资助为辅的措施，充分调动社会资源，立足当前，着眼长远，有步骤、有计划地建设和完善儿童福利机构，推动儿童福利机构由救济型向福利型，单纯供养型向供养、康复及教育型转变，逐步完善适合中国国情的儿童福利服务体系。

此外，随着中国公民社会的发展，大量的国内外非政府组织等民间力量积极自发地广泛参与到儿童福利服务的活动中，尤其反映在对社会最弱势的儿童群体的关注和帮扶上，非政府组织在孤残儿童福利服务中的介入最为显著。

20 世纪 90 年代，英国救助儿童会最早将家庭寄养的概念引介到中国，并且在中国政府孤残儿童照料的理念转变与服务实践引领方面做了大量的工作（尚晓援，2008）。随着家庭寄养服务的逐步推行，2003 年民政部出台了《家庭寄养管理暂行办法》，进一步规范了社会福利机构的家庭寄养服务。尽管家庭寄养现已成为中国社会福利机构中孤残儿童的主要养护形式之一，但是机构内养护的基础性地位仍然存在。如何提升孤残儿童机构照料的水平，成为福利机构和国内外与儿童福利相关的非政府组织共同探索的重要议题。具有代表性的有如下两项。

（1）美国半边天基金会与许多中国社会福利机构合作，开展了一系列针对福利机构内孤残儿童养育的专门项目，在儿童看护照料、教育、医疗康复等方面，为孤残儿童的成长发育提供专业的技术支持与指导。

（2）国际机构儿童乐益会向社会福利机构引介其核心专业技术产品，旨在沟通政府、企业和国际机构，整合优势资源，增强福利机构的服务水平和管理能力，促进中国社会福利机构职能转型，成为更加开放的孤残儿童保护资源中心。

2. 贫困儿童

贫困儿童特指用收入或支出衡量，贫困家庭中的儿童。但是，在中国大的扶贫战略的背景下，贫困儿童亦指贫困地区的所有儿童。贫困家庭的家庭收入低于当地最低生活保障标准，在中国现行的社会保障制度下，贫困儿童包括城镇低保家庭、农村低保家庭、农村特困户家庭的儿童和享受农村“五保”的儿童。对贫困儿童来说，基本的生存权和发展权的保障是他们迫切需要享受的福利服务，因此，卫生和教育扶贫成为贫困儿童最急需的福利服务。为此，卫生部、教育部除了在政策制定方面有所作为，也承担了相应的福利服务递送职能。

在教育领域，1995～2000年，教育部联合财政部推出了国家贫困地区义务教育工程项目，旨在帮助贫困地区加快实施普及义务教育，教育扶贫范围覆盖了全国绝大多数的贫困县。在医疗卫生领域，2008年4月，民政部与李嘉诚基金会的合作项目“重生行动——全国贫困家庭唇腭裂儿童手术康复计划”正式启动，资金总规模为1亿元。2009年民政部与李嘉诚基金会继续开展医疗项目的合作，启动了“西部贫困家庭疝气儿童手术康复计划”。2009年，卫生部与澳大利亚政府合作开展国际合作项目——“促进中国农村贫困地区儿童保健管理项目”，旨在按照医改精神加强农村地区儿童保健能力建设，探索农村儿童保健服务内容、管理模式和有效的运行机制，提高农村儿童健康水平。

作为政府福利服务的重要补充，国内外基金会和非政府组织也对贫困儿童的减贫作出了很大贡献。比较知名的国内品牌服务有：中国青少年发展基金会于1989年推出的“希望工程”项目；中国儿童少年基金会于1989年发起并组织实施的救助贫困地区失学女童重返校园的“春蕾计划”；2000年启动的“中国儿童少年安全健康成长计划”；中国扶贫基金会于2008年汶川大地震后启动的孤儿助养项目，捐助标准为每人每年2000元。来自国际组织的知名服务项目有：美国微笑列车基金会发起的医疗救助，即贫困家庭唇腭裂患者，不限户籍，不需开具任何证明，在项目合作医院填写《贫困声明》和《病人记录同意书》，就可以实施免费唇腭裂修复手术。

3. 受艾滋病影响的儿童

受艾滋病影响的儿童面临着生存与发展的特殊困境，是儿童福利的重点保障对象。受艾滋病影响的儿童大多面临着经济贫困、社会排斥等困境。国家职能部门在出台落实相应保护政策的同时，也联合其他社会力量为受艾滋病影响的儿童提供福利服务。其中，较为典型的是民政部与联合国儿童基金会的合作。

联合国儿童基金会艾滋病项目旨在帮助受艾滋病影响的儿童青少年及其家庭，项目的工作目标与《中国遏制与防治艾滋病行动计划（2006～2010

年)》相一致。联合国儿童基金会支持国家政策，倡导开发新政策来保护关怀身处脆弱环境中的儿童，并在中国多样性的社会经济环境中协助开发以家庭和社区为基础的新型关怀救助模式。国际非政府组织在介入受艾滋病影响的儿童救助服务领域的典型项目成果有：英国救助儿童会开发了一套艾滋病预防和控制的综合方法，重点对儿童和青少年提供关怀与保护；美国半边天基金会开发了“新合家园”项目，该项目在河南省上蔡县为受艾滋病影响的孤儿提供模拟家庭式的寄养照料。

4. 流浪儿童

流浪儿童居无定所，大多靠乞讨、拾荒生活，有些出于生存需要或被犯罪团伙胁迫利用而从事偷盗等犯罪行为。流浪儿童的生存现状令人担忧，他们的生存与发展权得不到有效保障，尤其是流浪女童群体面临着更大的生存威胁。目前负责救助流浪儿童的国家机构是民政部门下辖的全国各地的流浪儿童救助保护中心，该机构区别于国有儿童福利院，因为救助机构对流浪儿童不承担国家监护的责任。救助机构定位在对流浪儿童提供短期的救助安置，最终目标是帮助儿童回归原生家庭。但是在实际救助中，查找不到原生家庭、儿童本身抗拒回归原生家庭，以及原生家庭状况不利于儿童健康成长的情况也时有发生。这些特殊案例为救助工作提出了巨大的挑战。

本着儿童最大利益的原则，地方救助机构创造性地借鉴了儿童安置手段，通过民政部与联合国儿童基金会合作项目的平台，郑州市流浪未成年人救助保护中心率先采用了“类家庭”的救助模式，为流浪儿童提供家庭寄养服务。并以此为契机，建立了一整套系统的流浪儿童救助体系，即蜚声业界的“郑州模式”。“郑州模式”极具可推广性，其服务经验已经被各地流浪儿童救助机构借鉴复制，收效良好。

虽然，国家在对流浪儿童提供服务时依托了救助保护中心这一资源平台，但是如果流浪儿童所对口的民政业务仍属社会管理这一分类，那么流浪儿童的福利保障就很难提升到儿童福利领域的相应发展水平。国际非政府组织在流浪儿童救助保护的活动中也发挥了积极的作用：英国救助儿童会为流浪儿童举办参与式培训班，把与儿童一同工作的崭新方法引入中国，通过与流浪儿童一起工作，维护与倡导儿童权利；儿童乐益会（中国）开发的流浪儿童发展项目已经在陕西省宝鸡市和江苏省徐州市两地开展，通过和当地流浪儿童救助保护中心合作，为流浪儿童提供早期干预和预防、综合救助保护和教育服务。

四　中国儿童福利政策发展评估

2010年，中国的儿童福利政策发生了重大转变，标志是国家提供的儿童福利从院内向院外扩展。因此，业界称2010年为“中国儿童福利元年”。

国务院《关于加强孤儿生活保障的意见》是中国第一个儿童津贴制度。这反映了儿童福利理念的重要转变和儿童福利政策方面的重大突破。国家第一次为扩展家庭中的儿童直接提供现金津贴。从福利理念上，这反映出儿童的生活保障不再仅仅是家庭和扩展家庭的责任。国家接替扩展家庭，为失去父母养育的儿童提供生活保障。当核心家庭不能为儿童提供有效的生活保障时，国家为这些儿童提供有保障的生活。在过去的一年中，国家在儿童福利方面陆续出台了重要的政策，在儿童福利领域承担起更多的责任，如把留守儿童的服务纳入民政部儿童福利处的工作范围等。

（一）总体特征：补缺型儿童福利政策阶段

《中国儿童发展纲要（2001～2010年）》指出，我国儿童发展主要包括儿童与健康、儿童与教育、儿童与法律保护以及儿童与环境四大领域，并提出了相应的指标与目标（见表1－5）。而我国的儿童福利政策具体行动主要反映在儿童养育与基本生活保障、儿童健康与医疗卫生、儿童教育、儿童保护以及儿童发展性支持等方面。

综合看来，我国儿童福利取得了重大进展，尤其是在医疗卫生、教育等方面为广大儿童提供了较为全面的福利。但就儿童其他方面的福利服务而言，目前仍然处于前现代型和补缺型的政策阶段，相关部门的儿童福利政策目标和福利服务的具体对象主要是针对孤残儿童和部分困境儿童，绝大多数儿童暂未享受到较为全面的扩展性福利服务，儿童福利服务的选择性特征明显。

表1－5　我国现有儿童福利发展框架

<table>
<tr><th>儿童发展领域</th><th>主要目标</th><th>我国儿童福利行动五大维度</th><th>主要群体与目标</th></tr>
<tr><td rowspan="5">儿童与健康</td><td>提高出生人口素质</td><td rowspan="5">儿童健康与医疗卫生</td><td>儿童疾病防治</td></tr>
<tr><td>保障孕产妇安全分娩</td><td>大病儿童医疗</td></tr>
<tr><td>降低婴儿和5岁以下儿童死亡率</td><td>残疾儿童康复</td></tr>
<tr><td>提高儿童营养水平，增强体质</td><td rowspan="2">妇幼保健与儿童营养改善</td></tr>
<tr><td>加强儿童卫生保健教育</td></tr>
<tr><td rowspan="5">儿童与教育</td><td>全面普及九年义务教育，保障所有儿童受教育的权利</td><td rowspan="3">儿童教育保障</td><td>义务教育发展</td></tr>
<tr><td>适龄儿童基本能接受学前教育</td><td>特殊儿童教育扶持</td></tr>
<tr><td>普及高中阶段教育</td><td>流动及留守儿童教育关注</td></tr>
<tr><td>提高教育质量和效益</td><td rowspan="3">儿童养育与基本生活保障</td><td>儿童福利机构养育</td></tr>
<tr><td>提高家庭教育水平</td><td>儿童生活配套保障</td></tr>
<tr><td rowspan="6">儿童与法律保护</td><td rowspan="2">依法保障儿童生存权、发展权、受保护权和参与权</td><td>孤儿基本生活保障</td></tr>
<tr><td rowspan="4">儿童保护</td><td>流浪儿童保护</td></tr>
<tr><td>依法打击侵害儿童合法权益的违法犯罪行为</td><td>儿童安全保障</td></tr>
<tr><td>预防和控制未成年人犯罪</td><td>打击拐卖妇女儿童现象</td></tr>
<tr><td>在诉讼中依法维护未成年人的合法权益</td><td>犯罪未成年人救助</td></tr>
<tr><td>建立法律援助机构，为儿童提供法律援助</td><td rowspan="4">儿童发展性支持</td><td>单亲困难家庭儿童支持</td></tr>
<tr><td rowspan="3">儿童与环境</td><td>改善儿童生存的自然环境</td><td>残疾儿童社会融入</td></tr>
<tr><td>优化儿童发展的社会环境</td><td>需求心理干预的儿童支持</td></tr>
<tr><td>保护处于困境中的儿童</td><td>各种家庭、社区支持</td></tr>
</table>

在补缺型儿童福利的大框架下，儿童福利政策发展呈渐进的方式，新的政策发展正在逐渐填补现有的政策缺口。儿童福利的覆盖面也逐渐扩大，向更大的儿童群体扩展。

（二）四大转型：我国儿童福利服务面临转变

当前，我国儿童福利服务事业面临着重大转型，体现在服务对象的范围扩大和服务项目增加，最重要的是儿童福利理念的变化，从条块分割，到系统的、综合的儿童福利概念是比较明显的转变趋势。面对儿童福利工作的重大转型，我国儿童福利组织功能必须重新定位，儿童福利工作体制必须转变。

1. 就儿童福利的基本理念来说，正在经历着重大的转变

在过去的几十年中，从根本上说，和儿童福利制度紧密相关的一个基本前提是人口的增加，相关的对儿童的各种福利支出是社会（包括个人、家庭和国家）的负担。政府和社会都或多或少地感觉到，儿童是负担，尽管是必要的，在很多情况下是人们自愿承担的、乐意承担的负担。随着中国劳动力市场上刘易斯拐点的到来，劳动力成本的增加，人口老龄化的加速，人力资本的增值已经加速。我们每天都在感觉到这个变化。儿童是中国未来发展最重要、最宝贵，但又是最稀缺的资源，这一点已经非常明确。在这种情况下，儿童福利不仅仅是家庭的问题，国家必须在这个对未来发展有极其重要战略意义的方面进行投资。没有对儿童的投资就没有中国的未来。这是我国现有儿童福利制度进一步发展的重要前提。

2. 就服务对象而言，我国狭义的儿童福利服务对象已经开始扩大，逐渐从只覆盖少数由国家监护的儿童，向社会上的弱势儿童扩展

这个转变不但是覆盖的人数增加了，而且覆盖的人群也发生了变化，从过去只覆盖福利机构内养育的孤儿，到现在开始拓展到所有孤儿，包括散居在亲友家的孤儿。同时，服刑人员家中无人照料的未成年子女、受艾滋病影响的儿童、流浪未成年人以及贫困家庭的残疾儿童、大病儿童和留守儿童等，也都纳入了社会福利服务关注的范围。尤其是对农村留守儿童的服务，也纳入了民政部服务的范围，意味着中国的儿童福利制度，正在转向为所有需要帮助的儿童提供服务。

3. 就福利服务的项目而言，当前儿童福利服务正经历着从一般的养育和照料，向养育、照料、康复和儿童身心全面健康发展的方面转变

这是儿童福利制度的重大转型。同时，服务的时间向青年时代延展，孤残儿童向成年过渡和就业安置正在成为儿童福利系统服务中的重要一环。

如何帮助福利机构中的大龄孤儿和残疾儿童健康地从童年、青少年向成人过渡，真正融入社会，得到正常的人生，是我国儿童福利机构在提供养育服务的基础上亟须解决的重要问题。

4. 就服务提供者来说，我国的国有儿童福利机构正在面临着和经历着重大的转型和功能改造

从以抚育无人照料的儿童为中心工作，向基于社区的多功能儿童福利的资源中心转变。这样的转变必然导致儿童福利机构的扩大、预算和人员的增加，社区儿童福利机构的设立以及一个全新的、覆盖全国的儿童福利制度的建立。

（三）福利提供：政府责任和家庭责任的重新定义

从多元福利的理论框架看，社会福利的提供主体包括亲属、雇主、社区、市场、社会组织和政府六类。我国特有的单位制度，属于雇主福利类型，但雇主的性质不同，介于市场和国家之间。我国儿童社会福利服务提供的主体主要是亲属、政府、社会组织、集体、单位、市场六类（见表1-6）。

表1-6 我国弱势儿童群体对应的六种制度主体分析

制度主体	主要组织形式	主要功能	社会福利功能	弱势儿童群体	
				脱离家庭环境的儿童	残疾儿童
亲属	家庭和扩展家庭	繁衍后代，社会化，保护，亲情，情感	抚养，家庭间的经济支持，教育	无	主要
政府	中央、地方	公共服务	减贫、医疗、教育、社会保障、替代性养护等	主要	弱
社会组织	社区组织、志愿机构	互助，慈善	自助，志愿服务，非营利社会服务	弱	弱
集体	村（居）委会	集体服务	筹资，服务	弱	弱
单位	企业、事业单位	商品和服务的生产	职业福利	无	无/弱
市场	生产者和消费者	交换	商业化的社会福利	弱	弱

一是家庭。家庭是为我国儿童提供社会、经济和情感支持的主要制度

安排。作为社会福利的提供者，家庭在各个方面的经济支持和对儿童提供照料等方面的作用举足轻重。我国目前由国家支持的儿童，主要是脱离家庭环境的儿童，其家庭的社会福利功能丧失或部分丧失。在中国目前经历的社会和经济变迁中，家庭规模缩小，儿童养育成本增加，家庭在儿童福利方面的主导作用在逐渐减弱。在所有的家庭中，残疾儿童家庭因在照料、康复、教育等方面存在长期的额外支出，往往处境艰难。因此，未来保障家庭能够持续对儿童提供福利服务，家庭的福利功能还需要制度化的补充。

二是政府。在我国当前的儿童福利领域，尤其是在针对特殊弱势儿童的福利项目与政策方面，为实现福利目标进行筹集和分配资源已成为政府社会管理和公共服务的重要内容。在儿童福利涉及的六大主体中，政府将始终在儿童公共福利方面扮演相当重要的角色。目前国际国内的社会经济形势变化，对政府和家庭在儿童福利方面的分工提出了挑战，呼吁政府承担起更多的责任，支持家庭更好地为儿童提供福利服务。

三是社会组织。社会组织的本质是社会互助，在为弱势儿童、家庭、老人等特殊群体提供社会服务方面存在得天独厚的优势。然而，我国儿童福利组织基本局限于国家机构和国有单位，社会组织较难进入儿童福利服务领域。目前除了联合国儿童基金会、英国救助儿童会等大型国际儿童组织比较活跃之外，国内发展比较壮大的基金会基本具有官方背景，如宋庆龄基金会、中国青少年发展基金会、中国儿童少年基金会等。国内自发的非政府儿童福利组织则较难获得国家的财政资金和政策支持，绝大部分资金来自社会捐赠或收费，不具有稳定性与可持续性，发展艰难。

四是集体。集体在为我国弱势儿童提供社会福利方面占据重要地位，主要包括农村集体组织和城市社区组织。在农村税费改革之前，村集体“三提五统”一直是筹集包括儿童福利在内的农村社会福利资金的主要渠道。此外，集体也是儿童福利服务的重要提供者，尤其是现代城市社区，其服务的重要性日益凸显。

五是单位。单位提供的职业福利，如妇女假期、幼儿服务等都是非常重要的儿童福利。单位制时期，我国国有企业曾经提供了十分完善的单位福利。但是，单位儿童福利在经济体制改革以后逐渐萎缩，目前针对儿童的单位福利呈个别发展态势，进展十分有限。

六是市场。市场主要提供竞争性私人商品和服务，包括营利和非营利部门。市场在幼儿的早期教育、托幼服务、课余培训服务和残疾儿童康复服务等方面，发挥着举足轻重的作用。针对弱势儿童的服务产业也存在较大的发展空间。目前我国由市场提供的弱势儿童群体社会福利服务还极其有限。

在我国，家庭在儿童福利提供的领域内发挥着主导作用。特别是在养育、照料、医疗、学前教育和高中以上教育方面。改革开放以来，在义务教育方面，国家逐渐承担起更多的责任。但是，在其他方面，特别是在医疗、早期教育和高中以上教育方面，国家的作用减少，市场的作用增加。最近两年，这个趋势得以改变。国家在儿童的医疗保障方面，开始承担起主导作用。在孤儿养育方面，国家第一次正式接替了扩展家庭，承担起主要的经济责任，尽管照料的责任还是由扩展家庭承担。国家在儿童福利方面承担起更多的作用，是目前新的政策发展趋势。在当前虽然有限但正逐步扩展的儿童公共福利政策领域中，政府的主导作用还应继续加强。

（四）根本挑战：缺乏独立的国家儿童福利系统

通过对我国儿童福利政策的梳理和总结可以看出，当前中国已经在儿童福利提供方面取得了一定的进展。在儿童福利的各个方面，都存在基本的服务项目。现存的儿童福利政策虽然项目、规范较多，涵盖范围也十分广泛，但是相对分散和混乱，未能形成全国统一、独立、专职的国家儿童福利系统。独立的国家儿童福利系统应该包括独立的儿童福利行政管理机构、完善统一的立法以及专门的儿童预算和财政拨款等。

在行政管理机构方面，我国缺少国家一级的主管儿童福利事务的机构。目前我国与儿童福利服务相关的管理机构，分散于全国人大内务司法委员会妇女儿童青少年室，国务院妇女儿童工作委员会，国务院各部委相应的儿童工作部门如民政部儿童福利处、文化部未成年人文化处、卫生部妇幼保健司，全国青联和共青团组织少年部，妇联组织的儿童部，全国及各省市的未成年人保护委员会等，缺乏独立统一的儿童福利行政管理机构。近年来的进展在于，民政部的儿童福利处增加了两个编制，规模扩大了一倍。同时，中国儿童福利和收养中心正式挂牌成立，并建立了儿童福利信息系统。

在立法方面，我们还缺少一部统一的“儿童福利法”。许多国家和地区在早期就已建立了针对儿童福利的立法，如英国1946年就通过《家庭补助法》，为多子女家庭提供津贴，1948年就出台了专门的《儿童法案》，并不断修订；日本1947年就通过了《儿童福利法》；瑞典1960年通过了《儿童及少年福利法》；挪威1992年通过了《儿童福利法》。我国香港地区则于1951年开始实行《保护儿童及少年条例》，台湾地区1973年通过了专门的《儿童及少年福利法》。我们应该借鉴上述国家和地区的先进经验，大力推动《儿童福利法》的出台，更好地保证我国儿童福利的具体实施。

在财政支持方面，我国政府系统内对弱势儿童群体提供福利服务的资金渠道尚不畅通。以孤儿生活保障为例，虽然刚刚获得了中央财政的专项资金，但是，如果儿童福利的递送系统不能独立于目前的“低保”等一般性福利的支付渠道，儿童生活和成长方面的特殊需要还是不能得到有效保障。理论上讲，任何福利性财政支持都需要国家经济发展的支撑。但是以国外经验为例，英国在20世纪70年代初期人均GDP约3000美元时，仅在单亲母亲和监护人补贴方面就达3.89亿英镑，占社保总支出的4.4%。挪威在类似的经济水平下，1980年家庭现金补贴支出占GDP的1.24%，1993年达到2.0%。印度作为发展中国家，2008年人均GDP才突破1000美元，而儿童福利支出在总预算支出中的比例在2001年就达到2.11%，2006～2007年已高达4.86%。目前我国人均GDP已高于4000美元，因此在儿童预算方面应该也完全有能力加以提高。

（五）公民社会参与儿童福利的决策过程

2010～2011年，儿童福利方面最引人注目的现象是中国的公民社会积极参与儿童福利制度建设，并通过现行的决策系统，提出有关儿童福利的政策和制度建设建议。2011年的“两会”期间，有关儿童福利的提案至少有19个。为了落实（或部分落实）这些提案，中国的儿童福利制度需要大大地向前推进一步。因此，可以说，在儿童福利领域，公民社会的努力已经有效地影响了有关儿童福利的很多政策。值得注意的是，虽然仅仅是有限的成功，但对公民社会参与儿童福利的制度建设，已经是极大的鼓励，这个趋势还会继续。我们预计，2012年的“两会”期间，有关儿童福利的提案数量还会大大增加。公民社会的参与，正在有效地改变着儿童没有政治声音的现状。随着中国公民社会的继续壮大和国家政治民主化的进程，儿童福利的制度建设必将走上更加良性的发展轨道。

五　对我国儿童福利政策未来发展的建议

基于儿童当前在生存、发展、受保护和参与社会事务方面的需求，根据《中国儿童发展纲要（2001～2010年）》总目标中“儿童优先”的原则，我们不仅亟须建立与儿童实际需求及经济发展水平相适应的儿童福利制度，更应该逐步建立起超前于国家经济社会发展水平的儿童福利体系。从另一个角度来讲，儿童代表着国家的未来，如果对未来的投入不足，势必影响到经济与社会的可持续发展。因此，建议未来中国儿童福利政策着重从以下几个方面加以推进。

（一）借国家“十二五”规划的重大机遇建立健全儿童福利制度

要注意儿童福利事业的整体规划。儿童不同于其他群体，他们需要被关注的是现在和将来，是成长与发展，因此必须遵循及早入手、预防为主的上游干预原则；同时，任何儿童福利政策的制定都需要放眼于中长期发展战略，对需要解决的问题进行优先排序。儿童福利专项规划就是对儿童福利体系较为全面、长远的发展计划，是对未来儿童福利事业整体性、长期性和基本性问题进行考量和设计的整套行动方案。

尽管我国已经出台《中国儿童发展纲要（2001～2010年）》，并正在制定新的儿童发展纲要，但是发展纲要不同于专项规划，在具体财政投入与资金保障、管理体制与机制、服务项目细节制定等问题方面还没有形成具体方案。因此，把握我国国民经济与社会发展“十二五”规划核心指导思想，将“坚持把保障和改善民生作为加快转变经济发展方式的根本出发点和落脚点”应用于发展完善儿童福利体系，使之成为切实促进我国儿童福利事业长期稳步发展的重要前提和指导思想。

（二）建立专门的儿童福利行政管理机构

我国儿童福利管理分散于民政部、教育部、妇联等众多部门或人民群体中，目前尚未成立专门的全国统管儿童福利的行政机构，客观上使儿童福利行政管理处于“虚化”状态。而美国早在1909年就在联邦政府设立了美国儿童局；挪威有专门的儿童与平等事务部；日本有儿童和家庭局、中央儿童福利理事会；印度在1985年人均GDP不到300美元时，就成立了妇女与儿童发展司。可见，从现阶段的发展水平来看，我国缺乏统一儿童福利管理机构的局面有待改善。需要设立专门的国家儿童福利局，对全国儿童福利事业进行统一管理，一方面避免多头管理实际上无人管理的局面，另一方面能够真正为儿童群体的福利进行具体规划、管理，落实各项具体政策。

（三）尽快在全国普及儿童大病的救助制度

我国的儿童大病救助需采用政府主导、加大投入、社会参与、福利服务和市场机制相互结合的运作模式。在当前各方面条件尚未成熟，还不能满足全体人民平等享有免费医疗保障之前，优先满足儿童对医疗卫生服务的需要，提供儿童大病救助是新型社会福利体系中收效最好的政策选择。建立有效的儿童大病救助制度，对我国发展全民共享的医疗保障体系会有极大的促进。在这个过程中，引进政府监管下的商业化保险模式是一个好的选择。世界发达国家和许多发展中国家在儿童医疗保险方面都有成功经验，中国需要借鉴国际经验，总结北京、上海、天津等地的做法，尽快制定有中国特色的儿童大病医疗救助福利制度。其实，儿童大病保险花钱不多，效果极好。目前由慈善组织试行的孤儿大病保险，每年只需要50元，即能为12种大病提供保险，最高可以报销10万元，说明我国完全有条件建立大病救助的福利制度。地方政府的积极行动已为国家层面上儿童大病救助的设计与实施奠定了先验基础，我国政府有条件在借鉴地方经验的基础上，建立健全惠及全体儿童的大病救助机制。

（四）建立针对残障儿童的福利津贴制度

从国际经验来看，澳大利亚1974年建立了残疾儿童津贴制度，并不断提高津贴标准，日本1974年开始实行“残疾儿童特别儿童抚养津贴”制度和“智障儿童保育措施”。可见，残障儿童得到一定的津贴，是国际社会的一种通行做法。我国有五百万残障儿童，要使他们生活得更好，需要有一定的社会支持。我国现已跻身于中等发展水平国家，完全有条件借鉴先进的国际经验和国内地方实践，设立由中央和地方财政共同负担的残障儿童福利津贴制度。建议根据不同的残障等级，向残障儿童特别是重残儿童发放一定的生活津贴。同时支持原始家庭养育，避免出现抛弃残障儿童的现象。此外，在残障儿童的康复服务方面，国家应建立专业性的机构康复与常规性的社区康复相配套的康复诊疗服务体系，确保残障儿童能够得到集专业性、便利性和持续性于一体的康复服务。

（五）强化儿童保护制度，预防家庭暴力和儿童虐待

禁止利用儿童乞讨，对受到虐待的儿童、被强迫乞讨的儿童、家长不适合作为儿童监护人的儿童，剥夺父母的监护权，由国家抚育，并提供替代性养护安排。

针对我国儿童安全形势严峻的现状，亟待加强儿童保护工作的力度。应建立针对儿童安全的强制报告制度，在发现儿童安全受到威胁的时候，国家公务员、教师、医生、社会工作者等有义务向公安机关报告，鼓励所有公民关注和报告儿童安全隐患。

（六）建设专业化、职业化的儿童福利工作人员队伍

与国际水平比较，我国儿童福利工作整体上专业化程度较低，不但缺乏专业人员，而且职业体系建设滞后，儿童福利还停留在一般行政意义的、大众化的生活救助。随着经济的发展和社会的进步，儿童养育、服务水平及标准将不断提高，而大量儿童福利工作岗位也将不断被创造出来。借鉴国际经验，应该在乡村和城市社区设立专业化、职业化的儿童福利工作岗位，尤其应该大力培养儿童养护人员、儿童社会工作者和青少年社会工作者。从实际需求看，我国儿童福利工作者队伍客观上需要 10 万名以上甚至更大的规模。应该采取积极态度，鼓励社会组织积极参与到儿童福利工作中来。儿童福利职工队伍建设的好坏直接决定着儿童福利制度的强弱，因此必须加强儿童福利工作人员队伍建设的力度。

（七）健全儿童福利服务体系，推动儿童福利立法

儿童福利与儿童保护法制化建设任重道远。我国应该借鉴西方国家经验，在整合当前儿童福利相关政策、健全儿童福利服务体系的基础上，尽快大力推进我国的儿童福利立法，更好地保证我国儿童福利的提供有法可依，从源头上防止儿童因基本福利的缺失而陷入困境。

（八）在城乡社区建设儿童之家，为儿童提供活动场所

当前，儿童活动场所缺乏，是包括大城市在内的各地区的普遍现象，这是城市建设中缺乏人文关怀的表现。建议开展多种形式的活动，在全社会培养以为儿童建设更多活动空间为荣的风尚，同时也要制定标准，要求城乡社区都要给儿童设置一定的场所开展文体活动，让儿童真正享有活动的基本空间。另外，针对儿童阅读需要，要在社区、小学广泛建立儿童图书馆，为儿童阅读提供最便利的条件。

（九）改善儿童成长环境，确保儿童安全

儿童福利还体现在社会生活的方方面面。《中国儿童发展纲要（2001～2010年）》中指出，要改善儿童生存的自然环境，优化儿童发展的社会环境，这个社会环境的改善还大有可为之处。儿童作为特殊弱势群体，需要社会环境尤其是在公共设施、服务理念等方面进行特殊关爱和设计。

建议对目前的农民工政策作全面的检讨，促进留守儿童和父母团聚。

建议各单位、企业针对身为儿童家长的职工需要接送孩子等问题实行相对弹性的工作时间。针对汽车日益普及的现状，建议社会交通管理部门要为上学和放学的儿童提供特殊安全保障。国际社会通行的校车优先于各类车辆包括总统车队的做法，我们应该逐步接受。设施建设要参考残疾人无障碍设施的做法，为儿童设计专门的“儿童交通规则”、“儿童绿色通道”等，方便儿童行走与活动；在上学和放学高峰时间，在学校附近的繁忙路口设立专门的交通管理人员（可以由志愿者担任），组织儿童安全穿越马路；等等。

（十）强化学前教育支持，重视家长教育

由雅克·德洛尔任主席的“国际21世纪教育委员会”向联合国教科文组织提交的报告《教育：财富蕴藏其中》中提出，“受过幼儿教育的孩子与没有受过这一教育的孩子相比，往往更能顺利入学，过早辍学的可能性也少得多。较早入学有助于克服贫困或某种不利的社会环境或文化环境造成的最初困难，从而可为促进机会均等作出贡献。”① 普及学前教育已逐渐成为一种趋势，即使是在市场经济非常发达且成熟的国家，学前教育发展的基本趋势也是由个人担负逐渐转变为公共福利事业，许多国家都在拟定各项政策并通过多种实现方式承担起政府对学前教育的责任。学前教育作为投资事业，其发展是保证社会生产力可持续发展的需要。我国现阶段学前教育发展不平衡，常常导致欠发达地区的儿童难以适时接受学前教育。针对这一现况并结合当前经济发展水平，我国完全有能力通过国家专项拨款，首先资助那些社会处境不利的儿童的学前补偿教育，然后逐步建立并完善面向全体适龄儿童提供的学前教育。

就家长教育而言，长期以来，我国社会生活的基本单元和细胞是家庭，家庭的基础结构体系和核心组成部分是家庭生活。随着家庭的小型化和核心化，家长与孩子的互动日益成为儿童社会化过程中最为重要和关键的环节之一。实际上，家长在儿童的成长过程中也经历了与孩子共同成长的过程，因此家长教育的重要性日益凸显。建议全国各地以社区或企业为依托，大力开展家长教育活动，开设“家长教育培训班”等活动。需要举办“不打骂孩子”、“尊重儿童隐私”等专题活动，让家长了解儿童权利，改掉一些传统陋习，真正学会尊重儿童。

此外，家庭结构、功能定位决定着家庭生活的状况与质量，家庭生活状况决定着儿童的生活状况与质量。母婴保健、工作福利、儿童福利与妇女福利等应考虑以家庭为单位进行考量，科学设计家庭福利项目。

---

① 国际21世纪教育委员会：《教育：财富蕴藏其中》，教育科学出版社，1996，第112页。

附录一　中国儿童福利的法律、法规和政策目录

序号	出台时间	出台机构	名　　称	发文字号
一般性儿童福利				
1	2009 年 9 月 22 日	卫生部	卫生部妇社司关于印发《中国 7 岁以下儿童生长发育参照标准》的通知	卫妇社儿卫便函［2009］116 号
2	2002 年 12 月 12 日	农业部、教育部	关于加强“学生饮用奶计划”管理的意见	教体艺［2002］16 号
3	2002 年 10 月 1 日	国务院	禁止使用童工规定	国务院令第 364 号
4	2001 年 7 月 1 日	教育部	全国教育事业第十个五年计划	
5	2001 年 5 月	国务院妇女儿童工作委员会	中国儿童发展纲要（2001 ~ 2010 年）	
6	1992 年 4 月 1 日	联合国大会	儿童权利公约	联合国大会 1989 年 11 月 20 日第 44/25 号决议通过，1992 年 3 月 2 日全国人民代表大会批准
7	1992 年 2 月 16 日	国务院	九十年代中国儿童发展规划纲要	国发［1992］9 号
8	1991 年 9 月 4 日	全国人大	中华人民共和国未成年人保护法	主席令第 60 号

续表

序号	出台时间	出台机构	名称	发文字号
儿童基本生活保障				
贫困儿童生活保障				
9	2009 年 3 月 17 日	民政部	民政部关于进一步加强受艾滋病影响儿童福利保障工作的意见	民发［2009］26 号
10	2007 年 6 月 1 日	民政部	民政部办公厅关于发放使用《儿童福利证》的通知	民办函［2007］121 号
11	2006 年 1 月 21 日	国务院	农村“五保”供养工作条例	国务院令第 456 号
孤儿生活保障				
12	2010 年 11 月 26 日	民政部	民政部财政部关于发放孤儿基本生活费的通知	民发［2010］161 号
13	2010 年 11 月 16 日	国务院办公厅	国务院办公厅关于加强孤儿保障工作的意见	国办发［2010］54 号
14	2009 年 10 月 20 日	民政部	关于全国散居孤儿最低养育标准执行情况的通报	民福善字［2009］39 号
15	2006 年 3 月 29 日	民政部、中央综治办等 15 部委	关于加强孤儿救助工作的意见	民发［2006］52 号
16	2004 年 5 月 15 日	民政部	民政部关于加强对生活困难的艾滋病患者、患者家属和患者遗孤救助工作通知	民函［2004］111 号
17	1997 年 1 月 21 日	民政部、国家计委等	民政部、国家计委、财政部、国家教委、卫生部、交通部关于进一步发展孤残儿童福利事业的通知	民福发［1997］3 号
儿童替代性养护				
国内外收养				
18	2009 年 7 月 22 日	民政部	民政部办公厅关于收养人因生活困难不能继续抚养被收养人有关问题的复函	民办函［2009］177 号

续表

序号	出台时间	出台机构	名　　称	发文字号
国内外收养				
19	2008 年 9 月 5 日	民政部	民政部关于解决国内公民私自收养子女有关问题的通知	民发［2008］132 号
20	2005 年 6 月 20 日	民政部	民政部关于委托中国收养中心承担社会福利机构儿童养育和国内收养部分具体工作的通知	民函［2005］141 号
21	2005 年 4 月 27 日	全国人民代表大会常务委员会	全国人民代表大会常务委员会关于批准《跨国收养方面保护儿童及合作公约》的决定	
22	2003 年 9 月 4 日	民政部	民政部关于社会福利机构涉外送养工作的若干规定	民发［2003］112 号
23	2000 年 12 月 31 日	民政部	民政部关于进一步加强涉外送养工作的通知	民函［2000］159 号
24	2000 年 3 月 3 日	司法部	司法部关于贯彻执行《中华人民共和国收养法》若干问题的意见	司发通［2000］33 号
25	1999 年 5 月 26 日	民政部	外国人在中华人民共和国收养子女登记办法	民政令第 15 号
26	1999 年 5 月 25 日	民政部	中国公民收养子女登记办法	民政令第 14 号
27	1997 年 9 月 29 日	公安部	关于国内公民收养弃婴等落户问题的通知	公通字［1997］54 号
28	1996 年 7 月 17 日	公安部	公安部关于加强涉外收养儿童出国管理工作的通知	公通字［1996］42 号
29	1992 年 8 月 11 日	民政部	民政部关于在办理收养登记中严格区分孤儿与查找不到生父母的弃婴的通知	民婚函［1992］263 号
30	1991 年 12 月 29 日	全国人大	中华人民共和国收养法	主席令（七届第 54 号）
家庭寄养				
31	2003 年 10 月 27 日	民政部	家庭寄养管理暂行办法	民发［2003］144 号
机构内养护				
32	2010 年 12 月 20 日通过	民政部	光荣院管理办法	民政部令 第 40 号

续表

序号	出台时间	出台机构	名　称	发文字号
机构内养护				
33	2009 年 6 月 9 日	民政部	民政部关于制定福利机构儿童最低养育标准的指导意见	民发［2009］77 号
34	2008 年 9 月 19 日	民政部	关于做好儿童福利机构儿童食品安全和儿童预防筛查工作的紧急通知	民电［2008］150 号
35	2007 年 1 月 22 日	民政部	民政部关于印发《“儿童福利机构建设蓝天计划”实施方案》的通知	民发［2007］12 号
36	2006 年 6 月 14 日	民政部	民政部关于认真贯彻落实胡锦涛总书记视察北京市儿童福利院重要指示精神的通知	民函［2006］175 号
儿童健康与医疗卫生				
儿童疾病防治				
37	2009 年 2 月 16 日	卫生部	新生儿疾病筛查管理办法	卫生部令第 64 号
38	2009 年 3 月 17 日	民政部	关于进一步加强受艾滋病影响儿童福利保障工作的意见	民发［2009］26 号
39	2008 年 12 月 1 日	教育部	教育部关于印发《中小学健康教育指导纲要》的通知	教体艺［2008］12 号
40	2006 年 2 月 9 日	卫生部	儿童高铅血症和铅中毒预防指南	卫妇社发［2006］51 号
41	2006 年 6 月 16 日	卫生部	卫生部关于加强预防艾滋病母婴传播工作的指导意见	卫妇社发［2006］171 号
42	2002 年 6 月 26 日	教育部	教育部关于加强农村学校体育卫生工作的几点意见	教体艺［2002］9 号
43	2001 年 2 月 26 日	教育部	教育部办公厅关于加强学校传染病预防工作的通知	教体艺厅［2001］2 号
儿童基本医疗和大病救助				
44	2010 年 6 月 7 日	卫生部、民政部	关于开展提高农村儿童重大疾病医疗保障水平试点工作的意见	农卫发［2010］53 号
45	2007 年 9 月 27 日	劳动和社会保障部	关于城镇居民基本医疗保险儿童用药有关问题的通知	劳社部发［2007］37 号

续表

序号	出台时间	出台机构	名　　称	发文字号
残疾儿童康复				
46	2008 年 8 月 22 日	民政部	民政部办公厅关于认定“明天计划”脑瘫儿童术后康复示范基地的通知	民办函［2008］183 号
47	2008 年 3 月 25 日	民政部	民政部关于印发《“重生行动——全国贫困家庭唇腭裂儿童手术康复计划”实施方案》的通知	民函［2008］91 号
48	2008 年 3 月 3 日	民政部	民政部办公厅关于设立“明天计划”脑瘫儿童术后康复训练示范基地的通知	民办函［2008］42 号
49	2007 年 11 月 30 日	民政部	民政部关于建立“孤残儿童手术康复明天计划”长效机制的通知	民函［2007］330 号
50	2006 年 6 月 29 日	民政部	民政部关于做好原 8023 部队退役人员先天性残疾子女手术康复和生活补助工作的通知	民函［2006］194 号
51	2006 年 2 月 6 日	民政部、卫生部	民政部、卫生部关于公布“残疾孤儿手术康复明天计划”定点医院的通知	民发［2006］29 号
52	2005 年 4 月 14 日	民政部	民政部关于印发《“残疾孤儿手术康复明天计划”项目管理补充规定》的通知	民发［2005］46 号
53	2004 年 7 月 2 日	民政部	民政部关于印发《“残疾孤儿手术康复明天计划”项目管理暂行规定》的通知	民发［2004］98 号
54	2004 年 5 月 9 日	民政部	民政部关于印发《“残疾孤儿手术康复明天计划”实施方案》的通知	民函［2004］106 号
55	2003 年 12 月 5 日	民政部	民政部办公厅关于重申社会福利机构病残儿童赴国（境）外接受医疗手术有关规定的通知	民办函［2003］203 号

续表

序号	出台时间	出台机构	名　　称	发文字号
妇幼保健和儿童营养				
56	2009 年 12 月 17 日	卫生部	卫生部办公厅关于印发《全国儿童保健工作规范（试行）》的通知	卫妇社发［2009］235 号
57	2009 年 12 月 17 日	卫生部	卫生部办公厅关于印发《2009 年妇幼卫生综合项目管理方案》的通知	卫办妇社发［2009］227 号
58	2009 年 12 月 17 日	卫生部	卫生部办公厅关于印发《全国儿童保健工作规范（试行）》的通知	卫妇社发［2009］235 号
59	1994 年 10 月 27 日	全国人大	中华人民共和国母婴保健法	主席令 8 届第 33 号
儿童教育				
学龄前教育				
60	2010 年 11 月 21 日	国务院	国务院关于当前发展学前教育的若干意见	国发［2010］41 号
61	2010 年 5 月 10 日	教育部	教育部办公厅关于做好雨季中小学幼儿园安全工作的通知	教基一厅［2010］4 号
62	2006 年 6 月 30 日	教育部等 10 部门	中小学幼儿园安全管理办法	教育部、公安部、司法部、建设部、交通部、文化部、卫生部、工商行政管理总局、质量监督检验检疫总局、新闻出版总署第 23 号令
63	2005 年 6 月 15 日	教育部	教育部关于进一步做好中小学幼儿园安全工作六条措施	教基［2005］10 号
64	2001 年 8 月 15 日	教育部	幼儿园教育指导纲要	教基［2001］20 号
65	1989 年 9 月 11 日	国家教委	幼儿园管理条例	国家教委令第 4 号
义务教育				
66	2010 年 12 月 13 日	教育部	教育部关于修改和废止部分规章的决定	教育部令第 30 号
67	2007 年 7 月 12 日	教育部	关于进一步做好农村义务教育经费保障机制改革有关工作的通知	教财［2007］10 号
68	2007 年 1 月 19 日	教育部	教育部关于规范普通中小学校检查、评估工作的意见	教督［2007］1 号

续表

序号	出台时间	出台机构	名称	发文字号
义务教育				
69	2006年8月24日	教育部	教育部关于贯彻《义务教育法》进一步规范义务教育办学行为的若干意见	教基［2006］19号
70	2005年12月24日	国务院	国务院关于深化农村义务教育经费保障机制改革的通知	国发［2005］43号
71	2005年10月28日	教育部	教育部关于贯彻落实《中共中央国务院关于进一步加强民族工作加快少数民族和民族地区经济社会发展的决定》做好民族教育工作的通知	教民［2005］13号
72	2005年2月28日	财政部、教育部	关于加快国家扶贫开发工作重点县“两免一补”实施步伐有关工作的意见	国发［2005］7号
73	2004年11月8日	教育部	教育部关于保证中小学体育课课时的通知	
74	2004年8月27日	民政部、教育部	民政部、教育部关于进一步做好城乡特殊困难未成年人教育救助工作的通知	民发［2004］151号
75	2004年3月25日	教育部	教育部关于发布《中小学生守则》、《小学生日常行为规范（修订）》和《中学生日常行为规范（修订）》的通知	教基［2004］6号
76	2004年3月17日	教育部	教育部办公厅关于进一步加强中小学诚信教育的通知	教基厅［2004］4号
77	2003年9月17日	国务院	国务院关于进一步加强农村教育工作的决定	国发［2003］19号
78	2002年5月16日	国务院	国务院办公厅关于完善农村义务教育管理体制的通知	国办发［2002］28号
79	2001年9月1日	教育部	教育部关于印发《内地新疆高中班管理办法（试行）》的通知	教民［2000］8号
80	2001年6月7日	教育部	中华人民共和国教育部令	教育部令第11号
81	2000年3月29日	教育部	教育部办公厅关于合理安排中小学生课余生活 加强中小学生安全保护工作的通知	教基厅［2000］4号

续表

序号	出台时间	出台机构	名　　称	发文字号
义务教育				
82	2000年1月3日	教育部	关于在小学减轻学生过重负担的紧急通知	教基［2000］1号
83	1998年4月6日	教育部	教育部关于防止学校学生中毒事件发生的紧急通知	
84	1990年6月9日	国家教委、卫生部	学校卫生工作条例	国家教育委员会令第10号、卫生部令第1号
85	1986年4月12日	全国人大	中华人民共和国义务教育法	主席令第52号
86	1985年5月27日	中共中央	中共中央关于教育体制改革的决定	
87	1984年5月4日	教育部	教育部办公厅关于坚持正面教育，严禁体罚和变相体罚学生的通知	［84］教初厅字005号
特殊儿童教育				
88	2009年5月7日	国务院办公厅	转发教育部等部门关于进一步加快特殊教育发展意见的通知	国办发［2009］41号
89	2007年2月2日	教育部	教育部关于印发《盲校义务教育课程设置实验方案》、《聋校义务教育课程设置实验方案》和《培智学校义务教育课程设置实验方案》的通知	教基［2007］1号
90	1998年12月2日	教育部	特殊教育学校暂行规程	教育部令第1号
91	1994年8月23日	国务院	残疾人教育条例	国务院令第161号
92	1994年7月21日	中国残联、教育部	关于开展残疾儿童少年随班就读工作的试行办法	教基［1994］6号
留守及流动儿童教育				
93	1998年3月2日	国家教委、公安部	流动儿童少年就学暂行办法	教基［1998］2号
儿童保护				
流浪乞讨儿童保护				
94	2009年7月16日	民政部、公安部等五部委	民政部、公安部、财政部、住房城乡建设部、卫生部关于进一步加强城市街头流浪乞讨人员救助管理和流浪未成年人解救保护工作的通知	民发［2009］102号

续表

序号	出台时间	出台机构	名　称	发文字号
流浪乞讨儿童保护				
95	2006年7月24日	民政部	流浪未成年人救助保护机构基本规范	民发［2006］118号
96	2006年1月18日	民政、教育部等十九部委	关于加强流浪未成年人工作的意见	民发［2006］11号
儿童安全保障				
97	2010年5月3日	共青团	关于组织动员团员青年积极参与维护校园安全工作的通知	中青发［2010］10号
98	2008年5月30日	教育部办公厅、发改委办公厅	关于进一步加强中西部农村初中校舍改造工程质量管理的通知	教财厅［2008］2号
99	2007年6月1日	教育部	教育部关于切实落实中小学安全工作的通知	教基［2007］6号
100	2007年2月7日	国务院办公厅	关于转发教育部中小学公共安全教育指导纲要的通知	国办发［2007］9号
101	2005年11月10日	教育部	教育部关于进一步加强中小学安全工作，预防学生拥挤踩踏事故的通知	教基［2005］14号
102	2005年11月2日	卫生部	关于印发《学校食物中毒事故行政责任追究暂行规定》的通知	卫监督发［2005］431号
103	2005年8月4日	发改委、水利部、卫生部、教育部	关于做好农村学校饮水安全工程建设工作的通知	发改农经［2005］920号
104	2004年12月17日	教育部	教育部关于进一步加强学校安全工作的通知	教发［2004］36号
105	2002年10月31日	教育部	教育部关于坚决遏制中小学校楼梯间拥挤伤亡事故的紧急通知	教电［2002］365号
106	2002年6月25日	教育部	学生伤害事故处理办法	教育部令第12号
107	2002年6月12日	教育部	教育部关于切实做好学校防火安全工作的紧急通知	
打击拐卖儿童				
108	2011年1月1日	最高人民法院、最高人民检察院、公安部、司法部	关于限令拐卖妇女儿童犯罪人员投案自首的通告	

续表

序号	出台时间	出台机构	名　　称	发文字号
打击拐卖儿童				
109	2000年3月17日	公安部	公安部关于印发《公安部关于打击拐卖妇女儿童犯罪适用法律和政策有关问题的意见》的通知	公通字［2000］25号
110	2000年3月3日	公安部	公安部关于印发《全国“打击人贩子、解救被拐卖妇女儿童专项斗争”工作方案》的通知	公通字［2000］17号
受暴力侵害和虐待儿童保护				
犯罪未成年人援助				
111	1999年12月18日	司法部	未成年犯管教所管理规定	司法部令第56号
112	1999年12月1日	司法部	司法部劳教局关于印发《少年教养工作管理办法（试行）》的通知	
113	1999年8月2日	公安部	关于贯彻执行《预防未成年人犯罪法》的通知	公通字［1999］58号
114	1999年6月28日	全国人大	中华人民共和国预防未成年人犯罪法	
115	1996年11月12日	司法部	司法部共青团中央关于保障未成年人合法权益做好未成年人法律援助工作的通知	
116	1995年10月23日	公安部	公安部关于印发《公安机关办理未成年人违法犯罪案件的规定》的通知	公发［1995］17号
117	1993年4月26日	公安部	公安部关于对不满十四岁的少年犯罪人员收容教养问题的通知	公通字［1993］39号
118	1979年7月1日	全国人大	中华人民共和国刑法	

续表

序号	出台时间	出台机构	名　称	发文字号
其他儿童发展性支持				
单亲困难家庭儿童支持				
残疾儿童社会融入				
119	2010 年 3 月 10 日	国务院办公厅	转发中国残联等部门和单位关于加快推进残疾人社会保障体系和服务体系建设指导意见的通知	国办发［2010］19 号
残疾儿童社会融入				
120	1994 年 8 月 23 日	国务院	残疾人教育条例	国务院令第 161 号
121	1990 年 12 月 28 日	全国人大	中华人民共和国残疾人保障法	主席令第 36 号
需要心理干预的儿童支持				
122	2002 年 9 月 25 日	教育部	中小学心理健康教育指导纲要	
123	1999 年 8 月 13 日	教育部	教育部关于加强中小学心理健康教育的若干意见	教基［1999］13 号
非政府儿童福利组织				
124	2008 年 9 月 24 日	中共深圳市委办公厅	关于进一步发展和规范我市社会组织的意见	深办［2008］66 号
125	1999 年 6 月 28 日	全国人大	中华人民共和国公益事业捐赠法	主席令第十九号
126	1998 年 9 月 25 日	国务院	社会团体登记管理条	国务院令第 250 号
127	1998 年 9 月 25 日	国务院	民办非企业单位登记管理暂行条例	国务院令第 251 号
128	1988 年 9 月 9 日	国务院	基金会管理办法	国务院令第 18 号

附录二　中国主要儿童福利项目

主办机构	项目名称	项目内容	实施对象
一般性儿童福利			
英国救助儿童会	儿童权利与参与	帮助各种与儿童有关的组织按照《儿童权利公约》的精神开展工作，努力在各个领域提高儿童权利意识。与政府、教师、地方社区、官员和公众一起，提高对儿童需求的意识，增强对儿童需求的了解	与儿童密切相关领域的从业者
儿童基本生活保障			
贫困儿童生活保障			
世界宣明会	儿童为本区域发展项目	通过一系列相互关联的社区发展项目活动，为受助儿童提供教育、营养及医疗等各方面的帮助，并通过农林环保、医疗卫生、性别关注、水利系统及小型基建、微型企业等项目活动，推动受助儿童所属社区得以全面发展	贫困地区儿童
世界宣明会	城市事工	与云南省民政厅合作，在昆明市设立两所本地非营利民间组织，分别是云南省携手困难群体创业服务中心及云南省家馨社区儿童救助服务中心	城市困境儿童
中国宋庆龄基金会（5A 级全国性公募）	喜舍基金助教项目	对老、少、边、穷地区的少年儿童及孤寡老人，开展教育、健康等方面的资助工作	贫困儿童
中华少年儿童慈善救助基金会（全国性公募）	一颗鸡蛋工程	集合国内外企业家、各界人士的爱心，资助我国中西部老、少、边、穷地区农村寄宿制中小学校的少年儿童每人每天都能吃上一颗鸡蛋	贫困儿童
中国青少年发展基金会（5A 级全国性公募）	中华古诗文经典诵读工程	向农村贫困地区、希望小学捐赠古诗文读本及专项活动费用的方式，促进“诵读工程”在农村的开展	农村儿童

续表

主办机构	项目名称	项目内容	实施对象
孤儿生活保障			
世界宣明会	有特殊需要儿童事工	自1996年起，宣明会先后在广西、吉林、天津、宁夏、甘肃、西安及云南等地开展助孤项目或特殊儿童服务计划，为有特殊需要的儿童提供全面的关顾，并在教育、医疗及生活设备等各方面给予所需的援助	孤儿及有特殊需要的儿童
中国扶贫基金会（5A级全国性公募）	孤儿助养	捐助标准：2000元/年·人，90%即1800元为资助资金，分别用于孤儿的生活费用、综合意外保障险费用、心理关爱费用三方面，10%即200元为项目推广执行费用	孤儿
中华慈善总会（5A级全国性公募）	慈爱孤儿工程	定向助养孤儿；非定向助养孤儿；捐建慈善爱心学校、捐建慈善爱心电脑教室	孤儿
中华慈善总会（5A级全国性公募）	美国妈妈联谊会助孤项目	支持云南丽江地区的助孤项目	孤儿
中华少年儿童慈善救助基金会（全国性公募）	博爱儿童救助	以家庭寄养为主要模式的“博爱儿童新村”、以改造经济欠佳的儿童福利院为模式的“博爱儿童院”、以资助寄养和收养儿童的个人或家庭为主要模式的“博爱儿童之家”，是少基会“博爱”系列的三大救助项目	孤儿
中华少年儿童慈善救助基金会（全国性公募）	天使妈妈	通过网络宣传和筹款，并同国内外各种医疗机构、媒体、基金会、志愿者等广泛合作，为孩子们募集医疗资金、安排手术和康复援助。结对子，帮助身处困境的儿童改善后续生计，帮助生活在机构中的弃婴和孤儿改善生存发展状况	困境儿童
儿童替代性养护			
国内外收养			
家庭寄养			

续表

主办机构	项目名称	项目内容	实施对象
机构内养护			
民政部	儿童福利机构建设蓝天计划（2006～2011）	在大中城市新建、改建和扩建一批功能完善、设施齐全、环境优美的儿童福利机构	社会福利机构
半边天基金会	小妹妹婴幼儿抚育项目	聘请当地富于爱心的妇女，经过专业培训，担任全职的"祖母"，为福利机构中的婴幼儿提供健全成长所需之启蒙及关爱	社会福利机构里的孤残儿童
半边天基金会	小姊妹学前教育项目	培训学前班老师，帮助儿童树立进入小学的自信	社会福利机构里的孤残儿童
半边天基金会	大姊妹项目	为没有接受过早期教育的大龄儿童提供个性化的学习机会	社会福利机构里的孤残儿童
半边天基金会	新和家园项目	为不能被领养的儿童在福利机构内/旁设置温馨的永久家庭，提供医疗康复支持	社会福利机构里的孤残儿童
儿童健康与医疗卫生			
儿童疾病防治			
民政部	全国预防艾滋病母婴传播工作（始于2002年）	在全国28个省（自治区、直辖市）的271个县（市、区）支持开展预防艾滋病母婴传播工作	全部127个国家艾滋病综合防治示范区的母婴
卫生部	卫生部—联合国儿童基金会预防艾滋病母婴传播合作项目（2001～2005）	在河南省上蔡县开展，旨在通过预防艾滋病母婴传播的试点工作，探索适合我国国情的预防艾滋病母婴传播工作模式	河南省上蔡县感染艾滋病母婴
联合国儿童基金会	艾滋病项目	1. 关于儿童青少年方面信息的科学获取和传播，为项目规划和政策制定提供依据。2. 在领导人、政策制定者、项目人员、捐助人、一般大众和儿童中开展大众宣传和倡导，增强对艾滋病及其影响的理解，并采取行动，遏制艾滋病的流行。3. 与国际组织和中国民间社会建立伙伴关系，探索实施并总结最佳实践，并通过政府在全国范围内推广。4. 为儿童、与儿童建立伙伴关系，以"运动"作为催化剂，调动各方行动及资源	受艾滋病影响的儿童

续表

主办机构	项目名称	项目内容	实施对象
儿童疾病防治			
儿童乐益会（中国）	受艾滋病影响儿童发展项目	旨在消除对受艾滋病影响的儿童的歧视，帮助这些儿童重新回到学校和融入社区中	受艾滋病影响的儿童
英国救助儿童会	艾滋病综合预防与关怀	开发一套艾滋病预防和控制的综合方法，重点在对儿童和青少年的关怀与保护	受艾滋病影响的儿童
儿童基本医疗和大病救助			
微笑列车基金会	微笑列车唇腭裂修复慈善项目	来自贫困家庭的唇腭裂患者，不限户籍，不需开具任何证明，在项目合作医院填写《贫困声明》和《病人记录同意书》，就可以获得免费唇腭裂修复手术	唇腭裂儿童
中国儿童少年基金会（5A 级全国性公募）	爱心“1+1”	公众捐赠 50 元的善款为“1”名孤儿提供一份一年期保额为 10 万元、全面覆盖 12 种少年儿童常发重大疾病的公益保险	孤儿和正常儿童
中国红十字基金会（5A 级全国性公募）	红十字天使计划	关注贫困农民和儿童的生命与健康，广泛动员国内外的社会资源，募集资金和医疗物资，资助贫困农民和儿童参加新型农村合作医疗，对患有重大疾病的贫困农民和儿童实施医疗救助	贫困儿童
中华慈善总会（5A 级全国性公募）	三生爱心“1+1”基金	对贫困家庭的先天性心脏病儿童进行医疗救助	贫困患病儿童
世界宣明会	医疗卫生	在全国 13 个省、自治区内进行区域发展项目，以及与健康有关的特别项目，响应对生命构成威胁的问题，包括儿童营养不良、肺结核、艾滋病及禽流感	贫困地区儿童
残疾儿童康复			
民政部	残疾孤儿手术康复明天计划（自 2004 年始，长期）	确保进入社会福利机构的残疾孤儿得到及时、有效的手术治疗和康复训练	社会福利机构里的孤残儿童

续表

主办机构	项目名称	项目内容	实施对象
残疾儿童康复			
儿童乐益会（中国）	孤残儿童发展项目	通过与企业、国际组织和政府相关部门的有效合作，探索和建立一套为孤残儿童提供高质量的养育、康复和发展的服务模式	社会福利机构里的孤残儿童
半边天基金会	中国关爱项目	为脆弱的孤残婴孩提供医疗及愈后服务	社会福利机构里的孤残儿童
中国残疾人福利基金会（5A级全国性公募）	助听行动	向近千名聋儿发放人工耳蜗	聋儿
中国残疾人福利基金会（5A级全国性公募）	助行行动	关注广大贫困肢体残疾人的生活状态与健康状况，广泛动员国内外的社会资源，募集资金和物资。启动脑瘫儿童康复及残疾预防子项目	残疾儿童
中国残疾人福利基金会（5A级全国性公募）	助学行动	向社会募集资金，重点用于资助中西部地区贫困残疾儿童少年接受义务教育	贫困残疾儿童
中华少年儿童慈善救助基金会（全国性公募）	护苗医疗救助行动	与当地卫生部门的妇幼保健机构合作，建立中华少年儿童慈善救助基金会“脑瘫儿童康复关爱中心”。在硬件方面投入相应的设备和器材，组织有经验的医生和心理康复咨询师，免费为当地的脑瘫患儿进行定期的心理咨询服务和康复训练，使其达到恢复功能、生活自理，健康成长的目的。此外，还对自闭症儿童进行专业救助	脑瘫、自闭症儿童
爱德基金会	爱德儿童发展中心	为孤独症幼儿及就读于小学至初中的学童，提供适时的专业评估、康复训练、早期教育和支持，并为孤独症儿童家长提供培训和团体活动，以全面协助儿童解决在学习和发展上的困难	自闭症儿童
民政部与李嘉诚基金会	重生行动——全国贫困家庭唇腭裂儿童手术康复计划	全额支付资助对象在项目承办医疗单位接受相关检查、手术治疗和康复指导费用，补助资助对象及一名陪护人员的食宿、交通费用	贫困家庭和分散供养的五保对象中患有唇腭裂及相关畸形的儿童
民政部与李嘉诚基金会	西部贫困家庭疝气儿童手术康复计划	帮助西部地区贫困家庭疝气儿童接受良好手术治疗	贫困儿童

续表

主办机构	项目名称	项目内容	实施对象
妇幼保健和儿童营养			
联合国儿童基金会	促进中国农村贫困地区儿童保健管理项目（始于2009年）	按照医改精神加强农村地区儿童保健能力建设，探索农村儿童保健服务内容、管理模式和有效的运行机制，提高农村儿童健康水平	农村儿童
联合国儿童基金会	卫生项目	1. 推广一揽子初级卫生保健和母婴健康服务。2. 巩固计划免疫。3. 向母亲宣传科学育儿的方法。4. 与卫生部和教育部合作，将儿童的早期刺激、保护、营养和关爱纳入医院和家庭的一揽子医疗服务中。5. 启动了一项旨在了解儿童意外伤害的水平、原因和危险因素的研究项目	
联合国儿童基金会	营养项目	1. 在西藏支持维生素A补充项目的展开，为6个月至3岁的儿童补充维生素A。2. 在陕西省的贫困县中，进行多种微量元素补充项目的试点，为当地的怀孕妇女补充碘、铁、维生素A和叶酸等微量营养素。3. 协助开展全国性的消除碘缺乏病的项目。4. 在美国疾病控制中心的资金支持下，在甘肃和承德两个试点省市协助进行有关面粉营养强化的可行性研究。5. 为全球营养改善联盟提供技术支持和宣传，以推广面粉和酱油营养强化计划。6. 协助开发有关食品营养强化的政策框架。7. 儿童早期综合发展项目	营养匮乏的孕妇和儿童
中国宋庆龄基金会（5A级全国性公募）	中国西部妇幼健康项目	降低项目实施地区5岁以下儿童因肺炎及呼吸道疾病导致的死亡率。实现项目实施地区孕产妇安全分娩，降低孕产妇和围产期婴儿死亡率	西部地区妇女儿童
中国扶贫基金会（5A级全国性公募）	母婴平安120	建立母婴安全分娩救助系统、建立母婴物资捐助系统、建立设备援助系统、建立基层妇幼保健培训系统	贫困母婴
儿童教育			
学龄前教育			

续表

主办机构	项目名称	项目内容	实施对象
义务教育			
教育部	国家贫困地区义务教育工程（1995～2000）	帮助贫困地区加快实施普及义务教育	贫困地区儿童
教育部	农村中小学现代远程教育工程（2003～2004）	在试点地区建设20594个教学光盘播放点、49598个卫星教学接收点、6934个计算机教室。规划覆盖西部各省（自治区、直辖市）25%左右的农村中小学，覆盖中部六省21%左右的农村中小学。预计覆盖西部试点省925万中小学生，学生覆盖率为27%；中部试点省644万中小学生，学生覆盖率21%	农村儿童
联合国儿童基金会	教育和儿童发展	1. 生活技能培训。2. 发展计划。3. 地方专题课程指南。4. 教具和体育器材	贫困地区儿童
联合国儿童基金会	贫困地区儿童规划与发展	为甘肃、四川、河南和云南省的2200个失学女童提供助学金	贫困地区儿童
中国儿童少年基金会（5A级全国性公募）	春蕾计划	救助贫困地区失学女童重返校园的社会公益项目	贫困地区失学女童
中国青少年发展基金会（5A级全国性公募）	希望工程	学生资助项目、希望小学建设	贫困儿童
中国红十字基金会（5A级全国性公募）	博爱助学计划	广泛动员社会力量，在贫困地区农村援建博爱小学，为贫困地区中小学捐赠博爱电脑教室和‘红十字书库”，设立博爱助学金资助贫困大学生完成学业，协助政府改善贫困地区的办学条件	贫困儿童
中华少年儿童慈善救助基金会（全国性公募）	希望之桥	为贫困地区修建学校、图书室；完善教学设备和设施；为困难儿童提供书本、文具和其他方面的资助，改善学习环境和场所	贫困儿童

续表

主办机构	项目名称	项目内容	实施对象
特殊儿童教育			
中华慈善总会（5A级全国性公募）	五子牛特殊教育项目	集残疾儿童就学、康复、就业于一体的新型特教项目	残疾儿童
留守及流动儿童教育			
儿童乐益会（中国）	农村儿童发展项目	提高农村儿童全面发展并使其免于受到忽视和虐待（特别是留守儿童）	农村儿童
儿童乐益会（中国）	流动儿童发展项目	通过与企业、本地非政府机构、流动儿童学校和流动儿童社区发展中心的有效合作，降低流动儿童生活和发展的脆弱性，改善流动儿童的健康状况、教育质量和社会融入水平	流动儿童
儿童保护			
流浪乞讨儿童保护			
儿童乐益会（中国）	流浪儿童发展项目	在宝鸡和徐州开展，和本地流浪儿童救助保护中心合作，结合“健康快乐儿童”教育资源为流浪儿童提供早期干预和预防、综合救助保护和教育服务，并探索流浪儿童回归和融入社会的机制	流浪儿童
教育部	中小学危房改造工程（2001～2005）	全国农村中小学危房改造	农村中小学校
中国儿童少年基金会（5A级全国性公募）	安康计划	帮助儿童少年实现“远离失学、远离疾病、远离伤害、远离犯罪”，定位儿童少年“安全教育、健康救助”领域	全体儿童
打击拐卖儿童			
联合国儿童基金会	儿童保护与社区服务	1. 建立中国第一个有关拐卖人口的中心数据库系统。2. 开发中国第一个用于监测残疾儿童康复情况的软件包。3. 建立中国第一个流动儿童登记制度	困境儿童（被拐卖、流浪、流动、孤残）

续表

主办机构	项目名称	项目内容	实施对象
受暴力侵害和虐待儿童保护			
犯罪未成年人援助			
英国救助儿童会	儿童关怀与保护	提倡以权利为基础、以儿童为中心的青少年司法途径，鼓励儿童及其生活的社区参与预防犯罪的活动和项目，帮助与法律冲突的儿童	需要法律援助的青少年
其他儿童发展性支持			
单亲困难家庭儿童支持			
残疾儿童社会融入			
需要心理干预的儿童支持			
儿童乐益会（中国）	震后儿童恢复与发展项目	旨在为地震灾区受地震影响的儿童提供综合的康复项目，并将国际范围内成功的实践发展为国家政策	受地震影响的儿童
中华少年儿童慈善救助基金会（全国性公募）	深度心理关爱教育项目	以儿童福利院和流浪儿童救助站为试点机构，对集体寄养的孤儿实施心理辅导救助，少基会为其编写教材、聘请师资、建立必要的网络教室，投资教学	孤儿、流浪儿童
其他儿童福利项目			
英国救助儿童会	提高对少数民族儿童的基础服务	提高对西藏和云南地区少数民族儿童的基础服务的可及性、质量和相关性	少数民族儿童
中华少年儿童慈善救助基金会（全国性公募）	太阳村	代养代教服刑人员未成年子女，开展特殊教育、心理辅导、权益保护及职业培训服务	服刑人员未成年子女

续表

主办机构	项目名称	项目内容	实施对象
其他儿童福利项目			
中华少年儿童慈善救助基金会（全国性公募）	少儿服务之家	在全国各地建集临时收养孤儿、流浪儿童，教育培训、学习活动为一体的综合性慈善救助机构，服务对象主要是暂时没人监护，陷入特殊困境的少年儿童，对他们进行：①生存救助、医疗救助、文化艺术教育，心理咨询辅导和提高职业技术技能的培训；②为15～18岁完成9年义务教育的大龄孤儿搭建就业桥梁	暂无监护人的儿童
中华少年儿童慈善救助基金会（全国性公募）	成才之桥	为九年义务教育后闲散于社会的贫困失学少年提供免费继续教育的机会和平台，通过技能培训与企业接轨，定向培养、对口就业，搭建技能培训和成才就业的桥梁	贫困儿童
中华少年儿童慈善救助基金会（全国性公募）	成长成才计划	投资改善贫困青少年的成长环境，资助其参加技能培训，提高其就业机会	大龄孤儿、困境青少年

附录三　中国儿童福利的主要非政府组织名录

组织名称	具体服务内容	所在地区	成立时间	服务儿童的类型
一般性儿童福利				
上海互动儿童探索馆	中国第一家互动型儿童探索馆，适合2～8岁的小朋友和他们的家长、老师参观、游玩	上海		2～8岁儿童
儿童基本生活保障				
贫困儿童生活保障				
西双版纳妇女儿童法律健康咨询中心	减少和消除对边远少数民族地区妇女儿童的歧视、不公正和忽略。使边远少数民族地区的妇女儿童有一个安全、平等、美好的家园	云南	1999年	边远少数民族儿童

续表

组织名称	具体服务内容	所在地区	成立时间	服务儿童的类型
贫困儿童生活保障				
河北省困境儿童救助保护联谊会	该联谊会是致力于困境儿童生存、保护、参与、发展的社会慈善保护组织。联谊会建立心理咨询机构，对民间困境儿童机构的儿童进行心理测试、心理治疗，对机构组织者、教育者进行心理咨询和疏导；建立困境儿童数据库和志愿者队伍数据库，组织开展为困境儿童服务的有益活动；建立困境儿童“警报系统”，实现以“问题为中心”的救助原则；等等	河北	2003 年	困境儿童
江汉区春苗学校	专门招收农民工子女入学	武汉市江汉区	1995 年	农民工子女
云南省实践青少年成长发展中心	开展女童保护项目	云南	2005 年	女童
天使助学联盟	以推进边防部队“爱民固边”战略，关爱无助儿童为宗旨，特别专注于帮助滇西南少数民族地区的贫困儿童完成九年义务教育，尽力帮助贫困落后地区改善教育条件，适当关注救助灾害、救济贫困、环保等其他公益事业	云南	2005 年	失学贫困儿童
团体名称：天涯北京爱心社	是依托天涯虚拟社区北京版而成立的纯民间自发非营利性组织，成立的目的是有组织地针对北京周边的贫困地区中小学的孩子进行有效和持久的帮助，为北京周边贫困地区中小学提供无偿服务。活动的主要内容：捐赠财物、与老师和孩子交流、建立持久的联系。活动的所有钱款及物资均由爱心社成员和热心参与人士提供，日常运作及活动费用均从社员缴纳的会费和征得捐款者同意的部分捐赠	北京周边		北京周边贫困学生
网站名称：四川省巴中市扶贫助教促进会	是致力于扶贫助教工作，让巴中市更多的贫困失学孩子走进课堂的非营利社团组织，已正式注册，由市政府管理。已“救助贫困学生达 400 多人（次），发放救助款 30 余万元	四川		贫困学生

续表

组织名称	具体服务内容	所在地区	成立时间	服务儿童的类型
贫困儿童生活保障				
网站名称：苗圃行动	涉及广东省、湖南省、云南省、四川省、湖北省等地的贫困地区，1992年在香港注册成立，是一个非宗教、非政治、非营利的慈善机构。其目标是放眼中国，协助地区发展，使其自力更生。透过“实地考察、直接资助、长期跟进”的工作守则，使筹得之善款有效运用到国内助学兴教中去。成立至今已资助重建危校达420间，2001～2002年度资助超过27000名孩子继续求学，款项超过480万元		1992年	广东省、湖南省、云南省、四川省、湖北省等地的贫困地区的贫困失学儿童
网站名称：偏远山区发展互助行动	简称互助行动，为香港一对夫妇于2002年创立，行动致力于在西部贫困山区、少数民族地区开展教育、医疗、扶贫等项目的工作，切实帮助贫困地区的发展。现已在云南省永善县黄华乡和宁蒗县永宁乡展开了扶贫、医疗保健和助学等多个项目。“绿茶助学计划”于2003年9月正式成立，为“偏远山区发展互助行动”所属教育类项目。成立“绿茶助学计划”的目的，在于通过网络助学这一方式，帮助西部贫困山区，特别是少数民族地区的失学、濒临失学的儿童，使他们得到资助，重返校园，从而得以完成九年义务教育	云南	2002年	偏远地区贫困失学儿童
网站名称：灯塔计划	以广州为基点以粤西北怀集县为重点地区，致力于改善偏远地区教育现状和师资力量的志愿者组织	广东		偏远地区的学生
网站名称：善惠智慧奖学金计划	由在英国剑桥大学留学的几位中国学生组建的助学志愿团体，目的是帮助国内的贫困儿童读书上学。已通过参加中国青年扶贫接力计划到广西田阳地区支教的志愿者们，实施完成第一期计划，共筹集到41000元奖学金，确定资助100位学生，已于2003年10月实地发放。第二期计划正在实施中	贵州、四川		贫困儿童
网站名称：教育观念自救会	致力于“在民族贫困地区农村和学校，与孩子、教师以及家长交流、宣传鼓励教育投资以及义教；与需要帮助的孩子建立一帮一的联系，长期关心其身心健康成长。以“自救者，人恒救之”为理念，在思想意识上面鼓励其自救，从而达到持续发展的目的的民间团体	成都		贫困儿童

续表

组织名称	具体服务内容	所在地区	成立时间	服务儿童的类型
孤儿生活保障				
爱心蓝天中国残疾儿童康复之家	新加坡爱心人士苏美兰创办，专门收养各地福利机构孤儿，目前有 20 名左右	北京	2004 年	天生残疾的婴幼儿
广西贵港母亲之爱孤儿院		广西	2001 年	
四川协庆慈善孤儿学校（佛教背景）	针对藏族孤儿的教育医疗等方面	四川	2004 年	藏族孤儿
甲登私立免费学校	保障适龄儿童和少年，特别是孤儿、残疾少年都能接受教育，掌握生活技能	四川	1994 年	当地农牧民子女
甘孜州西康福利学校（佛教）	西康福利学校位于甘孜州康定县塔公乡，是藏区一所全免费、寄宿制、封闭式的民办福利学校，学校已创立 10 年，先后被评为四川省民办教育先进集体、全省先进民间组织	西藏	1998 年	孤儿和特困生
拉萨彩泉福利特殊学校	主要收养拉萨市一区七县的部分孤儿、残疾儿童和家庭特别困难儿童入学，接受基础教育，使之感受到社会主义大家庭的温暖，把他们培养成为社会的有用之才，输送到各地为建设新西藏服务	西藏拉萨	1993 年	残疾孤儿贫困儿童
玉树州藏医孤儿学校	学校与孤儿院有着很大的不同，除了保证孤儿们的基本生活外，还承担着学生的教育、医疗、就业的功能	青海省玉树藏族自治州	1992 年	孤儿
伊犁努尔塔伊孤儿学校	努尔塔伊阿吉个人已投资 1200 多万元，建成了从小学到高中集食、宿为一体的全日制孤儿学校	新疆	1996 年	孤儿
儿童替代性养护				
国内外收养				
中国收养中心	受中国政府委托，负责涉外收养具体事务，承担社会福利机构儿童养育和国内收养部分具体工作	北京		

续表

组织名称	具体服务内容	所在地区	成立时间	服务儿童的类型
家庭寄养				
北京万辉关爱中心	民间儿童寄养点，共寄养孤儿 14 名	北京		孤儿
机构内养护				
儿童健康与医疗卫生				
儿童疾病防治				
儿童基本医疗和大病救助				
广州市儿童体质健康研究会		广东省广州市荔湾区		
残疾儿童康复				
北京星星雨教育研究所	初建于 1993 年 3 月 15 日，是中国第一家专门为孤独症儿童及其家庭提供教育服务的民办非营利机构（NGO）	北京		孤独症儿童
深圳市自闭症研究会	2004 年在深圳市罗湖区残疾人联合会的大力支持下，该研究会秉承“自助互助”的精神，在深圳市莲塘筹建非营利性的深圳市罗湖区特殊儿童康复中心，为自闭症儿童提供康复训练服务。随着机构规模的扩大和学生人数的增加，康复中心现拟招聘数位康复导师及管理人员	深圳市罗湖区	2001 年	自闭症儿童
南京明心孤独症儿童健康咨询中心	是为学习困难的儿童身心健康发展提供优质服务的专业训练中心	甘肃	1998 年	学龄前孤独症儿童
北京慧灵智障人士社区服务机构	是一家有着多年专业服务经验，专为 16 岁以上北京本地智障青年和成人提供社区化服务的民间组织	北京	2000 年	智障儿童

续表

组织名称	具体服务内容	所在地区	成立时间	服务儿童的类型
残疾儿童康复				
西安蓝海豚儿童康复训练中心	是由热心于特殊儿童教育事业的教育工作者及家长、医师共同组建的，旨在造福更多的儿童孤独症患者，使他们走出孤独	陕西	2004 年	孤独症儿童
广州仁爱社会服务中心（基督教）	其宗旨是团结海内外热心社会公益事业的团体和人士，服务社会，造福人群。服务范围包括青少年发展工作、老人服务、家庭服务及弱能人士康复训练服务等	广东	1985 年	
上海青聪泉儿童智能训练中心	是一家为自闭症儿童和发育障碍儿童及其家庭提供专业性康复训练与辅导的非营利性专业机构	上海		自闭症儿童
郑州市康达能力训练中心	目前郑州市乃至河南省最大的对孤独症儿童、语言障碍儿童、学习障碍儿童、智力障碍儿童、脑瘫儿童等进行综合性康复教育的训练基地	河南省郑州市	2002 年	孤独症儿童、语言障碍儿童、学习障碍儿童、智力障碍儿童、脑瘫儿童
北京丰台利智康复中心	是一所主要服务于 15 岁以上智障人士的非营利福利性机构，中心为全国各地的智障人士提供服务，可以同时为 90 多名学员进行康复训练。本着“协助智障人士学会生存，学会做人，做一个对社会有用的人”的服务宗旨，根据学员的能力水平和具体需求，分别开展侧重点不同、互为补充的服务项目	北京	2000 年	智障儿童
爱弥尔智障儿童康复中心	是湖南省第一家专业致力于智力障碍人士和自闭症儿童康复教育及服务的机构，于 2000 年在长沙市民政局注册为非营利性社会福利机构。中心教师均为大专以上学历，特殊师范教育专业毕业或医疗专业毕业，并在智障儿童教育和孤独症儿童训练方面有着丰富的经验	湖南	1999 年	自闭症儿童
青岛市市北区自闭症研究会以琳自闭儿训练部	自闭症儿童的心理研究	山东省青岛市	2000 年	自闭症儿童

续表

组织名称	具体服务内容	所在地区	成立时间	服务儿童的类型
残疾儿童康复				
厦门迦南少儿培训中心（基督教背景）	是一所专门训练自闭症儿童的机构	厦门	2002 年	自闭症儿童
贵州省一样人特殊儿童康复中心		贵州		
海口雨润特殊儿童教育培训中心	主要针对自闭症（孤独症）及智力发育迟滞、语言发育迟缓等相关发育障碍儿童进行教育培训	海南	2006 年	自闭症儿童
驻马店市残疾儿童康复教育中心	是 1999 年河南省残联批准的一所聋哑和弱智儿童康复训练的综合中心，被省市残联命名为“示范式训练中心”，保证孩子在行为和语言等方面全面康复。现招收 2 岁以上聋哑和弱智儿童接受训练	河南驻马店市	1999 年	2 岁以上聋哑和弱智儿童
漯河市宏泰聋儿语训中心	聋哑儿童语言康复，弱智儿童智力培养，孤独症儿童康复训练，听力检查，助听器验配调试	河南	1992 年	聋哑和弱智儿童
广州市海珠区欢乐岛儿童训练园	机构成立以来，融合结构化教学法和应用行为分析法并辅以感统训练，对孤独症儿童进行大强度的训练和教育，取得较好的成绩，先后有 180 多名学生进入普通幼儿园和普通小学	广东	2001 年	孤独症
中国北方博爱康复中心	为孤独症儿童提供早期训练、学前教育服务，开展家庭指导及家长、养护人员培训业务。为孤独症、自闭症儿童的康复提供完善的康复条件	山东省德州市		孤独症自闭症
青海省慧灵智障服务机构	运用社区化服务理念，以社会工作专业手法为主，服务青少年及成人智障人士，通过丰富的社区资源，为他们提供真实的学习环境，使他们的生活自理能力和社会适应能力得到提高，同时帮助他们建立和发展与社区、家庭、邻居之间的良好关系，使他们能真正融入社区，享受应有的生活乐趣和平等的权利	青海省西宁市	2003 年	智障人士

续表

组织名称	具体服务内容	所在地区	成立时间	服务儿童的类型
残疾儿童康复				
福建省永安市心语儿童行为干预中心	对自闭症、多动症、语言发育障碍儿童等特殊儿童进行早期干预训练	福建省永安市	2003 年	自闭症、多动症、语言发育障碍儿童
天津慧灵智障人士社区服务机构	主要服务于 14 岁以上的智障弱能人士。目前有 12 名孤儿及 10 名有家庭的智障弱能人士接受服务。机构以推动智障人士社区化服务为理念，关注智障人士的生存与发展	天津	2004 年	智障儿童
济南市明天儿童康复中心	中心拥有康复设施：感觉统合训练室、听觉统合训练室、个性化训练室、球类攀岩训练室、情景训练室、奥尔夫音乐课室、计算机教室、小组课教室等；康复设备：听觉统合训练系统、可视音乐治疗仪、大型感觉统合训练器材、蒙特梭利教具及大型室外活动教具。中心现有康复教师 25 名，均为大专以上学历的康复教育专业人才	山东省济南市	2004 年	自闭症儿童
济南市历城区洪楼智光启智中心（天主教背景）	是由几位长期关注并从事智障儿童启智教育的热心人士共同发起，并在社会广大善心人士的大力支持和帮助下成立的，专门为 16 ~ 30 岁智能障碍青年提供日间活动、职业教育、生活技能训练和社区化安置服务的民办非营利机构。机构坐落在济南市历城区洪楼小区，临近洪家楼天主教堂，目前机构的运作资金主要来自天主教基金会，机构的工作人员也都具有天主教宗教信仰	山东省济南市	2004 年	16 岁以上智障儿童
郑州市康源聋儿语训中心	是一所集聋儿言语康复、康复指导、听力检测、助听器验配、儿童特长培训于一体的专业听力言语康复机构。中心具备大型游乐玩具、背景音乐及教学监控设施，园内装修符合幼儿特点，装饰色彩绚丽、活泼雅致，是幼儿生活和学习的好地方	河南省郑州市	1998 年	聋儿
广州市白云区小太阳特殊儿童康复中心	语训中心共收训了 300 多名聋儿。他们经过语言和听力康复训练，先后有部分孩子已进入普幼、普小，甚至初中、高中就读，康复率达到 95% 以上，成为白云区唯一的聋儿语训康复示范单位	广东	1994 年	聋儿

续表

组织名称	具体服务内容	所在地区	成立时间	服务儿童的类型
残疾儿童康复				
上海徐汇区博爱儿童康建园	为14岁以下脑瘫儿童提供康复和特殊教育服务的特殊机构	上海	1996年	14岁以下脑瘫儿童
许昌市聋儿康复中心	承担聋儿听力语言训练任务。开展听力检测和助听器验配、耳模制作，指导基层训练点开展工作，为家长提供咨询服务	河南省许昌市	1990年	聋儿
广东省扬爱特殊孩子与家长俱乐部	通过提供多元化、多层次的优质服务，联合社会各界人士和特殊需要人士及其家庭，进行广泛的社区宣传	广东	1997年	残疾孩子
拉拉手智障人士康复支持中心	面向全省乃至西部地区的自闭症及智障人士及家长提供早期干预、学龄教育、就业训练、家长培训等多方位，最大程度提供帮助的民间非营利机构	陕西省西安市	2001年	自闭症儿童
橄榄树培智学校（儿童潜能开发基地）	康复训练，教学及相关人员培训，有全日班和半日班	河北	2002年	2～12岁孤独症、多动症、发育迟缓及相关障碍儿童
南京市残疾儿童康复中心	为残疾儿童提供各种康复服务	江苏省南京市	1987年	残疾儿童
长春市星光特殊儿童训练养护中心	长春市绿园区长丰村村民王淑娟对那些智障、自闭儿童进行功能化训练，使260多名特殊儿童得到帮助	吉林省长春市		智障、自闭症儿童
兰州爱星特殊儿童教育训练中心	前身是兰州市家长支援中心。目前，已经发展成一所民办非营利性公益机构，专门从事自闭症、多动症、情绪障碍、脑伤、智障、运动机能发展障碍等多种特殊儿童的康复训练和对特殊儿童家长的支援工作	甘肃省兰州市	2003年	自闭症儿童
新乡市弱智儿童托管中心	弱智儿童的托管教育	河南省新乡市		智障儿童
天津梦工厂儿童助长中心	目前康复中心的课程主要是针对3～12岁的孩子设置的，6岁以下的孩子一般划入小龄班，接受一对一的个体训练。其他孩子则在大龄班接受康复。12岁以后，康复较好、具有一定能力的孩子将进入幼儿园或者启智学校进行学习	天津	2003年	自闭症儿童

续表

组织名称	具体服务内容	所在地区	成立时间	服务儿童的类型
残疾儿童康复				
向阳儿童发展中心	弱智儿童教育中心	重庆	1996 年	3～16 岁中、重度弱智及多重障碍儿童
重庆市爱心儿童玩具图书馆	专门为智障儿童开放的图书馆	重庆		智障儿童
焦作市福康学校	是河南首家专为智力残障儿童创办的高标准、寄宿制、封闭式管理的教育康复学校，是残疾人联合会指定的智力残障儿童教育康复基地	河南省焦作市	1999 年	智力残疾儿童
惠州市护苗儿童发展中心	为自闭症、学习障碍、多动症等各种心理与行为异常儿童及家庭提供测试、训练、咨询指导的服务机构	广东	2003 年	自闭症儿童
湖南爱弥尔特殊儿童教育中心	创办于 1999 年，是湖南省第一家专业致力于智力障碍人士和自闭症儿童康复教育及职业训练的民办非营利机构。有一支高素质的员工队伍，以“助人自助”为社工理念指导，以帮助智障人士融入社区生活为己任，结合广泛的志愿者资源为智障人士提供服务。中心经费多来自国内外个人、企业与慈善组织的捐赠	湖南	1999 年	自闭症、孤独症儿童
湖南省株洲市儿童福利院仁爱儿童发展中心	是由株洲市儿童社会福利院组织筹办的服务于特殊类型儿童的非营利性机构。创办宗旨是爱人如己，服务社会。主要致力于为 2～8 岁的患有自闭症及自闭症倾向、弱智、学习困难、多动症、语言发展障碍、情绪障碍、运动发育障碍、轻微脑瘫等特殊儿童提供训练、治疗和教育	湖南省株洲市		2～8 岁自闭症、多动症、智力障碍儿童
江西九江市心语心特殊教育机构	由孤独症孩子家长自筹资金创办，在九江市残疾人联合会注册，批复成立。是社会民办非营利机构，非政府组织。三要是对有发展障碍的儿童进行教学、训练，提供家庭支持。积极倡导推动社会认识、尊重，接纳我们的孩子	江西省九江市	2004 年	孤独症儿童
云南蒙多贝儿童心理健康中心	自闭症儿童康复	云南	2006 年	自闭症儿童

续表

组织名称	具体服务内容	所在地区	成立时间	服务儿童的类型
残疾儿童康复				
泉州北斗星儿童发展中心		福建省泉州市		智障儿童
山东临沂河东区天使培智学校国际特教学校	为弱智、聋哑和孤独症儿童提供寄宿制特殊教育	山东省临沂市	1995 年	弱智、聋哑、孤独症儿童
九江博爱聋人学校	是中国第一所（也是唯一的一所）贯彻实行“双语聋教育理念”的聋校。主张从社会文化的视角看聋童，给予聋童充分的人文关怀，尊重聋童的语言习得规律，顺应聋童的教育训练需求，提倡将聋人自然手语作为聋童必须掌握的第一语言，在日常教学过程中以自然手语为工具讲解课文内容，用教第二语言的方法教授聋童汉语（以书面语为主）。这种 20 世纪 80 年代初期源自西方的全新的聋教育理念，最大的亮点是将“耳聋和使用手语”定义为一种文化现象，通过对聋童进行聋人自然手语和汉语两种语言的教育教学，使其逐步学会两种语言，并能在这两种语言之间自由转换，成为能够在聋人社会和主流社会间愉快生活的双语双文化平衡者	江西省九江市	2000 年	聋儿
妇幼保健和儿童营养				
儿童教育				
学龄前教育				
上海根与芽青少年活动中心	学龄前儿童到大学生等广大青少年及社区中的成年人来亲身参与，为青年人提供交流和展示自己的舞台，帮助青年人从他们生活的社区和周围的自然环境中获得积极经验，理解地球上各种生命相互依存的关系，最终让青年人以自己独特的方式为环境带来良性变化，从而培养他们热爱自然和人类的伦理观念和价值观	上海	1999 年	学龄前儿童和青少年

续表

组织名称	具体服务内容	所在地区	成立时间	服务儿童的类型
义务教育				
贵州青少年校外教育研究会	乡土教育与乡土教材开发，社区教育发展支持，可持续发展教育方法及框架设计研究	贵州省贵阳市	2005 年	学龄青少年
富平学校	工作领域包括促进公民社会建设，扶持民间组织发展；推动社会投资，发展社会企业；推动环境保护与可持续发展；促进教育制度改革，发展职业教育和继续教育；促进社区综合发展	北京	2002 年	贫困学生
邢台春蕾学校		河北省刑台市		
吉美坚赞福利学校（佛教背景）	是全藏区最具影响力的福利（即免费）学校。其特殊的学制（4 年小学 + 2 年初中、根据能力而非年龄分级、僧俗平等入学），以及创新的教学方式（大量运用辩论的学习模式），成功地结合了传统与现代教育。毕业学生中，半数为僧人，一部分可其寺庙教导现代文化（英语、科技等），而其余学生中 60% 直接考入大学，可以说是教育界的奇迹	青海省果洛州	1994 年	小学和初中贫困学生
森吉梅朵学校	开展助学、支教等活动	云南	2006 年	失学儿童
特殊儿童教育				
吉林省丰满区培智中心学校		吉林		
留守及流动儿童教育				
攀枝花市援助少年儿童志愿者协会	致力于城乡贫困、留守、孤残等特殊少年儿童群体，通过志愿者行动，组织和协调社会资源，为其在学习和生活等各方面提供最大程度的援助	四川省攀枝花市	2007 年	贫困、留守、孤残儿童

续表

组织名称	具体服务内容	所在地区	成立时间	服务儿童的类型
留守及流动儿童教育				
北京农民之子文化发展中心	服务弱势群体，推动中国社会公平和可持续发展。目前致力于打工子弟生存状况的改善、受教育权的保障，并开展教育实践和研究。目前机构的工作主要包括打工子弟教师项目和流动儿童自然教育项目	北京	2006 年	流动儿童、农民工子女
华益助弱服务中心	致力于农村儿童图书室自主管理、留守儿童心理调适与发展	安徽省合肥市	2005 年	农村儿童、留守儿童
四环游戏小组	为流动人口子女提供学前教育的民间组织，该组织采用非正规教育组织形式为流动人口子女提供教育。游戏小组的宗旨定位是孩子们游戏的天地，家长们学习分享和互助的场所，志愿者们学以致用、回报社会和进行行动研究的基地	北京	2004 年	农民工子女
校外教育				
黑龙江省大庆市嘉铭特殊儿童发展研究中心		黑龙江省大庆市		
拉萨岗旋语言学校	办学采取脱产和业余面授两种方式，进行语言和职业技术教学。语言班设有藏、汉、英、法、日、德六个语种课程，职教班设有计算机和导游两个专业，同时不定期培训涉外科技语言人才。教书育人，提高民族素质，是学校的办学方针	西藏自治区拉萨市	1988 年	职业技术教育的学生
儿童保护				
流浪儿童救助				
云南省家馨社区儿童救助服务中心	开展流浪儿童救助工作及城市贫困儿童助学项目	云南	2003 年	流浪和贫困儿童
陕西省宝鸡市新星流浪儿童援助中心	是一个公益的、独立的专业从事流浪儿童援助的民间机构。致力于为流落在宝鸡地区的流浪儿童和被社会边缘化的儿童群体提供紧急援助，进行早期干预，给予行动支持；为身处社会边缘的流浪儿童能够重新回归家庭、社区和主流社会，重新获得和享有基本的生存权、发展权和受教育权而创造条件、机会和展开援助工作	陕西省宝鸡市	2006 年	流浪儿童

续表

组织名称	具体服务内容	所在地区	成立时间	服务儿童的类型
被拐卖儿童及其家庭				
宝贝回家志愿者协会	在民政部门正式注册的民间志愿者组织，是独具法人资格的地方性非营利社会公益团体。协会的宗旨是关爱儿童，共筑和谐。协会成员严格遵守国家法律法规，为失踪儿童家长提供免费寻人服务，帮助走失、被拐、被遗弃儿童寻找亲人，同时帮助因各种原因流浪、乞讨、卖艺儿童回归正常生活。	吉林通化市	2006	被拐卖儿童
儿童安全保障				
受暴力侵害和虐待儿童保护				
陕西儿童虐待防治中心	主要从事儿童虐待和忽视的预防和治疗服务，包括政策探讨、宣传倡导、社区教育以及各种国际交流等活动	陕西省西安市	2006 年	被虐待和忽视的儿童
陕西省译协东亚防止虐待儿童专业委员会	多年从事防止虐待和忽视儿童的研究和实践工作	陕西	1999 年	被虐待儿童
未成年人法律援助				
青少年法律援助与研究中心	中国第一家专门从事未成年人法律援助与研究的民间公益组织	北京	2003 年	青少年
武汉大学社会弱者权利保护中心	为保护社会弱者的合法权利、伸张社会正义做出了不懈的努力。坚持“以最优秀的法律人才，为最需要帮助的人，依法提供最优质的法律服务”的宗旨，关注社会，服务弱者，以自律苦练内功，以诚信外塑形象，加强自身建设，不断提升综合能力，在民间法律援助事业的发展史上写下了辉煌的篇章	湖北省武汉市	1992 年	未成年权益受损儿童
其他儿童发展性支持				
单亲困难家庭儿童支持				
残疾儿童社会融入				
受艾滋病影响儿童				
东珍纳兰儿童心理研究所（东珍纳兰文化传播中心）	东珍资助艾滋孤儿项目在 2003 年 1 月启动，主要服务于中国因艾滋病致孤儿童这一弱势群体，并致力于乡村教育的发展	北京	2003 年	受艾滋病影响儿童

续表

组织名称	具体服务内容	所在地区	成立时间	服务儿童的类型
受艾滋病影响儿童				
北京爱源教育研究中心	一个致力于艾滋病关怀与帮助工作的非营利组织。倡导在维护人类健康的行动中实现人类尊严。2006 年底改组后，由国内艾滋病预防、治疗、关怀、救助等工作领域的专家、学者、乡村基层工作者和志愿者组成	北京	2004 年	受艾滋病影响儿童
北京爱知行健康教育研究所	北京爱知行动项目主要致力于在城市流动人口、农村地区和青年学生中开展预防艾滋病教育，为农村人口中的感染者提供社会、心理、法律和经济上的帮助，为感染者家庭的儿童和孤儿提供帮助，以及开展相关的政策研究和健康教育研究等	北京	2002 年	受艾滋病影响儿童
北京关爱下一代青少年健康教育研究中心	以促进青少年发展为己任，特别是帮助那些受艾滋病影响的学龄儿童完成基础教育并努力为他们的生存发展创造条件	北京	2004 年	受艾滋病影响儿童
阜爱协会（阜阳市艾滋病贫困儿童救助协会）	1. 为受艾滋病影响的贫困儿童提供基本生活帮助。2. 为艾滋病毒感染儿童提供就医、生活及营养方面的帮助。3. 在社区建立活动中心，通过组织“欢乐周末”活动来帮助受艾滋病影响的贫困儿童消除心理障碍、树立自信心。4. 通过社区倡导、宣传艾滋病知识，消除人们对艾滋病人的歧视，培养公民互助。为这些儿童创造良好的社会生存环境。5. 帮助儿童顺利完成学业。6. 对儿童提供职业技能培训，帮助他们完成职业教育，使他们自立自强，彻底摆脱艾滋病影响。7. 组织感染者交流治疗经验，帮助他们生产自救。8. 在大中专学校开展演讲项目	安徽省阜阳市	2003 年	安徽省河南省山西省受艾滋病影响的贫困儿童
凉山彝族妇女儿童发展中心	是由国内外关心彝族发展事业的人士共同发起成立并在民政部门登记注册的民办非企业单位。该中心以受毒品和贫困影响的妇女儿童为主要工作对象，在乡村社区开展以能力建设和权益保护为目标的公益活动	云南	2005 年	因毒品、艾滋病和贫困致孤的儿童

续表

组织名称	具体服务内容	所在地区	成立时间	服务儿童的类型
受艾滋病影响儿童				
瑞丽市妇女儿童发展中心	作为一家非营利、非政治、非宗教和非政府的独立机构，在中国云南省内工作，旨在为妇女和儿童创造更健康的生活状况。与当地政府、社区以及其他机构一起，提供与健康有关的教育、宣传和服务，并在此过程中改变妇女儿童自身以及与他们相关的人群的生活和行为方式	云南省瑞丽市	2000 年	艾滋病儿童
服刑人员子女				
北京太阳村儿童教育咨询中心	主要对服刑人员无人抚养的未成年子女进行特殊教育、心理辅导、权益保护以及职业培训等，已经救助过 600 多名孩子，目前有 115 名 18 岁以下的孩子在太阳村生活	北京	2000 年	服刑人员 3 个月 ~18 岁未成年子女
天津太阳村特殊儿童救助中心		天津	2003 年	服刑人员子女
需要心理干预的儿童支持				
天津市未成年人心理自助互助协会	是隶属于天津市学生联合会的以传播心理健康为主题的学生自助互助团体	天津	1999 年	有心理问题的未成年人

参考文献

[1]《2003 年中国人权事业的进展》，2004 年 3 月 31 日《法制日报》。
[2] 陈佳贵：《中国社会保障发展报告（1997 ~ 2001）》，中国社会科学出版社，2001，第 282 页。
[3] 陈良瑾主编《中国社会工作百科全书》，中国社会出版社，1994。
[4] 陈欣：《税费改革后农村五保工作告急》，《乡镇论坛》2005 年第 12 期。
[5] 大同市社会福利院：《抚孤助残半世纪：纪念大同市社会福利院建院五十周年专集 1949 ~ 1999》，1999。
[6] 大同市社会福利院：《家庭寄养是儿童保护的有效方式》（非正式出版物），2001。
[7] 窦玉沛、王淑英：《抓住时机，深化改革，服务社会，推进社会福利社会化》，民政部，1998。
[8] 多吉才让：《新时期中国社会保障制度改革的理论与实践》，中央党校出版社，1995。
[9] 贡森、王列军、佘宇：《农村五保供养的体制性问题和对策》，《江苏社会科学》2004 年第 3 期。
[10] 国家统计局：《中国统计年鉴》，中国统计出版社，2000 ~ 2009。
[11] 国家统计局：《2009 年国民经济和社会发展统计公报》。
[12] 云南省统计局：《云南省 2004 年国民经济和社会发展统计公报》，2005。
[13] 盈江县统计局：《2004 年盈江县国民经济运行简析》，《盈江统计》2005 年第 1 期，2005。
[14] 国务院：《国务院办公室转发民政部等部委关于加快实现社会福利社会化意见的通知》，2000。
[15] 国务院妇女儿童工作委员会编《九十年代中国儿童发展规划纲要》，1992。
[16] 河北省社科院社会学所河北省民政局联合课题组：《从社会办儿童福利机构的现状看完善其政策的紧迫性》，第一届全国社会福利理论与政策研讨会上提交的论文，2000。
[17] 河南省民政厅：《艾滋病致孤人员生活救助手册》。
[18] 河南省民政厅：《艾滋病致孤人员生活救助文件资料汇编》，2004。

[19] 教育部：《2003～2007年教育振兴行动学习辅导读本》，教育科学出版社，2004。

[20] 李春玲、王大鸣：《中国处境困难儿童状况分析报告》，《青年研究》1998年第5期。

[21] 李海燕、尚晓援、程建鹏：《北京市孤残儿童被遗弃的原因分析》，《北京社会科学》2004年第4期。

[22] 李彦林：《上海市孤残儿童家庭寄养工作回顾》，孤残儿童照料家庭寄养研讨会报告，2000。

[23] 刘翠霄：《各国残疾人权益保障比较研究》，中国社会科学出版社，1994。

[24] 刘继同：《郑州市流浪儿童保护中心的个案研究》，《青年研究》2002年第1期。

[25] 刘继同：《中国青少年研究典范的战略转变与儿童福利政策框架的战略思考》，《青少年犯罪问题》2006年第1期。

[26] 刘继同：《当代中国的儿童福利政策框架与儿童福利服务体系（上）》，《青少年犯罪问题》2008年第9期。

[27] 刘继同：《当代中国的儿童福利政策框架与儿童福利服务体系（下）》，《理论研究》2008年第6期。

[28] 刘继同：《儿童健康照顾与国家责任重构中国现代儿童福利政策框架》，《中国青年研究》2006年第12期。

[29] 刘继同：《儿童福利的四种典范与中国儿童福利政策模式的选择》，《青年研究》2002年第6期。

[30] 陆士桢：《中国城市青少年弱势群体现状与社会保护政策》，社会科学文献出版社，2004。

[31] 陆士桢、吴鲁平、卢德平：《中国城市青少年弱势群体现状与社会保护政策》，社会科学出版社，2004。

[32] 陆士桢、任为、常晶晶：《儿童社会工作》，社会科学文献出版社，2003。

[33] 马洪路主编《中国残疾人社会福利》，中国社会出版社，2002。

[34] 民政部：《儿童福利院管理暂行办法》，1999。

[35] 民政部法规办公室：《民政工作文件汇编》，中国民主与法制出版社，1999。

[36] 民政部计财司编：《中国民政统计年鉴》，中国统计出版社，2000。

[37] 民政部计划与财务司统计：《中国民政统计年鉴》，1994。

[38] 民政部社会福利和社会事务司、联合国儿童基金会：《艾滋孤儿救助安置政策

研发项目——形势分析和国内外政策、实践初步汇总报告》，2004a。

[39] 民政部社会福利和社会事务司、联合国儿童基金会：《艾滋孤儿救助安置政策研发项目——总报告》，2004b。

[40] 民政部社会福利和社会事务司、联合国儿童基金会：《受艾滋病打击儿童关怀框架》，2004c。

[41] 民政部社会福利和社会事务司、联合国儿童基金会：《艾滋孤儿救助安置政策研发项目——实地调研报告》，2004d。

[42] 民政部社会福利和社会事务司、英国救助儿童会：《流浪儿童工作资源手册》，《民政部社会福利和社会事务司与英国救助儿童会合作项目资料汇编》，2002。

[43] 民政部社会福利和社会事务司救助站管理处、英国救助儿童会、北大专家联合调查组：《关于粤、桂、滇三省（区）流浪儿童救助工作的调查报告》（未发表工作报告），2004。

[44] 民政部社会福利和社会事务司：《社会福利社会办文件汇编》，内部出版，2000。

[45] 民政部政策研究办公室：《民政工作文件汇编》第一卷、第二卷，内部出版，1984。

[46] 南昌市社会福利院（雷大旭主笔）：《南昌市社会福利院院志：1680～1986》，内部印刷，1989。

[47] 桑贾伊·普拉丹：《公共支出的基本方法》，中国财政经济出版社，2000。

[48] 尚晓援、王小林、陶传进：《中国儿童福利前沿问题》，社会科学出版社，2010。

[49] 尚晓援：《中国弱势儿童群体保护制度》，社会科学文献出版社，2008a。

[50] 尚晓援：《中国孤儿状况研究》，社会科学文献出版社，2008b。

[51] 尚晓援、伍晓明、董彭滔：《调查报告："黎明之家"的生存发展之路》，《NGO 纵横》2006 年第 5 期。

[52] 中国青少年研究中心：《调查报告：民间儿童救助组织调查报告》，《NGO 纵横》2006 年第 5 期。

[53] 尚晓援、李振刚：《儿童的抚育成本——安徽省阜南县农村儿童抚育成本研究》，《青年研究》2005 年第 9 期。

[54] 尚晓援、吴文贤：《对中国流浪儿童教育问题的探讨》，《青少年犯罪问题》2006 年第 1 期。

[55] 尚晓援、伍晓明、杨洋：《南昌市儿童保护制度的演变》，《青年研究》2004

年第11期。

[56] 尚晓援、李海燕、伍晓明：《家庭寄养的模式分析》，《社会福利》2003年第10期。

[57] 尚晓援、伍晓明、万婷婷：《从传统到现代：从大同经验看中国孤残儿童福利的制度选择》，《青年研究》2004年第7期。

[58] 尚晓援、伍晓明、李海燕：《社会政策、社会性别和中国的儿童遗弃问题》，《青年研究》2005年第4期。

[59] 尚晓援：《政府—社会—公民：中国家庭寄养政策与实践的演变》，见阎青春、王素英、尚晓援著《社会福利与弱势群体》，中国社会科学出版社，2002。

[60] 尚晓援、李海燕、伍晓明：《中国孤残儿童保护模式分析》，《社会福利》2003年第10期。

[61] 尚晓援：《公民社会组织与国家之间关系考察——来自三家非政府儿童救助组织的启示》，《青年研究》2007年第8期。

[62] 施德容：《完善孤残儿童照料体系，加强家庭寄养工作》，孤残儿童照料家庭寄养研讨会报告，2000。

[63] 赵静特：《布拖县艾滋病致孤人员基本现状和存在的问题及解决措施方法》，四川省凉山彝族自治州布拖县民政局文件，2005。

[64] 苏力、葛云松、张守文、高丙中：《规制与发展：第三部门的法律环境》，浙江人民出版社，1999。

[65] 佟丽华：《未成年人法学》，中国民主法制出版社，2001。

[66] 王崇兴：《美国拒绝批准〈儿童权利公约〉原因探析》，《青少年犯罪问题》第1期。

[67] 王景英主编《农村初中学生辍学问题研究》，东北师范大学出版社，2003。

[68] 王久安、张世峰、张齐安：《关于流浪儿童救助保护情况的调查报告》，《民政论坛》1999年第4期。

[69] 王雪梅：《儿童权利论：一个初步的比较研究》，社会科学文献出版社，2005。

[70] 王子今、刘悦斌、常宗虎：《中国社会福利史》，中国社会出版社，2002。

[71] 伍晓明：《吾道一以贯之：重读孔子》，北京大学出版社，2003。

[72] 姚建龙：《少年刑法与刑法变革》，中国公安大学出版社，2005。

[73] 姚建平、梁智：《从救助到福利——中国残疾儿童福利发展的路径分析》，《山东社会科学》2010年第1期，总第173期。

[74] 叶广俊主编《儿童少年卫生学》，人民卫生出版社，2000。

[75] 英国救助儿童会、联合国:《〈儿童权利公约〉参与式培训手册》，2002。

[76] 英国救助儿童会:《儿童保护之机构政策：保护儿童防止虐待》，云南，内部资料，2003。

[77] 张德耀:《进入家庭，融入社会》，在第一届全国社会福利理论与政策研讨会上提交的论文，2000。

[78] 张凡:《转型阶段儿童福利事业发展的探索》，2000。

[79] 张齐安:《首家开放式流浪儿童救助机构在昆明初见成效》，民政部社会福利和社会事务司提供，2003。

[80] 张秀花:《家庭寄养：一条充满情与爱的路》，载于靳保利编《抚孤助残半世纪：纪念大同市社会福利院建院五十周年专集 1949～1999》，非正式出版物，1999。

[81] 郑秉文、史寒冰:《试论东亚地区福利国家的“国家中心主义”特征》，《中国社会科学院研究生院学报》2002 年第 2 期。

[82] 郑功成:《中国社会保障制度变迁与评估》，中国人民大学出版社，2002。

[83] 中共随州市委办公室、随州市人民政府办公室:《市委办公室、市政府办公室关于印发〈随州市为民解困“五项行动”实施方案〉的通知》，2005。

[84] 中共昭觉县委、昭觉县人民政府：《昭觉县艾滋病孤儿救助工作情况汇报》，2005。

[85] 中共中央办公厅、国务院办公厅:《关于转发〈中央社会治安综合治理委员会关于加强流动人口管理工作的意见〉的通知》，1995。

[86] 周弘:《社会福利制度的理论框架》，《中国人口科学》2001 年第 4 期。

[87] 朱延力:《儿童护理学》，人民卫生出版社，1998。

[88] 张玉林:《2004 中国教育不平等状况蓝皮书》，2006 年 11 月 7 日下载。

[89] 中国科技促进发展研究中心、春蕾计划社会效益评估课题组:《春蕾计划社会效益评估报告》，http：//www. nrcstd. org. cn/FCKeditor/userimages/web_shfzb－20051206045423. pdf。

[90] 教育部:《2006 年第 10 次新闻发布会散发材料之三——2005 年“两免一补”工作成效显著》，http：//202. 205. 177. 12/edoas/website18/info19382. htm。

[91] 民政部网站：《流浪儿童救助保护工作简况》，http：//www. mca. gov. cn/artical/content/WJG_YWJS/200443185205. html（4/11/2006）。

[92] 民政部网站:《全国流浪儿童救助保护工作研讨会在京召开》，http：//www. mca. gov. cn/news/content/recent/20053790129. html（4/11/2006）。

[93] 民政部网站：《2009 民政发展事业发展统计报告》，http：//www. cws. mca. gov. cn/article/tjbg/201006/20100600081422. shtml（24/6/2010）。

[94]《法律空白下的流浪儿童救助》，http：//www. xawb. com 2006 - 05 - 08《西安晚报》。

[95]《中国妇女的状况》，http：//www. china. org. cn/ch - book/funvzhuangkuang/woman8. htm。

[96] 《中国的儿童状况》，http：//law. chinalawinfo. com/newlaw2002/SLC/SLC. asp? Db = bwhi&Gid = 150994963。

[97]《关于审议中国执行〈儿童权利公约〉情况第二次报告有关补充问题的答复材料》，http：//www. ohchr. org/english/bodies/crc/docs/AdvanceVersions/CRC. C. RESP. 89（I）_C. pdf。

[98] 民政部：《民政部救助管理机构基本规范》，《流浪未成年人救助保护机构基本规范》，中华国际出版社，2006。

[99]《中华人民共和国未成年人保护法》，http：//www. moe. edu. cn/edoas/website18/info5903. htm，1991。

[100]《社会力量办学印章管理暂行规定》，http：//www. moe. edu. cn/edoas/website18/info6653. htm，1991。

[101]《禁止使用童工规定》，http：//www. moe. edu. cn/edoas/website18/info1427. htm，1996。

[102]《流动儿童少年就学暂行办法》，http：//www. moe. edu. cn/edoas/website18/info 5952. htm，1998。

[103] 《中华人民共和国预防未成年人犯罪法》，http：//www. moe. edu. cn/edoas/website18/info5905. htm，1999。

[104] 《中华人民共和国义务教育法实施细则》，http：//www. moe. edu. cn/edoas/website18/info3912. htm，2001。

[105] 《中华人民共和国民办教育促进法》，http：//www. moe. edu. cn/edoas/website18/info1433. htm，2002。

[106]《国务院办公厅关于完善农村义务教育管理体制的通知》，http：//www. agri. gov. cn/zcfg/nyfg/t20060123_541054. htm，2002。

[107]《中央农村工作会议部署 2004 年农业和农村工作》，http：//www. agri. gov. cn/zcfg/nyfg/t20060123_541736. htm，2003。

[108]《国办要求做好农民进城务工就业管理和服务工作》，http：//www. agri. gov. cn/zcfg/nyfg/t20060123_541183. htm，2003。

[109]《关于进一步做好进城务工就业农民子女义务教育工作意见的通知》，http：//

www. cnan. gov. cn/cnan/zcfg/zhfg/jiaoyu/t20031010_1955. phtml，2003。

[110] 《中华人民共和国民办教育促进法实施条例》，http：//www. moe. edu. cn/edoas/website18/level3. jsp？ tablename = 673&infoid = 4908，2004。

[111] 《教育部、监察部、国务院纠风办关于严厉禁止学校违规收费落实政府对教育的投入责任的紧急通知 》，http：//www. eol. cn/20050825/3148430. shtml，2005。

[112] 《中共中央国务院关于推进社会主义新农村建设的若干意见 》，http：//www. agri. gov. cn/zcfg/nyfg/t20060221_555140. htm，2006。

[113] 《国务院关于解决农民工问题的若干意见》，http：//www. agri. gov. cn/zcfg/nyfg/t20060328_580078. htm，2006。

[114] 《中华人民共和国义务教育法》，http：//www. gov. cn/ziliao/flfg/2006 - 06/30/content_323302. htm，2006。

[115] CDPF，*Data Report on the Status of Disabled Children in China*，document provided by UNICEF，2006。

[116] 《全国农村留守儿童状况研究报告》，http：//www. newedu. jxnews. com. cn/system/2008/02/28/002687739. shtml，date：25/6/2010）。

[117] 崔清新、李菲:《我国正在制定 2011 ~ 2020 年中国儿童发展纲要》，http：//www. gov. cn/jrzg/2010 - 11/04/content_1738415. htm。

[118] 联合国儿童基金会：《中国版 2009 世界儿童状况》，北京，UNICEF，2010。

[119] 中国残联康复部：《关于印发残疾儿童康复工作座谈会领导同志讲话的通知》，北京，2006 - 10 - 27。

[120] 窦玉沛副部长在全国贯彻《关于加强孤儿救助工作的意见》会议上的讲话，http：//shfl. mca. gov. cn/article/ldjh/200807/20080700017722. shtml。

[121] 《民政事业统计季报（2010 年 4 季度)》，http：//www. files2. mca. gov. cn/cws/201101/ 201101 30160410749. htm。

[122] Beckett, C.，*Child Protection*：*An Introduction*（Sage Publications Ltd）.

[123] Brown, P. H. and A. Park, "Education and poverty in rural China"，*Economics of Education Review*（2002）21（6）.

[124] Cameron, G. and N. Freymond，"Towards Positive Systems of Child and Family Welfare: International Comparisons of Child Protection"，*Family Service*，*and Community Caring Systems*，Univ of Toronto Pr.（2006）.

[125] CDPF，"Data Report on the Status of Disabled Children in China"，document provided by UNICEF（2006）.

[126] Cockburn, J. and J. Kabubo - Mariara, "Child Welfare in Developing Countries: An Introduction", *Child Welfare in Developing Countries* (2010).

[127] De Boer, C. and N. Coady, "Good Helping Relationships in Child Welfare: Learning from Stories of Success", *Child & Family Social Work* (2007) 12 (1).

[128] Er, B., *China's Neo-Traditional Rights of the Child*, Lulu. Com (2006).

[129] Goodman, R., *Children of the Japanese State: The Changing Role of Child Protection Institutions in Contemporary Japan* (Oxford University Press, 2000).

[130] Gough, I., "Society and Social Policy: Theoretical Perspectives on Welfare", JSTOR. (1979) 22.

[131] Grant, H. M., "Youth Justice and Child Protection", *The British Journal of Psychiatry* (2008) 192 (1): 73.

[132] Hendrick, H.., *Child Welfare and Social Policy: An Essential Reader* (The Policy Press, 2005).

[133] Humphreys, C. and N. Stanley., *Domestic Violence and Child Protection: Directions for Good Practice* (Jessica Kingsley Pub, 2006)

[134] Lindsey, D. and A. Shlonsky, *Child Welfare Research: Advances for Practice and Policy* (Oxford University Press, 2008)

[135] Liu, X. and A. Mills, "Financing Reforms of Public Health Services in China: Lessons for Other Nations", *Social Science & Medicine* (2002) 54 (11): 1691 - 1698.

[136] Lonne, B., "Reforming Child Protection", *Taylor & Francis* (2009).

[137] Mandel, D., "Child Welfare and Domestic Violence: Tackling the Themes and Thorny Questions That Stand in the Way of Collaboration and Improvement of Child Welfare Practice", *Violence Against Women* (2010) 16 (5): 7.

[138] Mapp, S. C., *Global Child Welfare and Well-being* (Oxford University Press, 2010).

[139] Mishra, R., "The Welfare State in Capitalist Society: Policies of Retrenchment and Maintenance in Europe, North America and Australia", *Harvester Wheatsheaf.* (1990)

[140] Moccia, P., *Progress for Children: A Report Card on Child Protection* (United Nations Pubns, 2009).

[141] Noonan, K. G., C. F. Sabel, et al., "Legal Accountability in the Service Based Welfare State: Lessons from Child Welfare Reform", *Law & Social Inquiry* (2009). 34 (3): 523 - 568.

[142] Pecora, P. J., "The Child Welfare Challenge: Policy, Practice, and Research", (Aldine, 2000).

[143] Rose, R., R. Shiratori, et al., *The Welfare State East and West* (Oxford University Press, 1986).

[144] Ross, T., *Child Welfare: The Challenges of Collaboration* (Urban Inst Press, 2009).

[145] Shang, X., "Looking for a Better Way to Care for Children: Cooperation between the State and Civil Society in China", *The Social Service Review* (2002) 76 (2).

[146] Shang, X. and X. Wu., "Protecting Children under Financial Constraints: 'Foster Mother Villages' in Datong", *Journal of Social Policy* (2003) 32 (04).

[147] Shang, X., X. Wu, et al., "Welfare Provision for Vulnerable Children: The Missing Role of the State", *The China Quarterly* (2005) 181 (1).

[148] Stoltzfus, E., *Child Welfare: State Performance on Child and Family Services Reviews* (Nova Novinka, 2006).

[149] Sturt, S. M.., *Child Abuse: New Research* (Nova Science Pub Inc., 2006).

[150] Symonides, J. and Unesco, *Human Rights: Concept and Standards* (Ashgate, 2000)

[151] Titmuss, R. M. and A. Seldon, "Commitment to Welfare", *Social Policy & Administration* (1968) 2 (3).

[152] UNESCO, EFA, "Global Monitoring Report 2007: Strong foundations, Early Childhood Care and Education", http://www.unesco.org/en/efareport/reports/2007-early-childhood/, date: 25/6/2010.

[153] UNESCO, EFA, "Global Monitoring Report 2010: Education for All-Global Monitoring Report: Reaching the Marginalized", http://www.unesco.org/en/efareport/reports/2010-marginalization/, date: 25/6/2010.

[154] Wilensky, H. L., *The Welfare State and Equality: Structural and Ideological Roots of Public Expenditures* (University of California Press, 1974).

[155] Wilensky, H. L., *The "New Corporatism", Centralization, and the Welfare State*, (Sage Publications, 1976).

[156] Wilensky, H. L. and C. N. Lebeaux, *Industrial Society and Social Welfare* (Free Press, 1965).

[157] Wong, L., *Marginalization and Social Welfare in China* (Psychology Press, 1998).

[158] Wulczyn, F., *Beyond Common Sense: Child Welfare, Child Well-being, and the Evidence for Policy Reform* (Aldine De Gruyter, 2005).

[159] Shang X, "Moving towards a Multi-level and Multi-pillar System: Changes in Institutional Care in Two Chinese Cities", *Journal of Social Policy* (2001) 30 (02).

第二部分

预算篇

第二章　中国儿童预算分析：一个基于儿童福利的概念框架

王小林　王素霞　尚晓援

一　引言

《中国儿童发展纲要（2001～2010年）》（简称《纲要》）已经完成其历史使命，目前国务院有关部门正在制定新的儿童发展十年纲要。中国是联合国《儿童权利公约》的缔约国，为了充分履行公约，促进儿童全面健康发展，十年前中国政府制定并颁布了新中国成立以来的第一个儿童发展纲要。《纲要》实施以来，中国儿童发展在多方面取得显著成就。目前，有关部门正在着手研究制定《儿童福利条例》（简称《条约》）。可以预见，新《纲要》和《条例》将对推动中国儿童福利制度改革和儿童发展起到里程碑式的作用。本书试图提出一个基于儿童福利的儿童预算框架，为政府制定更加科学合理的儿童福利政策提供理论支持。

二　福利概念及多维度儿童福利概念框架的发展

人类对于发展以及福利的认识有了实质性进展。Sen A. K.（阿玛蒂亚·森）认为，个人的福利是以能力为保障的，而贫困的原因就是能力的匮乏。能力是由一系列功能构成的，包括免于饥饿的功能、免于疾病的功能、接受教育的功能等。这些功能的丧失不仅是贫困产生的原因，它们本身也是贫困的表现。这些功能不但具有消除贫困的工具性价值，而且它本身就代表了一种人类福利。作为一个社会人，应该具备的基本功能包括获得足够的营养、基本的医疗条件、基本的住房条件、一定的受教育机会等（Sen，1983）。因此，Sen 提出人类的福利应该通过直接观察人的能力，即人们能做什么或做成什么进行衡量，这些构成发展的结果。出于这样的理念，1990 年的《人类发展报告》开始从一个全新的视角来思考“发展”。《人类发展报告》设计了一个人类发展指数（HDI），替代单纯用人均 GDP 或贫困线这样的货币标准来衡量发展和贫困。《人类发展报告》将人类发展定义为一个“扩展人类选择权”的过程：强调人类享有健康的自由、受教育的自由、能过上体面生活的自由，但是它也阐明了人类发展和人类福利远远超出了这些维度，涵盖了更为广泛的能力范畴，包括政治自由、人权，以及亚当·斯密所说的“与人相处而不感到羞愧的能力”。

从可行能力视角所定义的能力贫困是人类对福利认识的一个飞跃。因此，2010 年第 20 个《人类发展报告》再次重申人类发展和能力的内涵：人类发展是扩大人类自由的过程。人享有长寿、健康、过体面生活的自由，享有实现他们有理由珍视的目标的自由，和在共享的地球上积极参与营造公平、可持续发展的自由。不论是个人还是群体，均是人类发展的受益者，也是人类发展的驱动者。

基于这样的人类发展理论框架，儿童福利的分析方法也随之拓展到多维分析框架。Lau，Maggie 和 J. Bradshaw（2010）构建了一个儿童福利的多维分析概念框架，它包括 6 个维度 46 个指标。6 个维度为物质条件、健康、教育、主观福利、生活环境以及风险和安全。利用这一分析框架，对包括中国在内的 13 个国家和地区的儿童福利进行了测算与比较。此外，OECD（2009）也开发了一个多维儿童福利框架（multidimensional child well-being framework），包括物质福利、住房和环境、教育、健康、风险行为和学校生活质量 6 个维度。按照这个分析框架对 30 个 OECD 国家的儿童福利进行了比较（见附表 1）。相对于 OECD 国家，

利在量化评估上，无论是制度层面还是在操作指标方面，

前期研究阶段。特别是不少国家已经开始评估儿童的主观

福利与客观福利结合起来分析儿童的福利状况，我国在这

不足。

三　基于儿童福利的儿童预算概念框架

（一）概念框架

儿童福利指标体系的开发，有助于我们了解政府对于儿童的支出有多少，并评估政府是否在正确的时间给予儿童必要的预算支出。儿童预算旨在分析和检验一个国家或地区在一个预算周期内，用于儿童服务的各类公共支出的总量和结构。也就是分析和检验政府公共资源的配置是否是儿童优先的，是否是有利于儿童的，是否是儿童友好的。这是因为，在社会上儿童往往是没有声音的（voiceless）和脆弱的（vulnerable），儿童需要预算支持。因此，本书的儿童预算实质上是指儿童敏感预算或者儿童响应预算（child responsive budget）。它强调的是，儿童预算是一种基于儿童发展视角的公共预算的分析工具。儿童预算旨在检查政府预算支出是否有利于儿童的发展，为消除儿童歧视，促进儿童公平发展提供政策依据。

在一个国家或者地区进行儿童预算分析，首要的是建立一个分析框架。这个分析框架应基于以下基本逻辑：儿童预算是政府提供儿童服务的公共支出，政府提供儿童公共服务的多少取决于其儿童福利制度，而儿童福利制度的基础是《儿童权利公约》。那么，一个理想的儿童预算目标是为一国或者一个地区切实履行《儿童权利公约》，建立儿童福利制度，提供儿童公共服务，提供充足的公共预算分配（见图 2－1）。

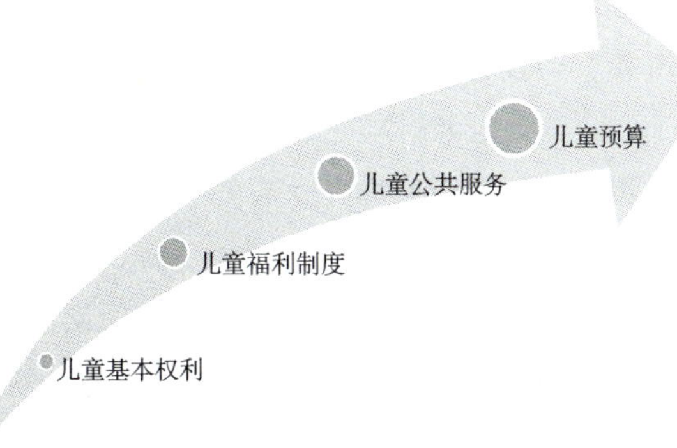

图 2－1　儿童预算分析框架

因此，本书用图 2 - 1 描述儿童预算分析的基本逻辑框架。事实上，OECD 的 6 类儿童福利指标也可以说是基于《儿童权利公约》的框架。权利是个比较抽象的概念，我们不妨向上定义一层，即基于儿童福利的框架。联合国《儿童权利公约》定义了儿童享有的十几种权利，公约本身就是一个多维度的框架。前文分析的福利概念的拓展以及已有的儿童福利指标体系都是多维度的。儿童预算就是要根据儿童福利的多维性，针对各种儿童服务对预算进行分析和评估。有了基于儿童分类的预算数据，就可以进行儿童福利的预算支出分析。可见，要进行比较具体的儿童预算分析，需要有明确的儿童福利服务，需要按照儿童和各类服务分类的准确预算数据作为支撑。

（二）国际经验：圣地亚哥县案例

美国是较早开展儿童预算的国家之一，而圣地亚哥县（the county of San Diego）是美国儿童预算案例的典型。因此，我们以该县为案例对美国的儿童预算进行分析。

圣地亚哥县位于美国加州西南角，2000 年该县的人口为 281.4 万人，2008 年增长到 300.1 万人。在圣地亚哥儿童行动（the San Diego Children Initiative）开发的儿童预算项目支持下，2001 ~ 2002 财政年度公布了儿童预算报告。这是第一个综合的、跨部门的对于儿童及其家庭的预算分析报告。圣地亚哥具有优秀的财政管理绩效，并且努力改善儿童的服务，投资未来。圣地亚哥的儿童预算包括：①提供儿童预算支出的明细数据和分析，以便决策者为儿童和家庭服务筹资服务；②识别还没有利用的预防性投资机会；③加强公私伙伴关系，特别是筹资伙伴；④通过资金的捆绑提高服务的协调性和效率；⑤通知政策制定者制定更加可持续的儿童福利政策。

儿童预算报告用于向地方政府和公众告知关于满足儿童和青年需要的公共支出使用的数量和结构，便于政府清楚地了解税收的分配，识别尚未满足的需要，削减多余的支出，增加提高未来回报的支出。儿童预算也可让社区伙伴，包括商业部门和非营利服务部门准确理解他们应该如何为儿童和家庭提供公共预算服务。此外，儿童预算也有利于开展公共支出的绩效评估和问责。

2001 年，圣地亚哥有儿童 72.4 万人，公共服务是保证这些儿童健康成长的基础。圣地亚哥力求在儿童、青年及其家庭的照料方面取得优异的绩效。圣地亚哥儿童预算包括 4 类 8 项（见表 2-1）。

表 2-1　圣地亚哥儿童预算（2001～2002 财政年度）

项　　目	预算（百万美元）	比例（%）
经济安全		
1. 就业、收入和其他家庭支持	335.9	35.5
2. 普遍健康和医疗服务	54.0	5.7
3. 精神健康	106.8	11.3
4. 滥用毒品预防和治疗	6.8	0.7
童年和少年发展		
5. 童年发展	116.2	12.3
6. 少年发展	5.3	0.6
社区安全		
7. 儿童保护	187.8	19.8
8. 有风险的青少年司法	93.0	9.8
佣金专项	41.6	4.4
合　　计	947.4	100.0

资料来源：《圣地亚哥儿童预算》，2003。

从表 2-1 可以看出，2001～2002 财政年度，圣地亚哥的儿童（72.4 万人）预算为 9.474 亿美元，儿童人均预算 1308.6 美元。其中经济安全（就业、收入和家庭支持）所占比例最高，达 35.5%；其次是儿童保护，占 19.8%；童年发展，占 12.3%；精神健康占 11.3%。2001～2002 财政年度，圣地亚哥儿童预算占全县财政预算的 1/4。也就是说，县级预算的 1/4 是投资于儿童的。

儿童保护是一个比较抽象的概念，我们进一步细分圣地亚哥的儿童保护预算，以便更加清楚地了解情况。表 2-2 表明，圣地亚哥的儿童保护支出主要用于儿童福利服务、寄养、收养以及临时避难和照料四个方面。

表2－2 圣地亚哥儿童保护预算（2001～2002财政年度）

项　　目	预算支出（百万美元）	比例（%）
预防、早期干预和家庭保护	6.4	3.4
家庭保护项目	0.4	
儿童虐待干预和治疗	1.3	
儿童保护服务承包	4.7	
儿童福利服务	74.5	39.7
热线	4.2	
杂项	1.8	
专门项目	2.1	
永久安置计划	3.6	
儿童福利服务运行和管理	62.7	
抚养法庭	4.8	2.6
寄养	50.3	26.8
寄养调查	1.2	
寄养资格和援助支付	46.5	
寄养许可证和招募	2.6	
收养	29.0	15.4
收养服务	7.2	
收养帮助项目（AAP）	21.8	
临时避难和照料	22.8	12.1
临时照料和支持	1.8	
Polinsky 儿童中心	21.0	
合　　计	187.8	100.0

资料来源：《圣地亚哥儿童预算》，2003。

圣地亚哥对于儿童保护的每一个项目都有明确的定义和描述（见表2－3）。

表 2-3　圣地亚哥儿童保护职能描述

项　　目	描　　述
预防、早期干预和家庭保护	
家庭保护项目 儿童虐待干预和治疗 儿童保护服务承包	通过家庭调解和干预促进家庭团聚 调查需要保护的儿童环境 通过合同给家庭和儿童提供咨询和治疗服务
儿童福利服务	
热线 地区专门项目	接受公众对可疑的儿童虐待和忽视的举报 处理儿童保护问题的其他家庭支持
儿童保护服务	
	调查可能需要保护的儿童的环境
法庭活动	
收养法庭	对儿童保护服务的转移和安置采取行动和作出决策
寄养照料	
专门机构寄养照料 长期寄养照料	对需要给予照料和不能安全地居住在正常寄养家庭的儿童提供专门寄养家庭机构或者得到许可的家庭 给不能留在家里或者不可能回归亲生父母或者被收养的儿童提供可替代的持久家庭寄养
收养	
收养服务	为儿童、亲生父母或收养申请家庭提供收养咨询和其他收养服务
临时避难和照料	
Polinsky 儿童中心	给不能待在家里的有风险的儿童提供 24 小时紧急避难

资料来源：《圣地亚哥儿童预算》，2003。

通过上述对圣地亚哥儿童预算的案例分析，我们可以得到以下几点启示。

（1）县级政府具有强烈的投资未来、提高儿童福利的意愿。

（2）给儿童提供的服务有明确的分类和定义。

（3）让社会（包括企业、非政府组织、家庭和个人）对政府预算支出有十分清楚的认识，有助于社会监督。

（4）清楚定义的儿童福利项目和描述，以及明细的支出有利于进行结果导向的政府绩效考核。

四　中国儿童福利及儿童预算分析

要对中国儿童福利作出基本判断，我们需要有一组指标来衡量。在中国，尽管由于儿童数据的缺失，我们很难选择到一组比较满意的指标来全面衡量儿童福利的进展，但是一些关键指标仍然可以让我们作出最基本的判断。围绕联合国《儿童权利公约》强调的几个基本权利：生存权、受保护权、发展权，我们选择若干可以获得数据的基本维度来对改革开放以来中国儿童福利及相应的预算给出一个基本判断。

生存权。每个儿童都有其固有的生命权和健康权。包括有权接受可达到的最高标准的医疗保健服务。按照世界银行“每天消费少于 1.08 美元”（1993 年购买力平价美元）的贫困标准，中国 1981 年农村贫困人口为 6.52 亿人，贫困发生率为 65.2%；2004 年农村贫困人口减少到 1.35 亿人，贫困发生率相应下降到 10%。也就是说，1981～2004 年，中国成功地将 5.17 亿农村人口脱贫。在中国，1981 年和 2004 年 0～14 岁儿童占总人口的比例，按照第三次人口普查（1982 年）和第五次人口普查（2000 年）数，分别为 33.59% 和 22.89%，假定儿童与成人的贫困发生率一样，由此推断，1981 年中国贫困儿童约 2.19 亿，2004 年贫困儿童约 3090 万人，农村贫困儿童减少 1.88 亿。这无疑是人类历史上儿童福利改善的典范。

图 2－2 表明，中国 5 岁以下儿童死亡率从 1980 年的 59‰，下降到 2008 年的 20.5‰。与东亚、太平洋国家和中低收入国家相比有显著进步。

受保护权。儿童受保护权包括保护儿童免受歧视、剥削、酷刑、虐待或疏忽照料，以及对失去家庭的儿童和难民儿童的基本保证。由于受到数据限制，本书选择集中收养儿童和最低生活保障儿童两项指标来说明当前儿童受保护情况。2009 年，全国集中收养儿童 11.50 万人，估计财政支出 8.28 亿元；最低生活保障儿童覆盖数估计为 1350.06 万人，全国预算估计为 165.79 亿元（见表 2－4）。

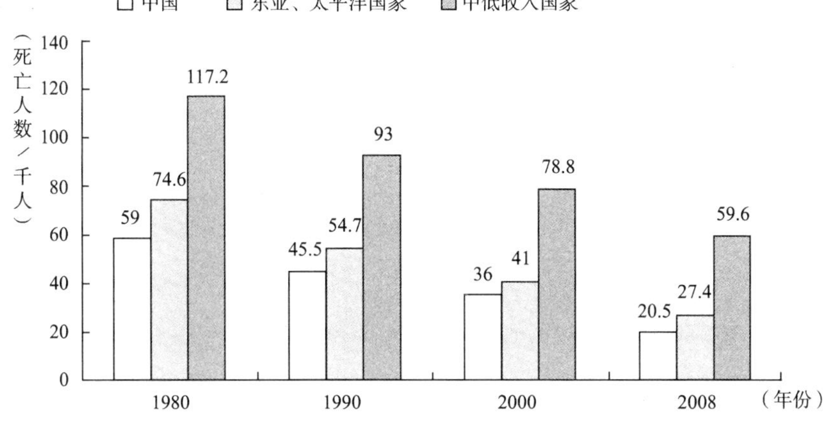

图 2－2　中国 5 岁以下儿童死亡率

资料来源：World Development Indicators, World Bank database。

表 2－4　2009 年我国受保护儿童人数及财政预算估计

保护项目	人数（万人）	预算估计（亿元）	说　　明
集中收养儿童	11.50	8.28	因尚无集中收养经费标准，按照人均 600 元/月估计
最低生活保障儿童	1350.06	165.78	
城市	445.66	91.98	按照全国平均 172 元/月保障标准估计
农村	904.40	73.80	按照全国平均 68 元/月保障标准估计
合　　计	1361.56	174.06	

注：各类儿童数据根据《中国民政事业统计公报》中的保障人口数据，按照 19% 的儿童比例推算。

此外，公益福利彩票的一部分资金用于儿童保护支出。表 2－5 概括了 2009 年公益福利彩票用于儿童保护支出的情况。

发展权。充分发展其全部体能和智能的权利。儿童有权接受正规和非正规的教育，以及有权享有促进其身体、心理、精神、道德和社会发展的生活条件。本书选择教育和健康两类指标来反映中国儿童发展权的进步情况。

表 2－5　民政部 2009 年公益福利彩票用于儿童支出情况

名　称	支出金额（亿元）	说　　明
蓝天计划	1.0	实现全国地级以上城市拥有独立儿童福利机构或在当地社会福利机构中设有相对独立的儿童部的目标
流浪未成年人救助保护设施建设	0.495	新建和改扩建 280 个左右的地级以上城市、80 个左右的县的流浪未成年人救助保护设施
孤残儿童特殊教育	0.315	为儿童福利机构提供开展特殊教育工作所需的设施设备、培训以及为孤残儿童提供特殊教育服务
明天计划暨脑瘫康复训练项目	0.138	为全国各地福利机构中具有手术适应证的残疾孤儿实施手术矫治和康复
艾滋孤儿救助安置	0.1	资助艾滋病致孤儿童集中分布的山西、安徽、河南、新疆等 9 个省区，帮助艾滋病致孤儿童改善生活、教育条件
合　　计	2.048	

注：根据民政部第 165 号公告《2009 年度彩票公益金使用情况》整理。

教育。1980～2008 年，中国儿童的受教育情况发生了显著变化（见图 2－3），尽管在 20 世纪 90 年代中期，受到教育财政体制的影响，中国教育财政支出占 GDP 的比例从 1990 年的 2.5% 下降到 1997 年的 2.3%，但 2001 年之后开始实施“以县为主”的教育财政体制，随后中央财政陆续出台“两免一补”等一系列促进农村义务教育发展的财政政策，到 2008 年，以入

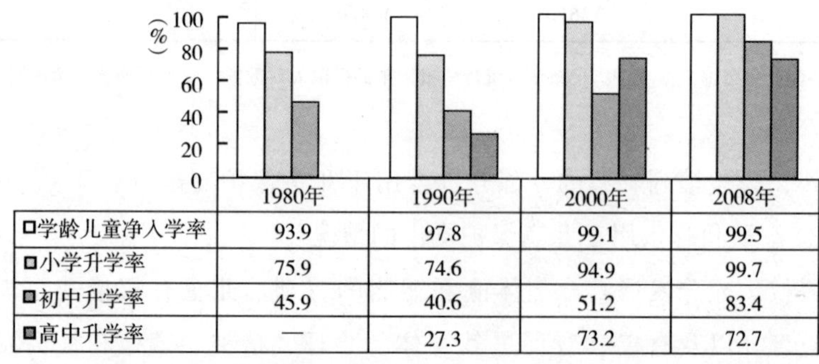

	1980年	1990年	2000年	2008年
□学龄儿童净入学率	93.9	97.8	99.1	99.5
□小学升学率	75.9	74.6	94.9	99.7
■初中升学率	45.9	40.6	51.2	83.4
■高中升学率	—	27.3	73.2	72.7

图 2－3　中国儿童受教育情况（1980～2008 年）

资料来源：World Development Indicators，World Bank database。

学率为标志的儿童教育指标从学龄儿童到高中都有明显改善[①]。从目前教育面临的主要问题来看，已经基本实现了儿童基础教育权利的基本保障，我国面临的关键问题是教育公平问题。

健康。从12~23月龄儿童接种白百破（白喉、百日咳、破伤风混合疫苗，DPT）疫苗和麻疹疫苗的比率来看，1990~2008年，中国儿童计划免疫接种经历了一个U形曲线发展趋势（见图2-4）。与教育的情况一致，在20世纪90年代中期，计划免疫接种比例达到低谷。这主要是计划经济时期的农村公共卫生筹资体制到这一阶段全面解体，新的筹资体制尚未建立起来。经历了2003年SARS的风险打击，政府与社会对公共卫生的重要性有了全新的认识。2006年以来，随着医疗卫生体制改革的不断深化，公共卫生筹资力度不断加强，儿童计划免疫的比率重新回升到94%以上。

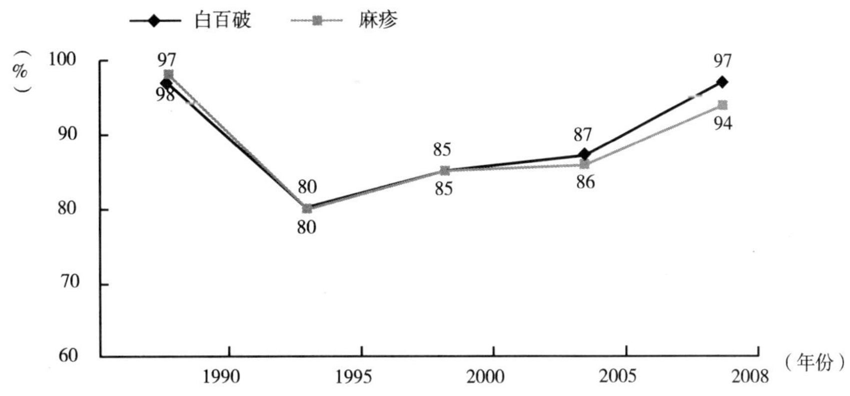

图2-4　中国儿童计划免疫接种比例（1990~2008年）

资料来源：World Development Indicators, World Bank database。

参与权。参与权是参与家庭、文化和社会生活的权利。儿童有参与社会生活的权利，有权对影响他们的一切事项发表自己的意见（表达权）。家庭与学校是儿童参与的主要场所。儿童的参与权主要体现在家庭、学校和社会活动的参与方面。近几年，有一些儿童家庭调查，对儿童的参与权进

① 关于中国儿童教育预算制度以及预算支出的分析，详见王小林、梅鸿：《中国预算体制与儿童教育卫生服务筹资》，联合国儿童基金会、国务院妇女儿童工作委员会。

行了初步研究。涉及的问题包括儿童在家庭决策中的参与、对交朋友的决定权利、是否参与班干部的竞选、是否参加兴趣小组、是否参加学校组织的文艺活动和公益活动，以及对中考、高考的志愿等方面。但是关于儿童参与权的财政预算仍很难从现有的儿童福利预算中估算出来，我们基本没有关于儿童参与权方面的预算科目。通过以“儿童参与权”为关键词对中国知网数据库进行检索，只有中国政法大学贺颖清于2006年在《政法论坛》（中国政法大学学报）上发表的一篇题为《中国儿童参与权状况及其法律保障》的论文。可见，在学术研究方面也基本处于初级阶段。

五　总结与建议

（一）主要结论

（1）儿童预算是一种基于儿童发展视角的公共预算分析工具。儿童预算旨在检查政府预算支出是否有利于儿童的发展。它为消除儿童歧视，促进儿童公平发展提供政策依据。

（2）儿童预算是实现儿童权利、衡量儿童福利的财政支出结果。儿童预算的概念框架基于人类对于儿童福利多维视角的认识，以多维福利为基础，以具体的儿童服务来体现的政府支出。

（3）OECD国家已经建立并颁布了一个基于多维福利框架的儿童预算指标体系，并且可以进行跨国家比较。美国的圣地亚哥县投资于儿童的公共支出政策和具体的儿童预算方法值得借鉴。

（4）我国在消除儿童贫困、提高基础计划免疫、普及义务教育等方面取得了明显进步。过去主要关注孤残儿童的保护，但仍缺乏一个普遍的儿童福利制度。对于儿童福利的指标体系、儿童参与权、儿童预算等方面的研究尚处于初始阶段。

（二）政策建议

（1）建立具有专业分工的儿童福利研究队伍，加快中国儿童福利研究与国际接轨的步伐。

（2）尽快出台《儿童福利条例》，并制定相应的操作细则，特别是要明确规定儿童福利的具体内容和筹资责任。

（3）建立具有普遍服务、多维度的儿童福利评估指标体系，并将具体的指标落实到财政预算上。

（4）选择一些儿童福利示范项目，在地方政府有积极性、财政管理能力比较强的县级地区开展儿童预算试点，探索相应的制度建设和分析方法。

附表 1　OECD 30 个国家儿童福利政策比较

国　家	物质福利	住房和环境	教育	健康	风险行为	学校生活质　量
澳大利亚	15	2	6	15	17	n. a.
奥地利	5	9	18	27	27	11
比利时	11	11	20	26	13	19
加拿大	14	n. a.	3	22	10	16
捷　克	18	24	19	5	23	17
丹　麦	2	6	7	4	21	8
芬　兰	4	7	1	6	26	18
法　国	10	10	23	19	12	22
德　国	16	18	15	9	18	9
希　腊	26	19	27	23	7	24
匈牙利	20	21	12	11	25	7
冰　岛	8	4	14	2	8	1
爱尔兰	17	5	5	25	19	10
意大利	19	23	28	17	11	20
日　本	22	16	11	13	2	n. a.
韩　国	13	n. a.	2	10	2	n. a.
卢森堡	3	8	17	7	14	23
墨西哥	29	26	29	28	30	n. a.
荷　兰	9	17	4	8	9	3
新西兰	21	14	13	29	24	n. a.
挪　威	1	1	16	16	4	2
波　兰	28	22	8	14	20	15
葡萄牙	25	20	26	18	6	21
斯洛伐克	27	25	24	1	22	25
西班牙	24	13	21	12	16	6

续表

国　　家	物质福利	住房和环境	教育	健康	风险行为	学校生活质量
瑞　　典	6	3	9	3	1	5
瑞　　士	7	n. a.	10	21	5	13
土 耳 其	30	n. a.	30	30	29	12
英国 ingdom	12	15	22	20	28	4
美　　国	23	12	25	24	15	14

Note: To create the table, each indicator was converted into a standardised distribution. Then a within-dimension average was taken. This within-dimension standardised average was then used to rank countries in each dimension. Using standardised figures each country with half a standard deviation higher than the OECD average is coloured blue on that dimension, whilst countries in dark grey are at least a half standard deviation lower. n. a. : no country data.

资料来源：www. OECD. org/els/social/childwellbeing。

参考文献

[1] 王小林、梅鸿：《中国预算体制与儿童教育卫生服务筹资》，联合国儿童基金会、国务院妇女儿童工作委员会，2006。

[2] 贺颖清：《中国儿童参与权状况及其法律保障》，《政法论坛》（中国政法大学学报）2006 年第 24（1）期。

[3] Sen, A. K. , "Development: Which Way Now?", *The Economic Journal*, (1983) 93 (372).

[4] Sen, A. K. , *Inequality Re-Examined* (Oxford: Clarendon Press, 1992).

[5] Sen, A. K. , *Development as Freedom* (Oxford University Press, 1999).

[6] UNDP, *Human Development Report* (New York: Oxford University Press, 1990).

[7] UNDP, *Human Development Report* (New Youk: Oxford University Press, 2010)

[8] Lau, Maggie and J. Bradshaw, "Child Well-being in the Pacific Rim", *Child Ind Res* (2010) 3.

[9] OECD (2009), "Doing Better for Children" .

[10] Johnson, Kay A. and Sandra L. McBrayer, "San Diego Children's Budget: Financial Data to Improve Future Returns", 2003.

[11] Saith, Ashwani and Rekha Wazir, "Towards Conceptualizing Child Wellbeing in India", 2010.

[12] "The Need for a Paradigm Shift", *Child Ind Res*, 3.

第三章　夏县农村儿童抚育成本研究

李振刚

一　前言

据估计，中国贫困儿童不低于710万（张时飞、唐均，2009）。如何帮助这些孩子及其家庭摆脱贫困，即能够生活在贫困线以上，一个基本的前提就是要对儿童及其家庭的最低生活成本有一个比较科学的测量。

本报告所研究的是夏县农村地区儿童抚育成本问题，它试图回答的问题是：需要什么样的收入水平才能将儿童及其家庭的生活水平维持在可接受的最低标准上。现在，我们国家尚没有这样一个标准。虽然我们有国定贫困线，但它是一个赤贫线，在实际应用上将导致很多人，特别是儿童被排除在贫困群体之外。这在一定程度上影响了减少儿童贫困的战略规划。从国际来看，20世纪50年代开始对贫困的理解进行了新的扩展，贫困不再是基于最低的生理需求，而是基于社会的比较，即相对贫困（杨立雄、谢丹丹，2007）。因此，本研究试图在儿童生活成本及贫困标准相关的理论和方法上有所突破。

生活成本是社会福利和贫困研究领域中经常研究的主题，研究生活成本最常用的方法是以下三种。

（1）相对收入法。最常用的方法是将中等收入的60%作为贫困线（即最低生活成本），这种方法的优点是简单易行，缺点是不以人们的生活需要为出发点。

（2）支出法。将生活消费支出作为制定贫困线或者低保线的基本参照。比较典型的是统计局的住户调查。这种方法的优点是比较有代表性，覆盖面广，不足之处是需要耗费大量的人力物力，非官方部门一般难以操作。

（3）预算标准法。通过计算为了达到一个可以接受的生活水平所需的收入来定义可以接受的最低收入标准。一般来讲，预算标准法是基于一系列商品和服务的清单来计算生活成本。这种方法在国际上有广泛的应用。许多欧洲国家，都有官方认可的为了达到适度生活水平所需的收入标准，把它作为社会保障政策的参考。

预算标准方法的主要优点是以需要为出发点，简单明了，研究成本较低。

预算标准法的基本思想可以通过以下几个问题来体现。

（1）家庭和孩子在不同阶段的需求是什么。

（2）什么类型的商品和服务能够满足他们的基本需求。

（3）购买这些物品及社会服务的成本是多少。

（4）什么样的收入水平能够满足这样的消费需求。

本研究将采用预算标准法来研究儿童及其家庭的生活成本，关于预算标准法的进一步介绍见第二部分（预算标准法的基本原理）。

任何生活成本的研究，首先要定义生活水平，即要说明所研究的是最低生活、中等生活还是富裕生活水平下的生活成本。

本研究所定义的生活水平是可接受的最低生活水平（acceptable minimal standard of living），它是指在农村社会中，在节俭和仔细利用各种资源的条件下，能够满足普通人对营养和健康的正常需求，能够以被社会认可的方式参与各种社会活动。这样的生活水平意味着能够被多数人所接受，它不同于现存的贫困线和低保线，又低于富裕的生活水平，接近平均生活水平。

之所以定义这样一个生活水平，是与我们国家所追求的福利目标相一致的。温家宝总理在政府工作报告中讲，我们所做的一切就是让人民的生活更有尊严，让人民过上体面的生活。什么样的生活是有尊严的生活或体面的生活，不同的人有不同的理解，很难具体定义。但是，从另外一个角度，什么样的生活是最低的生活标准，低于这样的标准就不被社会所认可和接受，这样的标准相对容易确定。

本研究的结果可以作为一个标尺，目前执行的社会救助政策或有关项目与这个标尺进行一个比较，评估其是否满足救助对象的基本需求，如最低生活保障政策、孤儿救助政策和其他非政府组织开展的各种救助项目。

二　预算标准法的基本原理

预算标准法的起源可以追溯到20世纪初，它由英国的Seebohm Rowntree在研究约克郡的贫困问题中首创。“当时，他计算出起码维生的营养成分，然后转为所需的食物成分，再计算出在市场购买这些食物的价钱。总支出便是贫困线。”（莫泰基，1999）这种方法通常又被翻译为市场菜篮法。

使用预算标准法来研究生活成本，在许多国家得到了应用，如美国、加拿大、英国、挪威、澳大利亚等国家。

（一）什么是预算标准法

预算标准（budget standard）从字面意思来看，就是关于安排收入或支出的参考计划。

Saunders（1999）教授给预算标准下了比较准确的定义。预算标准是指为了达到一定的生活水平，生活在特定时间、地点的特定类型的家庭所需商品和服务的总成本。这一定义告诉我们，预算标准法不仅可以用来测算贫困线，还可以用来制定任何与生活水平相关的预算。此外，它还强调是为了满足在特定时间、地点的特定家庭类型的特定需求，体现了预算标准法的基本出发点。

（二）定义生活水平

虽然预算标准法产生于贫困研究，并用来制定贫困线，但是它有更广泛的应用，它可以用来研究任何生活水平下的生活成本。因此，定义生活水平是应用预算标准法研究生活成本的第一步。所定义的生活水平也是该项研究的核心概念，它往往体现了研究者（政府、研究机构）所追求的福利目标。我们以澳大利亚、挪威、英国相关研究中定义的生活水平为例。

1. 适度生活水平（ Modest but adequent standard，Australia）是指“享有充分参与当代澳大利亚社会的机会，并具有基本的自由和选择权。它代表了澳大利亚全社会的中等生活水平”。

2. 合理的消费水平（A reasonable level of consumption，Norway），所谓合理的消费水平意味着能够被多数人接受，能够满足普通人对营养和健康的正常需求，能够使家庭成员以满意的方式参与多数一般的休闲娱乐活动。

3. 可接受的最低收入（Acceptable minimum income standard，Britain），该标准不仅仅包括衣、食、住的成本，它代表的还有能够有机会参与社会并有任意选择自己生活方式的最低收入。

（三）如何确定预算中包括的商品和服务

简单地说，预算标准是指能够代表一定的生活水平的特定商品和服务的总价值。然而如何来确定哪些商品和服务应该包括在预算中，又如何来给这些商品和服务定价呢？主要有专家法和焦点群体法。

从严格意义上讲，在制定预算标准的过程中，使用的是所谓的专家法（expert approach）。由不同消费领域的专家来选择预算中应该包括哪些物品，并确定物品的质量、数量和使用寿命，以及给物品标价。但是，这并不意味着完全依靠专家的主观意见来确定预算中的内容。专家在选择商品和服务时必须要有明确的标准。经常用到的标准有行为标准和规范标准。

行为标准是关于人们日常消费行为的统计研究资料。在制定预算时，有时会根据消费者对于某类消费品的实际消费情况，按一定的比例来确定是否把这项商品放入预算中。例如，对于某个特定类型的家庭来说，某一物品在50%以上的家庭都拥有，那么就应把该物品放入该类家庭预算中。Saunders 教授（1999）的研究中，适度生活水平应用50%的原则，低成本生活水平运用75%的原则。

规范标准是指官方（或准官方）在某些消费领域推荐的一些标准。最常用到的是在制定食品预算时参考有关膳食营养指南。本研究参考了《中国居民营养膳食指南》。

焦点群体法是由代表不同家庭类型（或不同群体如儿童、老人）的人组成预算小组委员会讨论什么是最基本的需求，以及哪些商品和服务能够用来满足最基本的需求。焦点群体法的优点是，由生活在特定区域的熟悉家庭生活支出的人来为自己的同类家庭作预算，这样使得预算更符合家庭的实际情况和当地的文化习俗。同时，由群众自己参与制定的预算，更容易得到社会认可，具有更高的合法性。这也是本研究所采用的方法。

此外，可能用到的方法还包括借鉴参考已有的使用预算标准的相关研究。以英国为例，他们在制定本国的预算标准时参考了瑞士、加拿大和挪威的预算标准。还有就是研究者自己的判断，在没有专家提供咨询，也没有可供参考的统计资料时，就要研究者自己判断什么是恰当合理的。本研究主要参考了英国和挪威关于预算标准的研究框架。

总之，在制定预算标准的过程中，究竟使用哪种方法，没有定论，要根据自己的研究条件和可参考的资料而定，有时可能要同时使用几种方法。

（四）预算标准法的理论依据

根据古典的经济学理论，个人或家庭的福利是根据个人或家庭所能支配的物质资源来确定的。依据这一传统，特定社会中个人或家庭所拥有的物质财富的价值是根据该社会中人的需求来衡量的。因此，过一种体面生活所需的一定数量和质量的商品以及获得这些商品所需的收入就定义了生活水平。根据这一理论，首先有必要对消费需求进行定义，然后才能对达到这样生活水平所需的收入给出一个有意义的定义。

从社会学的角度来看，一个人（或家庭）必须拥有一些基本的物品，参加一些基本的活动，这样才能向他人表明他是被社会所接受的一员，这些基本的物品和活动被称为标准包（standard package）（Roseborough，1960）。“标准包”可以用来说明社会排斥和社会包容的过程。因为如果你没有这些基本物品，没有参加基本的活动，就不能进行正常的社会参与。

（五）预算标准法的优点

Elling Borgeraas. Ragnhild Brusdal（2008）指出，运用预算标准法来研究生活水平具有以下几个优点。

1. 它提供了一种以需求为基础的测量特定生活水平下生活成本的具体方法。

2. 它可以用来研究不同的生活水平。例如最低生活水平、贫困线、中等适度生活水平以及合理的生活水平。

3. 它可以反映国家所确定的福利目标，而且可以进行跨国比较。

4. 在研究儿童生活成本时，预算标准法把孩子的消费需求作为出发点，而不是仅仅把孩子当做家庭或成人的一小部分来看待。

此外，与收入法相比较，预算标准法中消费品构成了特定生活水平的物质内容，而收入法仅仅定义了比较抽象的收入水平；同时，收入法主要用于监测不平等和国际比较，而预算标准法为促进社会包容和社会平等的政治活动提供了更为坚实的基础。

预算标准法的缺点是需要定期更新价格和定期回顾消费的模式及发展趋势。

（六）预算标准的实际应用

用预算标准法进行生活成本的研究有着广泛的应用。例如在挪威，它可以在以下几个领域有所应用。

1. 用于政府制定儿童补助的标准。

2. 银行将其作为信用评估的工具。

3. 在儿童抚育费纠纷中，用于抚养儿童的成本的计算。

4. 地方政府在评估社会救助水平时的参考。

5. 理财教育。

6. 普通家庭作预算的参考工具。

7. 在研究贫困时可以作为衡量收入贫困的标准。

在英国，最低收入标准（使用预算标准所确定的）可以用作救济金、税收减免、寄养津贴的参考标准，还可以用于评估偿还贷款信用、最低工资等政策相关议题（Bradshaw，J.，2008）。

本研究试图利用调查结果在确定相对贫困标准和确定儿童救助标准、评估目前的儿童福利项目是否满足儿童需求等方面作一些尝试。

三　研究设计

本节主要对调查地点的选择、研究对象和研究方法与步骤进行介绍。

（一）调查地点的选择

民政部与联合国儿童基金会合作开展国际儿童福利示范社区活动，目的在于探索建立与经济发展水平基本相适应的中国儿童福利体系，建成一些综合性的示范社区，使孤儿、残疾儿童、留守儿童及各类困境乃至所有儿童在社区内得到良好的养育和保护。该活动计划在全国5个省选10个县，每个县选一个乡镇，每个乡镇选10个村作为示范社区。山西省夏县是被选中的项目县之一，夏县的胡张乡又是项目乡。我们在10个项目村中又选了胡张村作为具体的调查地点。首先，胡张村在10个村中经济发展算是中等，基本可以代表夏县农村地区的一般情况；其次，胡张村人口规模相对较大，能够找到足够多的满足条件的被访对象。

（二）研究对象及内容

本研究的重点是儿童的抚育成本。但是，儿童是家庭的一员，因此还必须研究儿童所在的家庭的生活成本。

根据联合国《儿童权利公约》关于儿童的界定，“儿童系指18岁以下的任何人”。我国《未成年人保护法》对未成年人的规定是“未成年人是指未满18周岁的公民”，我们将研究对象界定为0~17周岁。

我们研究的是抚育儿童的直接成本，是指与抚养儿童直接相关的各种支出，不包括由于怀孕和照顾孩子所放弃的休闲时间和工作机会等间接成本。

（三）研究方法

本研究在具体操作层面主要采取焦点群体访谈的方法。虽然不同年龄儿童的抚育成本会有不同，但是我们不可能将每个年龄孩子的成本都研究一遍，只能分年龄段，将儿童分组进行研究。本研究将儿童分为三组[①]。

---

① 最后研究结果将其分为四组。

1. 每组的构成情况

第一组：有一名 2 ~ 6 岁儿童的家庭，6 ~ 8 户；

第二组：有一名 7 ~ 12 岁儿童的家庭，6 ~ 8 户；

第三组：有一名 13 ~ 17 岁儿童的家庭，6 ~ 8 户。

2. 挑选被调查户的原则

（1）至少有一名符合要求的儿童，如有两名及以上儿童也没有关系，但只能参加一组。例如，家有一名 5 岁儿童和一名 10 岁儿童，要么参加第一组，要么参加第二组，只能参加其中一组。

（2）在每一组调查户中，考虑来自不同家庭经济条件的户的搭配，既有穷户，也有富户；也考虑孩子性别的搭配，既有男孩，也有女孩。

（3）一个调查户中要有一名熟悉家庭日常生活支出，并能记简单账的家庭成员参与调查的整个过程（主要是记账和讨论）。

（四）调查步骤

1. 第一阶段：预备活动

调查组工作人员入村的第一天，将所有调查户代表集中开会，说明调查的目的，发放问卷，告知如何填写问卷。问卷包括四个不同的部分。

（1）家庭成员基本情况表：主要内容涉及家庭成员姓名、性别、年龄、文化程度、婚姻状况、就业状况等基本信息。

（2）儿童及家长日常生活支出问卷：主要内容涉及儿童及其父母个人消费支出部分，包括衣着、医疗、交通、教育、个人护理等。

（3）家庭耐用消费品及日用品调查问卷：主要涉及家庭公共消费支出部分，包括居住、家具、家电、洗浴清洁用品等。

（4）家庭食品支出及用餐调查日记：由购买食品支出和家庭成员每日三餐记录两部分构成。连续记录 10 天。

在预备活动期间，调查员进行入户随访，对填写问卷过程中遇到的问题进行解答。

通过这样一些活动，一方面让家长梳理一下家庭消费支出的一些情况，为下一步焦点群体访谈做好预热；另一方面可以形成一个关于家庭和个人消费支出及食品支出的小型数据库，对焦点群体访谈结果进行补充和印证。

2. 第二阶段：焦点小组讨论

按照儿童年龄的不同，分 3 组讨论，为了达到可接受的最低生活水平所需商品和服务的清单，同时讨论商品的使用寿命和价格。讨论分 4 个部分，包括孩子、母亲、父亲在个人支出方面的成本及家庭公共支出的成本。同时，讨论男孩和女孩的差别。

调查员在组织讨论的过程中要时时提醒参与讨论的家长：我们讨论的是最低生活水平而不是所要追求的理想的生活水平。

某些领域的讨论可能采取不同的方式，如教育和食品（详见附件）。

3. 第三阶段：整理归纳

研究人员对焦点小组的讨论结果进行初步的整理和计算。同时，调查员对主要商品和服务的价格进行市场调查，以便与焦点小组讨论的价格进行相互印证。

4. 第四阶段：信息反馈

将归纳整理的初步结果，包括商品服务的种类、数量和价格，呈现在参加焦点小组的家长面前，让他们根据最低生活水平的标准来判断哪些成本是高了，哪些成本是低了。如有合理的修改意见，调查人员进行适当修改。

调查步骤的 5 个阶段见图 3 – 1。

5. 第五阶段：完成预算标准

研究人员在上述工作的基础上，最终确定预算中所包含商品和服务的种类、数量、使用寿命、价格，根据年龄段和性别的不同计算个人消费支出，根据人口规模不同计算家庭公共消费支出。根据研究需要，组合不同类型家庭的预算标准，即生活成本。

调查步骤的 5 个阶段见图 3 – 1。

（五）辅助调查

在实际调查过程中，我们做了 2 项辅助调查。为了区别 4 ~ 6 岁儿童与2 ~ 3 岁儿童的成本差异，我们在幼儿园进行了实地观察，并访问了幼儿园的老师；同时，为了进一步了解小学生和中学生在教育方面及娱乐方面的支出，我们调查了在当地参加暑期辅导班的部分中小学生。

家庭成员基本情况表
儿童及家长日常生活支出
家庭耐用消费品及日用品
家庭食品支出及用餐调查日记
第一阶段：预备活动
完成有关问卷及表格
商品和服务的种类
使用寿命
购买价格
第二阶段：焦点小组（3组）
讨论儿童及家长个人消费
支出及家庭公共消费支出
总结讨论结果
市场价格调查
第三阶段：总结归纳
研究人员对焦点小组讨
论结果进行整理计算
第四阶段：焦点小组（3组）
对研究结果进行反馈
第五阶段：最终确定不同
类型家庭及儿童预算标准

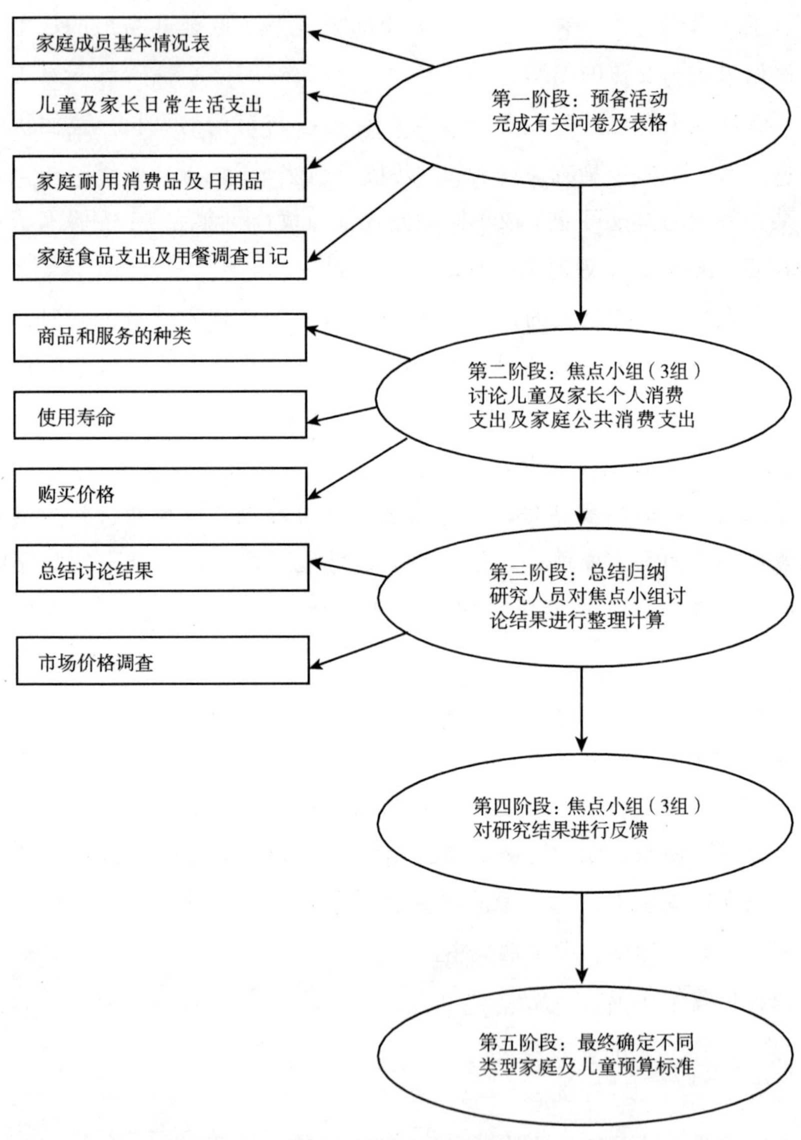

图 3－1　调查步骤

四　预算标准所涉及的消费领域

在任何一个社会中，一个人需要一些基本的商品和参与一些基本的活动，才能表明他是被社会所接受的一员；同样，一个家庭要有一些基本的物品，以表明这个家庭及其成员是被社会所认可和接受的。

此部分我们论述如何根据个人和家庭的需要来制定预算标准，以及它所涉及的消费领域和具体包括的商品类别，同时说明在制定不同领域的预算成本时所使用的一些判断和假设。

我们把预算涉及的消费领域大致分为两类，一类是个人消费成本（individual specific），即由家庭中某个特定的人完全消费的物品，该类支出根据年龄和性别的不同而有所变化，如食品、衣着。另一类是家庭共同消费成本（household specific），由家庭成员等比例或者不等比例地消费，很难准确地确定某个家庭成员消费量的物品，该类支出根据家庭人口数的不同而不同，如电费、家具、家电等。

（一）个人消费支出领域

1. 食品

食品支出实际也分为两部分，一部分是比较容易确定的个人消费量食品，主要是主食；另一部分是家庭成员共同消费，不太容易确定个人消费量的食品，主要是菜。对于这两部分成本的计算采取了不同的方法，最后算出不同年龄和不同性别的人在食品方面的支出。

首先，在主食方面。由于当地一日三餐主食种类变化不大，我们通过焦点群体访谈，得出不同年龄段、不同性别的人对于不同种类主食的每日消费量，进而计算出成本。

其次，鸡蛋、植物油和食盐参考了《中国居民营养膳食指南》的推荐摄入量；奶粉和牛奶的摄入量也参考了该指南。

再次，关于菜，包括做菜用的蔬菜、肉和调料。我们假设了一个理想家庭——一对夫妇和 2 个孩子（4 岁男孩和 10 岁男孩）。焦点小组讨论了该家庭 6 天的菜谱、原材料的用量、调味品的用量、吃猪肉的频率、消费量。

然后，计算出该类家庭每月的消费支出。同时，参照《中国居民膳食营养素参考摄入量》中关于不同性别、不同年龄段能量需求的参考值，以成年男子能量需求为参照值，计算其他不同年龄段和性别的相关系数，进而确定不同人群在这几类食品方面的消费成本。

最后，将上述几方面加总，得到不同年龄、不同性别的人在食品方面的成本（详见附件）。

在制定食品预算时，既要符合当地的饮食习惯，又要符合健康营养标准。我们在计算食品成本时主要依据日常饮食行为习惯。虽然有《中国居民膳食营养素参考摄入量》作为参考，但是如何将推荐摄入量与实际行为结合，没有可操作性。当然，如果有营养学方面的专家参与，结果可能会更好。

此外，食品预算中没有包括烟、酒，因为这些都不是健康饮食所必需的。

我们在计算食品预算成本时，假设家庭成员都在家里用餐，食品都在家里烹制。

2. 衣着

调研地点四季分明，春秋穿的衣服基本一样，夏天、冬天穿的衣服比较不同，不同年龄和性别在衣着方面有所差别。

夏装，主要是T恤衫和短裤、凉鞋，女性还会穿裙子；春秋季节，一般穿秋衣、秋裤、外套和长裤，穿布鞋或者皮鞋；冬装，主要是棉外套、毛衣、毛裤，现在还流行穿保暖衣，穿棉鞋。

当然，根据年龄和性别的不同，衣着又有所不同。

3. 个人护理

该项包括最基本的个人护理的成本，如洗澡、理发、化妆品、牙膏、牙刷。

当地农民天气暖和时在家里洗澡，尤其是夏季，一般每家都建有一个微型的浴室，装有简易淋浴器和暖水袋，靠太阳能提供热水。当天气冷的时候，则要去公共澡堂洗澡，大概要洗6个月，每人每月洗1次。7岁以下小孩要么在家里洗，要么跟大人到公共澡堂免费洗。

经焦点小组讨论，认为7岁以下儿童一般都是3个月理一次头发。7～16岁的孩子，男性则每月剪一次，女性每2个月剪一次。而孩子的母亲通常也是 3 个月剪一次，父亲则每月剪一次。

化妆品，一般是孩子的母亲使用的搽脸油和护手霜，很难确定使用的量和品种，大家讨论一致认为每年至少需要 50 元。

牙膏和牙刷则刷牙的人每人一套，通常 7 岁及以上的孩子，即上小学以后，开始刷牙。

4. 教育和娱乐

这部分支出主要涉及儿童的教育、娱乐，包括住宿、教辅材料、文具和玩具。不同年龄段的儿童消费的项目多少有所差别。

如玩具方面，一般 2～6 岁的儿童都有一个滑板车，上小学的男孩多玩滑板，上中学的男孩则玩篮球。小学和中学的女孩都玩跳绳。

山西省农村义务教育阶段实行一费制，不收课本费，只收作业本费和住宿费。收费标准如表 3－1 所示。教育成本只考虑了义务教育阶段的成本，因为这是儿童的基本权利，也是政府和家长的基本义务。

调查地所在村有一所中心小学，也有学生寄宿，但是是否大多数就学孩子都寄宿没有调查。该村大多数孩子都不住宿。因此，小学生没有包括住宿费。但是，上中学后，由于学校通常在县城，大部分学生都要住校。作业本费，小学生按照每学期 10 元/生，中学生按照每学期 20 元/生计算。

除了上述规定的收费外，我们调查了部分中小学生，确定了教辅材料和文具成本。

表 3－1　山西农村义务教育阶段学校（含县镇）一费制标准

单位：元/生·学期

项　　目	收费标准
1. 作业本费	
1～2 年级	10
3～4 年级	12
初一～初三	20
2. 住宿费	
农村（含乡镇）	8
县城	12

资料来源：《山西省各类学校收费公示》，山西省教育厅网站（2009 年 8 月 27 日更新）。

在教育方面，我们只计算了义务教育阶段所产生的费用，因为根据义务教育法，“国家、社会和家庭保障儿童和少年接受义务教育的权利”。

5. 医疗支出

包括药品和医疗保险两部分。药品支出很难准确确定每个人每年消费的量及成本。焦点小组讨论认为，除去合作医疗报销部分，平均每人每年要花费200元的药费，学龄前儿童要多一些，一则学龄前儿童免疫力较低，二则还要进行预防免疫接种，也要花费一部分钱。

关于医疗保险，包括合作医疗和校园意外伤害保险。合作医疗的缴费标准是每人每年30元①，几乎村里所有人都参保。校园意外伤害保险则是所有在校学生参保的险种，其标准也是每人每年30元。

6. 交通费

这里交通费主要指去夏县县城上学、购物、看病等交通支出。农村居民去县城通常乘公交车，单程3元，往返则要6元。

通过焦点小组讨论，大家一致认为，平均来讲，成年人每个月进城一次，小学生每两个月进城一次，中学生由于在县城上学要每周回家一次。学龄前儿童本身很少进城，或者由家长带着免于购票。

7. 儿童照料

当地幼儿园一般都是私立的，收费标准不一，调查村也有一个，名称为“梦梦幼儿园”，其收费标准是400元/期（5个月），据调查其收费算是中等水平。据实地观察，幼儿园的主要职能是替家长提供对儿童的日间照顾，同时教少量的文化知识。因此，我们将幼儿园的成本计为儿童照料的成本。

如表3－2所示，从个人消费成本来看，在农村，幼儿（2～3岁）、学龄前儿童（4～6岁）和上中学儿童（13～16岁）成本较高，小学阶段儿童（7～12岁）成本相对较低。总体来看，儿童的生活成本要高于成人。

---

① 参阅山西省运城市卫生局财政局文件《关于印发〈运城市2010年新型合作医疗统筹补偿实施方案〉的通知》，运市卫农字［2009］150号。

表 3－2　个人消费支出成本

单位：元/月

性　　别	女/男	女/男	女	男	女	男	女	男
年　　龄	2～3岁	4～6岁	7～12岁	7～12岁	13～16岁	13～16岁	20～50岁	20～50岁
1. 食品	168.54	81.39	61.29	67.59	67.59	83.19	82.20	99.60
2. 衣着	29.00	31.37	41.13	39.04	63.83	61.33	52.89	46.50
3. 个人护理	1.00	1.00	6.17	7.67	6.17	7.67	10.57	9.67
4. 教育、娱乐	1.90	3.15	20.42	22.50	57.08	60.00	—	—
5. 医疗卫生	23.33	23.33	19.17	19.17	19.17	19.17	19.17	19.17
6. 交通费	—	—	3.00	3.00	24.00	24.00	6.00	6.00
7. 儿童照料	—	80	—	—	—	—	—	—
合　　计	223.77	220.24	151.18	158.97	237.84	255.36	170.83	180.94

（二）家庭共同消费支出领域

在介绍家庭共同消费支出成本前，有必要对当地农民的住房情况和居住结构进行一个简要介绍。当地一般每家都有一个院落，有正房三大间，还有一间门房，中间是堂屋，两边是居室，一侧是子女及其孩子住的，一侧则是老人住的。如果家里没有老人，屋子则空着。所以，如果有老人的话意味着需要额外添置部分家具和家电，但是不需增加居室。

1. 居住

主要包括电费和燃料费。

电费。收集了参加焦点小组讨论的23户家庭1～7月份的用电量，估算不同家庭规模的月均用电量，乘以当地民用电电价，即得出月均电费。

燃料主要是用于做饭和冬季取暖。通过焦点小组群体访谈，普通四口之家一年要用800块蜂窝煤，如果是6口人之家（通常包括老人），考虑到冬季要多生一个火炉取暖，再增加200块蜂窝煤。

2. 家庭设备

主要包括家具、家电、床上用品和装饰品。

家电包括当地最常用的电视机、洗衣机、电风扇和电磁炉。

家具主要包括沙发、茶几、餐桌、凳子、大衣柜、橱柜和床。需要说明的是，年轻夫妇居室通常用床，如果是两个孩子，通常要加一张小床，而老年人通常睡炕。

床上用品包括被子、被套、褥子、毛巾被、枕头、枕套、枕巾、床单和凉席。

装饰品包括窗帘盒和窗帘。

3. 家庭日杂用品

包括厨具、餐具、电灯和清洁用品如洗衣粉、香皂等。

4. 家庭服务

包括通信费和有线电视费。

当地居民普遍使用手机，因为通信费相对较低，包月服务费每月 20 元，如果家里有 4 口人以上则有两部手机。

有线电视费，每月的入网费是 12 元，有两个电视的家庭则需要交双份的费用。

5. 交通与通信工具

通常每家有一辆自行车、一辆摩托车，其使用寿命根据家庭人口的变化略有变化，假定家庭人口多，则使用频率高，寿命相对短些，相应的燃料费则高。

最后，需要说明的是本预算没有包括住房的成本，一是由于住房结构比较类似，但是其造价差别比较大。二是使用寿命也不易确定，对生活成本的影响较大。从理论上讲，住房属于投资而非消费。

从表 3－3 中我们可以看到，随着家庭人口的增加，总的家庭公共支出在增加，但是人均家庭公共支出的成本变小，也就是存在着规模经济效应，说明家庭公共支出并不是随着家庭人口的增加而同比例增加。

表 3－3　家庭公共支出部分

单位：元/月

项　　目	家庭人口数				
	6 口	2 口	3 口	4 口	5 口
1. 居住	52.13	56.83	56.83	72.22	72.22
2. 家庭设备	47.32	47.74	50.65	65.03	65.44
3. 家庭日杂用品	28.57	38.67	38.78	55.61	55.72
4. 家庭服务	32.00	32.00	32.00	64.00	64.00
5. 交通与通信工具	66.67	66.67	66.67	89.58	89.58
合　　计	226.69	241.90	244.93	346.44	346.97

五 代表家庭类型生活成本

家庭是人口再生产和社会经济活动的最基层单位，也是养育孩子的最基本单位。家庭是满足儿童需要的首要的、最重要的和最有效的场所，绝大多数的儿童都在家庭中得到养护。因此，在研究儿童抚养成本的时候，必须研究整个家庭的生活成本。

前面，我们已经计算出了个人消费支出部分和家庭公共消费支出部分，理论上讲我们可以为2~6口人的任何类型家庭制定预算标准。但是，在预算标准研究中，通常会制定代表家庭类型的生活成本。通常选择代表家庭类型的原则有两个：一是看该类型家庭在总体中的比例，二是考虑社会政策关照的特殊利益群体，如单亲家庭。由于没有关于夏县农村单亲家庭的统计数字，本次调查亦没有涉及单亲家庭，政府也没有针对单亲家庭的特殊政策，所以我们没有考虑这类特殊的抚养儿童的家庭。

（一）夏县农村主要家庭类型

家庭类型主要从家庭户规模和家庭户世代结构两个角度来考查。从1982年人口普查资料来看，家庭人口规模比重占前4位的分别是5人户22.48%，4人户20.90%，6人户14.99%，3人户14.73%；从家庭世代结构来看，两代户和三代及以上户分别占59.8%和28.9%（见表3-4）。可见，多数家庭是核心家庭（《夏县志》）。

表3-4 1982年夏县家庭世代结构状况

1982年夏县家庭户规模									
家庭户规模	1人户	2人户	3人户	4人户	5人户	6人户	7人户	8人及以上户	合计
户数（户）	1817	4246	8120	11536	12410	8251	4960	3859	55199
百分比（%）	3.29	7.74	14.73	20.90	22.48	14.99	9.04	7.02	100

1982年夏县家庭世代结构状况								
家庭世代结构	合计	一对夫妇户	两代户	三代以上户	一代户和其他亲属及非亲属居户	二代户和其他亲属及非亲属居户	三代户和其他亲属及非亲属户	单身户
合计（户）	55199	2320	33009	15964	247	873	973	1817
百分比（%）	100	4.21	59.8	28.9	0.46	1.58	1.62	3.2

由于本次调查没有收集到关于夏县最近的人口结构的统计资料。我们仅对胡张村第六村民小组的情况作一个分析，虽然不能代表整体情况，但是也可以作为一个判断主要家庭类型的依据。从家庭户规模来看，4 人户最多，占 34%，其他依次是 5 人户 28%，6 人户 16%，3 人户 10%（见表 3－5）；从世代结构看，两代户和三代户占绝对多数，各占 46%（见表 3－6）。

表 3－5　2010 胡张村第六村民小组家庭户规模

家庭户规模	1 人户	2 人户	3 人户	4 人户	5 人户	6 人户	7 人户	合计
户　数（户）	1	2	5	17	14	8	3	50
百分比（%）	2	4.0	10.0	34.0	28.0	16.0	6.0	100

表 3－6　2010 年胡张村第六村民小组家庭世代结构

家庭世代结构	1 代户	2 代户	3 代户	4 代户	合计
户　数（户）	3	23	23	1	50
百分比（%）	6	46	46	2	100

我们再分析一下有孩子的家庭中孩子的数量及孩子性别比。第六村民小组 50 户中有 40 户家中有 18 岁以下儿童，其中有一半的家庭有 2 个孩子（见表 3－7），而有 2 个孩子的家庭又以一男一女为主，占 75%。

表 3－7　有 18 岁以下儿童家庭孩子数

孩子数量	1 个孩子	2 个孩子	3 个孩子	合计
户　数（户）	15	20	5	40
百分比（%）	37.5	50	12.5	100

通过上述分析，我们可以对夏县农村地区代表家庭类型作一个概要的判断。从家庭规模来看，4～6 口人占多数；从家庭世代结构来看，以两代户和三代户为主；从家庭孩子数来讲，多数家庭有 2 个孩子，而且是一男一女。

再从参加焦点小组讨论的家庭户来看，有学龄前儿童的家庭多是三口之家，年龄大的孩子多数分布在 4 口人及以上家庭（见表 3－8）。我们分别选 3 口人两代户、4 口人两代户、6 口人三代户作为代表家庭类型。为了比较，我们同时作 2 口人的夫妻户预算标准。

表 3 –8　被访对象家庭类型

年龄组	项目	3 口人两代	4 口人两代	5 口人三代	6 口人三代	7 口人四代	合计（户）
2 ~6 岁	成员构成	1 小孩 + 2 成人	2 小孩 + 2 成人	1 小孩 + 4 成人	2 小孩 + 4 成人	—	—
	被访户数	4	1	2	1		8
7 ~12 岁	成员构成	—	2 小孩 + 2 成人	2 小孩 + 3 成人	2 小孩 + 4 成人	—	—
	被访户数	—	2	3	3	—	8
13 ~17 岁	成员构成	—	2 小孩 + 2 成人	2 小孩 + 3 成人	2 小孩 + 4 成人	2 小孩 + 5 成人	—
	被访户数	—	1	1	3	2	7
合　计	（户）	4	4	6	7	2	23

事实上，家庭最初就是由于婚姻关系而结成的，因此夫妻是家庭的核心，围绕这个核心向上有父母，向下有孩子，这样我们可以总结出 5 类主要的家庭类型，作为我们分析的重点（见表 3 –9）。

表 3 –9　代表家庭类型

类型	家庭成员			孩子性别与年龄
①	—	夫妇	—	—
②	—	夫妇	1 孩子	男，4 岁
③	—	夫妇	2 孩子	女，9 岁
				男，14 岁
④	父母	夫妇	1 孩子	男，4 岁
⑤	父母	夫妇	2 孩子	女，9 岁
				男，14 岁

在这里我们将父母（老人）的个人消费支出用夫妇的来代替，假设二者相同，实际二者有差别，本次调查没有研究老人生活成本是一个缺陷。调研过程中发现很多老年人是与子女和孙子女一起生活的。

（二）代表家庭类型生活成本

从表 3－10 中我们可以看出，随着家庭人口的增加，整个家庭的生活成本是递增的，但是又不是成比例地增加，呈现边际生活成本减少的趋势。我们可以看到，如果以夫妇家庭为参照来计算等值系数，3 口人、4 口人、5 口人和 6 口人家庭的系数分别是 1.41、1.73、2.20、2.52。

以上，仅就如何利用个人消费成本和家庭公共支出成本来组合计算代表家庭类型的生活预算成本作一个示范。我们还可以利用它们制定一些特殊类型家庭的生活成本，如单亲家庭。

表 3－10　五类代表家庭生活成本

单位：元/月

家庭类型与结构 / 消费领域	2 口人	3 口人	4 口人	5 口人	6 口人
	夫妻	夫妻 +1 孩	夫妻 +2 孩	父母 + 夫妻 +1 孩	父母 + 夫妻 +2 孩
		男 4	女 9，男 14	男 4	女 9，男 14
1. 食品	181.80	263.19	326.28	444.99	508.08
2. 衣着	99.39	130.76	201.85	230.15	301.24
3. 个人护理	20.24	21.24	34.08	41.48	54.32
4. 教育、娱乐	—	3.15	80.42	3.15	80.42
5. 医疗卫生	38.34	61.67	76.68	100.01	115.02
6. 交通费	12.00	12.00	39.00	24.00	51.00
7. 儿童照料	—	80.00	—	80.00	—
8. 居住	52.13	56.83	56.83	72.22	72.22
9. 家庭设备	47.32	47.74	50.65	65.03	65.44
10. 家庭日杂用品	28.57	38.67	38.78	55.61	55.72
11. 家庭服务	32.00	32.00	32.00	64.00	64.00
12. 交通与通信工具	66.67	66.67	66.67	89.58	89.58
合　计	578.46	813.92	1003.24	1270.22	1457.04
等值系数	1.00	1.41	1.73	2.20	2.52

六　儿童抚养成本

用预算标准法研究家庭生活成本，有两种不同的路径：一种是以家庭为单位，首先选定代表家庭类型，列出不同类型家庭消费的商品服务的清单，计算预算成本。这种方式以英国的相关研究为代表。另一种是在开始制定预算成本时就根据消费品的属性，将商品分为个人消费品和家庭公共消费品，然后再根据需要组合出不同家庭类型的预算成本。这种方式以挪威为代表。但是，不管怎样，在计算儿童抚育成本时，都要将儿童抚育成本分为儿童个人消费成本和儿童家庭公共消费成本。个人消费成本比较容易确定，如衣、食；而儿童家庭公共消费成本不容易确定，如家庭耐用消费品。

计算儿童在家庭公共消费成本时，有两种常用的方法，一种称为推断法或差别法（deductive approach），另一种称为人均消费法（per capita approach）。推断法主要是比较有孩子的家庭与没有孩子的家庭在家庭公共消费成本方面的差别，来确定孩子应当承担的比例。如比较 3 口人与 2 口人家庭公共消费的差别，确定夫妇加一个孩子的家庭中孩子的成本。再如，比较 2 口人与 1 口人家庭的差别来确定单亲家庭中孩子的成本。而人均消费法即让所有家庭成员平均负担成本。推断法的优点在于，将一些固定成本排除在儿童成本之外，操作简单易于理解；缺点是不能区分有两个及以上孩子的家庭中不同孩子的成本。人均消费法优点是操作简单，并能反映出随着人口增加家庭消费的规模经济效益；缺点是把孩子当大人看待，低估大人的成本，高估孩子的成本。本研究在计算儿童在家庭公共消费品方面的成本时，采用推断法，它更接近孩子的真实成本。

如前所述，儿童的抚育成本从性质上可以分为儿童个人消费成本和儿童家庭公共消费成本，我们将分两部分论述，然后计算儿童总成本。

（一）儿童个人消费成本

儿童个人消费成本也可以称为短期儿童抚育成本，相对于家庭公共支出（主要是固定支出），这些都是儿童在日常生活中时刻发生的费用。我们可以从表 3－11 中看到，从年龄组来看，13～17 岁组成本最高，2～3 岁组次之，随后是 4～6 岁组，最后是 7～12 岁组。这里，我们还可以进一步分析儿童抚育成本在性别和年龄方面的差异。

表 3－11　分性别、分年龄儿童个人消费成本

单位：元/月

项目 \ 年龄 \ 性别	女/男	女/男	女	男	女	男
	2～3 岁	4～6 岁	7～12 岁	7～12 岁	13～17 岁	13～17 岁
1. 食品	168.54	81.39	61.29	67.59	67.59	83.19
2. 衣着	29.00	31.37	41.13	39.04	63.83	61.33
3. 个人护理	1.00	1.00	6.17	7.67	6.17	7.67
4. 教育、娱乐	1.90	3.15	20.42	22.50	57.08	60.00
5. 医疗卫生	23.33	23.33	19.17	19.17	19.17	19.17
6. 交通费	—	—	3.00	3.00	24.00	24.00
7. 儿童照料	—	80.00	—	—	—	—
合　　计	223.77	220.24	151.18	158.97	237.84	255.36
不包括儿童照料合　　计	223.77	140.24	151.18	158.97	237.84	255.36

1. 年龄的差异

从表 3－11 中可以看出，食品对于各年龄组儿童来说均是支出比例最大的项。从绝对数来看，2～3 岁、4～6 岁组儿童食品成本比较大。因为此阶段需要一些特殊的食品，如奶粉和牛奶。

衣着、个人护理、教育娱乐、交通费成本随着年龄的增加而增加。

总体来看，2～6 岁儿童抚育成本在 220 元左右，7～12 岁儿童在 150 元左右，而 13～17 岁儿童在 250 元左右。如果不考虑儿童照料成本的话，除 2～3 岁组成本略高外，其余组抚育成本随着年龄增加而增加。

对于所有年龄组的儿童来说，食品和衣着仍然是主要的支出。

2. 性别的差异

由于 2～6 岁儿童性别差异不是非常明显，我们只考察了 7～12 岁组和 13～17 岁组儿童的性别差异。在食品支出方面，由于男孩需要更多的能量，

所以男孩支出要比女孩多。衣着方面，由于女孩穿着种类更多，女孩比男孩支出更多一些。个人护理方面，男孩和女孩的差异主要体现在理发方面，男孩理发的频次要高于女孩。教育和娱乐方面，教育成本是相同的，娱乐方面略有差异。男孩子娱乐用品要贵一些，比如滑板和篮球，而女孩子通常玩毽子和跳绳。

总体来讲，男孩的支出要高于女孩。在 7 ~ 12 岁组，男孩每月要高出女孩 7.79 元；在 13 ~ 17 岁组，男孩要高于女孩 17.52 元。

（二）儿童家庭公共消费成本

儿童的抚育成本，不但因年龄和性别不同而有差异，而且随着家庭规模的不同而有所不同。本节开始已经介绍，本书采用推断法来计算儿童家庭公共消费支出的成本，如表 3 - 12 所示。

在居住方面。三口之家和四口之家用电量是一样的，都比两口之家每月多 10 度电，但是，在用煤方面没有差别。因此，每月均比两口之家高 4.7 元。

在家庭设备方面。在家具方面，四口之家要比两口和三口之家多一张床，在床上用品方面如被、褥等，三口之家多于两口人家，四口之家多于三口之家。因此，三口之家每月比两口之家多 0.42 元，四口之家比两口之家多 3.33 元。

在家庭日杂用品方面。在餐具方面三口之家比两口之家多，四口之家比三口之家多；在清洁日用品方面如洗衣粉、洗洁精等，三口之家和四口之家一样，都比两口之家多。三口之家比两口之家每月多 10.10 元，四口之家比两口之家多 10.21 元。

在家庭服务方面，包括有线电视入网费和手机包月服务费，因为这 3 类家庭都有一个电视、一部手机，所以其费用相同。

在交通和通信工具方面，3 类家庭拥有的交通工具和通信工具的种类是一样的，使用寿命也一样，所以其成本也是一样的。

总之，在家庭公共支出方面，三口之家比两口之家每月多支出 15.22 元，四口之家比两口之家每月多支出 18.24 元。

那么，三口之家的孩子在公共支出方面的成本就是 15.22 元，四口之家（2个孩子）每个孩子的成本是9.12元，可以看出存在着规模经济效应。

表3－12　儿童家庭公共消费成本

单位：元/月

项　　目	家庭人口数			儿童支出	
	2口	3口	4口	3口与2口比较	4口与2口比较
1. 居住	52.13	56.83	56.83	4.70	4.70
2. 家庭设备	47.32	47.74	50.65	0.42	3.33
3. 家庭日杂用品	28.57	38.67	38.78	10.10	10.21
4. 家庭服务	32.00	32.00	32.00	0.00	0.00
5. 交通与通信工具	66.67	66.67	66.67	0.00	0.00
合　　计	226.69	241.90	244.93	15.22	18.24

（三）总和儿童抚养成本及等值系数

总和儿童抚养成本是儿童个人消费成本与儿童家庭公共消费成本之和，也可以称为长期儿童抚育成本。一方面儿童是家庭的一部分，要承担家庭的一些固定成本；另一方面预算标准法制定的是长期的预算，因为它假设要为那些不经常购买的东西如耐用消费品每月预存一些钱，当耐用消费品坏了，可以有钱来修理或者更新，这样不至于影响其他领域的消费，不至于降低生活水准。

1. 总和儿童抚养成本

前面，给出了儿童个人消费成本及儿童家庭公共消费成本，很容易计算出总和儿童抚养成本，如表3－13所示。

我们可以看到，生活在三口之家的儿童每月的成本为174～271元，最高的是13～16岁组，最低的是7～12岁组。而生活在四口之家的儿童每月的成本为168～265元，同年龄组的孩子比生活在三口之家的孩子每月省6元。

表 3－13　随家庭规模变化儿童抚育成本的变化

单位：元/月

家庭规模	儿童个人消费成本	儿童家庭公共消费成本	总和儿童成本	等值系数*
3 口人，1 个孩子				
2～3 岁	223.77	15.22	238.99	0.41
4～6 岁	220.24	15.22	235.46	0.41
7～12 岁	158.97	15.22	174.19	0.30
13～16 岁	255.36	15.22	270.58	0.47
4 口人，2 个孩子				
2～3 岁	223.77	9.12	232.89	0.40
4～6 岁	220.24	9.12	229.36	0.40
7～12 岁	158.97	9.12	168.09	0.29
13～16 岁	255.36	9.12	264.48	0.46

注：1. * 等值系数的计算：以 2 口人夫妇家庭为 1.00，夫妇每月生活成本为 578.46 元，等值系数＝儿童成本/夫妇成本。

2. 成本的估算：7 岁以上儿童是基于男孩的成本计算的。

2. 等值系数

估算儿童抚养成本的一个重要目标是计算儿童等值系数。等值系数是用来比较不同类型家庭（包括规模和世代结构）福利水平的工具。

儿童等值系数可以用来代表某类型家庭中特定年龄、特定性别的孩子为了达到生活在其他类型家庭中同类孩子一样的生活水平（如最低生活水平）所需的收入水平。

通常，等值系数的计算把一对夫妇家庭的生活成本作为参考值，计算儿童抚育成本与夫妇生活成本的比值，如表 3－13 所示。

我们可以通过两个例子对等值系数的意义进行说明：如三口之家（一对夫妇，1 个 4 岁孩子）的家庭收入需要比夫妇家庭高 41% 才能维持同样的经济福利水平（这里指最低生活标准），也就是 4 岁孩子的系数是 0.41；再如四口之家（一对夫妇，有 2 个孩子，分别为 6 岁和 12 岁），那么其家庭收入要比夫妇家庭收入高 69%，才能达到同样的经济福利水平。

（四）结论

从儿童的个人消费成本来看，除 2～3 岁组外，儿童抚育成本随着年龄的增加而增加，男孩的抚育成本高于女孩；从儿童家庭公共消费成本来看，家庭成员多的家庭儿童分担的成本少，存在着规模经济效应；从儿童总和成本来看，三口之家儿童的抚育成本每月在 174～271 元，四口之家儿童的抚育成本每月在 168～265 元。

七　儿童抚养成本的实际应用

利用预算标准法所研究的生活成本有很多的应用，在社会福利领域的实践意义是它提供了一个促进社会公平和民众福利的有用工具。它代表了以需求为出发点的特定生活水平下的生活成本，因此，可以用它来对已有的经济福利项目进行评判，衡量这些项目是否满足了人们的需求，以及满足的程度如何，进而推动有关福利政策的发展。

我们计算出儿童抚育成本并不是最终的目的，最终的目的是要把研究结果同目前与儿童经济福利有关的项目进行比较，看看它们是否满足了儿童的需求。

（一）夏县农村地区主要社会救助项目

在夏县农村地区，能够覆盖到贫困儿童的社会福利制度和项目包括农村低保制度、农村“五保”制度，还有就是浩德国际儿童服务中心与民政部门合作开展的针对受艾滋病影响儿童的生活救助项目，如表 3－14 所示。

表 3－14　夏县贫困儿童社会福利制度和项目

<table>
<tr><th rowspan="2">政策类型</th><th rowspan="2">保障对象</th><th rowspan="2">保障内容</th><th rowspan="2">保障标准</th><th rowspan="2">标准制定者</th><th colspan="2">夏县标准</th></tr>
<tr><th>元/年</th><th>元/月</th></tr>
<tr><td>农村低保</td><td>家庭年人均纯收入低于当地最低生活保障标准的农村居民</td><td>基本生活所必需的吃饭、穿衣、用水、用电等费用</td><td>最低生活水平</td><td>县级以上地方人民政府</td><td>1196</td><td>99</td></tr>
<tr><td rowspan="2">农村“五保”</td><td rowspan="2">老年、残疾或者未满16周岁的村民，无劳动能力、无生活来源又无法定赡养、抚养、扶养义务人</td><td rowspan="2">保吃、保穿、保住、保医、保葬（保教）</td><td rowspan="2">当地村民的平均生活水平</td><td rowspan="2">省级人民政府，市、县人民政府</td><td>1300（散居）</td><td>108</td></tr>
<tr><td>1500（机构）</td><td>125</td></tr>
<tr><td>浩德项目</td><td>受艾滋病影响儿童</td><td>—</td><td>—</td><td>—</td><td>1320</td><td>110</td></tr>
</table>

夏县农村低保线为人均年收入1196元，每月99元；“五保”供养标准中散居的为1300元/年，机构供养的为1500元/年。我们重点考察散居的标准，因为该项目是基于农村社区的；浩德项目的救助标准是110元/月。

可见，“五保”标准高于低保标准，浩德项目略高于散居供养的“五保”标准，二者比较接近。

值得一提的是，“五保”救助标准和浩德项目救助标准也是实际获得帮助的标准。而低保户实际获得救助的数额低于低保标准，因为低保是补差的。

根据夏县民政局所提供材料，从农村低保2010年1~6月份救助情况统计表来看，接受低保救助的农村人口11617人，6801户，月人均补差66.39元。

（二）测算生活成本与救助标准的比较

我们拿个人支出成本与保障标准进行一个比较，因为个人支出部分代表了最基本的需求。

从表3-15我们可以看到，低保标准约占不同年龄段的人生活成本的50%，围绕食品成本波动，与成年男子食品成本相等，实际上低保标准就是一个温饱线。

表3-15 个人消费成本

单位：元/月

项目 \ 年龄 \ 性别	女/男	女/男	女	男	女	男	女	男
	2~3岁	4~6岁	7~12岁	7~12岁	13~16岁	13~16岁	20~50岁	20~50岁
1. 食品	168.54	81.39	61.29	67.59	67.59	83.19	82.20	99.60
2. 衣着	29.00	31.37	41.13	39.04	63.83	61.33	52.89	46.50
3. 个人护理	1.00	1.00	6.17	7.67	6.17	7.67	10.57	9.67
4. 教育、娱乐	1.90	3.15	20.42	22.50	57.08	60.00	—	—
5. 医疗卫生	23.33	23.33	19.17	19.17	19.17	19.17	19.17	19.17
6. 交通费	—	—	3.00	3.00	24.00	24.00	6.00	6.00
7. 儿童照料	—	80.00	—	—	—	—	—	—
合计	223.77	220.24	151.18	158.97	237.84	255.36	170.83	180.94
低保标准/生活成本	0.45	0.45	0.66	0.63	0.42	0.39	0.58	0.55
低保平均救助水平/生活成本	0.30	0.30	0.44	0.42	0.28	0.26	0.39	0.37
“五保”标准/生活成本	0.48	0.49	0.72	0.68	0.46	0.42	0.63	0.60

尽管低保标准已经很低，但是实际救助水平更低，拿平均救助水平与生活成本比较，救助水平约占生活成本的1/3。

我们也可以看到，“五保”标准比低保标准略高，但是也只能满足不同类别人需求的42%～63%，比值最低的是13～16岁组男性，为42%，最高的是7～12岁女性，为72%。“五保”标准基本上覆盖了衣、食成本。

浩德项目救助标准基本与“五保”标准接近，这里就不再进行比较了。

（三）项目区儿童得到救助的基本情况

在介绍项目区儿童得到救助的情况之前，有必要先对项目区儿童基本情况作一个描述。

1. 项目区10个村的儿童的基本情况

根据夏县民政部门对项目村儿童基本情况的调查，项目区内18周岁以下儿童总数是2577名，占项目区总人口的20%。这些儿童中，一般儿童2381人，占儿童总数的92%；特殊儿童196名（见表3－16），占儿童总数的8%。

所谓特殊儿童包括以下几类：孤儿、艾滋病阳性儿童、受艾滋病影响儿童、残疾儿童、流动儿童、留守儿童、患大病儿童、服刑人员子女等。这些儿童之所以特殊，是因为在经济上较容易陷入贫困，或者是存在照顾上的缺失。社会福利政策首先应保障这些困境儿童的生活，使他们摆脱贫困。

因为没有关于贫困儿童数量的统计，我们根据这些特殊儿童的特性，对项目区儿童贫困发生率作一个粗略的估计。我们假设这些特殊儿童大部分生活在贫困中，同时假设流动儿童和留守儿童一半生活在贫困中，项目区儿童的贫困发生率大约为5%。

表3－16　项目区特殊儿童统计

孤儿	因艾滋病致孤儿童	艾滋病阳性儿童	受艾滋病影响儿童	残疾儿童	流浪儿童	流动儿童	留守儿童	患大病儿童	服刑人员子女	已婚
5	1	3	45	11	—	36	81	7	6	1

2. 项目区儿童得到救助的情况

（1）低保救助

在特殊儿童的家庭中，有 41 户 65 人得到过低保救助，其中儿童 28 人，占特殊儿童的 14%。

得到低保救助的 28 人当中，因自身残疾获救助的 3 人，孤儿 3 人，单亲家庭儿童 6 人，4 人是因父母一方或双方是残疾人，其余 12 人为受艾滋病影响儿童。

（2）浩德项目救助

享受浩德救助基金项目的儿童 34 人，都是受艾滋病影响儿童，包括艾滋病阳性儿童。

项目区散居儿童没有人享受“五保”救助。既享受低保救助又享受浩德项目救助的儿童 10 人，合计有 52 人享受到了不同类别的救助，占特殊儿童总数的 27%，占贫困儿童的 40%。

3. 项目区儿童救助的特点

非政府组织救助的儿童数目要多于政府救助的儿童的数目，救助标准高于政府救助标准，尽管二者都比较低（根据“四免一关怀政策”，政府有责任将经济困难的艾滋病患者及其家属纳入政府补助范围）。可见，社会（非政府组织）救助对政府救助有一个补充作用。

低保救助过程中，不是以家庭为单位根据家庭的需求来进行救助，而是以个人的特性来进行救助，如残疾人、孤儿和受艾滋病影响儿童。如一家 4 口人，可能只有 2 人享受救助，或 1 人享受救助。固然，这样便于操作，但是达不到摆脱贫困的目标。

（四）研究发现

通过比较我们主要有以下发现。

1. 目前的救助项目救助标准偏低

夏县的低保标准是人均 1196 元/年，基本上就是温饱线。夏县的低保线并没有经过实际的测算，而是根据国家公布的贫困线来确定的。2009 年《政府工作报告》根据物价指数，将贫困标准调整为 1196 元（刘娟，2010）。

中央政府公布的贫困线是否可以作为地方低保标准是值得商榷的。首先，国定贫困线标准偏低，是一个绝对贫困线。从国际上对贫困的理解及定义和中国经济发展的水平来看，我国的贫困线应当从绝对贫困向相对贫困发展。其次，国定贫困线的用途是从宏观上监测贫困发生率，并非用来制定低保救助门槛。

2. 通过计算人均收入界定贫困的方法欠科学性

农村低保的救助对象是家庭年人均纯收入低于当地最低生活保障标准的农村居民。计算时，使用家庭总收入除以家庭成员数得到人均收入值，实际上是将家庭所有成员的需求一概而论，缺点是将儿童与成年人一样看待，忽视了不同家庭类型需求的差异。

通过研究我们发现，不同性别、不同年龄段的人的需求不同，其成本也不同，那么不同规模和不同结构的贫困家庭的贫困标准就应有所差异。目前的方法，不能有效反映这些差异。在实际操作中，只能按照类别和属性来救助。

3. 救助面比较狭窄

如前所述，粗略估算，贫困儿童只有一少半得到了救助。同时，有的可能得到双重救助，有的得不到任何救助。

（五）讨论与建议

1. 地方政府要科学制定本地低保标准

农村低保制度尚处在创立阶段，在中央层面上没有形成法规，但是2007年国务院发布了《国务院关于在全国建立农村最低生活保障制度的通知》，为相关工作的开展提供了依据。该通知中明确指出，“农村最低生活保障标准由县级以上地方人民政府按照能够维持当地农村居民全年基本生活所必需的吃饭、穿衣、用水、用电等费用确定”，“农村最低生活保障标准要随着当地生活必需品价格变化和人民生活水平提高适时进行调整”。

可见，制定以当地百姓需求为基础的低保标准是地方政府的权利，也是地方政府的义务。

2. 儿童救助项目是否要专项进行

从夏县的救助情况，我们可以看到，由于低保线偏低，享受救助门槛过高，导致很多贫困家庭及儿童不能纳入保障范围，或者虽然纳入但保障水平太低，所以不得不发展一些专项的救助政策，如针对孤儿的和针对艾滋病的专项救助政策，尽管夏县还没有针对散居孤儿的专项政策。如果过多地以群体类别为资格进行专项救助，会造成新的群体间的不平等，如有的儿童可能受到多重救助，有的可能享受不到任何救助。例如，相对来说，残疾儿童和单亲家庭儿童受到的关注比较少。

如果提高救助水平，切实发挥以家庭为基础的农村低保制度的作用，把那些边缘群体也纳入救助对象，那么就可以减少专项的救助，避免救助制度的碎片化。

当然，针对某些特殊群体的专项救助还是必要的，例如残疾儿童，因为这些孩子有一些特殊的需求，在很多国家都有专门的救助政策。

3. 在儿童救助中政府与社会的角色

在儿童的救助中，政府应当承担基本责任，保障基本生活，而非政府组织应当在儿童福利服务和进一步提高弱势儿童福利方面发挥作用。也就是政府作用是雪中送炭，而非政府组织的作用是锦上添花。

当然，对于家庭经济上的支持，只是儿童福利的一个方面，我们不能忘记另外一个方面，那就是如何帮助家庭更好地履行照顾儿童的责任。

（六）本研究的意义及研究不足

首先，是方法论上的意义，本研究所采用的研究方法——预算标准法是国际上常用的研究生活成本的方法之一，它简单明了，易于操作，可以为政府制定本地最低生活水平标准提供借鉴。

其次，有关的研究结果，可以为儿童福利项目区在衡量家庭贫困和制定救助标准时提供参考。关于等值系数的计算，也可以为测算不同类型家庭贫困线提供参考。

本研究的不足，是由于条件的限制，没有对老年人的生活成本进行单独研究，因为很多儿童是和老年人一起生活的。再者，没有对残疾儿童进行深入研究，这也是未来的研究需要进一步深入的领域。

附录一　食物成本的测算

食品成本的计算既参考了《中国居民膳食指南》，又结合了当地实际饮食习惯和实际消费行为。据《夏县志》记载，“农户一日两餐，早上米汤或面汤，中午面条，顿顿离不了馍（馒头），晚上一般不做饭。家里用人或农忙时节吃三顿饭”。从实地调研观察来看，当地农民一般一日三餐，但是只做两顿饭。早餐，通常主食是米汤和馒头，同时炒一个菜；中餐通常是面条、馒头，吃早上剩下的菜，如没有剩菜就不吃菜；晚上，一般不做饭，以吃馒头为主。夏天西瓜上市的时候，馒头就西瓜，其他时节馒头就洋葱或者是咸菜。

农村居民食品消费，大致可以分为两部分，一部分是容易确定每个人消费量的食品，如米面等主食；另一部分是家庭成员共同消费的食品，如菜、肉和调味品，很难确定每个人的消费量。因此，在进行食品测算时分为两部分，一是个人消费食品，包括米、面、鸡蛋、奶粉、牛奶，还有就是《中国居民膳食指南》明确推荐摄入标准的，如植物油、食盐；二是家庭共同消费食品，包括蔬菜、肉和一些调味品。在计算食品支出成本时，假设家庭成员都在家里用餐，食品都在家里烹制。

（一）个人消费食品

1. 主食

通过焦点小组访谈，确定了平常一日三餐主食都吃哪些食品，以及不同年龄段、不同性别的儿童和成人的摄入量（见表 3－17）。学龄前儿童用小碗，容量约合普通碗的 1/2。同时，讨论了每种食品的成本（见表 3－18）。这样就可以计算出每日米、面的消费量，进而计算出每月在主食方面的支出（见表 3－19）。

表 3-17 一日三餐的食品摄入量

年龄	性别	早餐			中餐		晚餐	
		大米汤	馒头	其他	面条	馒头	馒头	其他
2~3岁	男/女	半碗（小）	—	鸡蛋1个	半碗（小）	—	半个	奶粉1瓶
4~6岁	男/女	半碗（小）	半个	鲜奶1袋	1碗（小）	—	半个	鸡蛋1个
7~12岁	男	1碗	1个	—	1碗	半个	1个	—
	女	1碗	半个	—	1碗	—	1个	—
13~17岁	男	1碗	2个	—	1碗	1个	1个	—
	女	1碗	1个	—	1碗	—	1个	—
18~50岁	男	1碗	2个	—	2碗	1个	2个	—
	女	1碗	2个	—	1碗	1个	1个	—

表 3-18 几种主食的成本

食品类别	原料	价格（元/500克）	原料分量（克）	成本（元）
大米粥（碗）	大米	2.00	50	0.20
面　条（碗）	面粉	1.20	100	0.24
馒　头（个）	面粉	1.20	75	0.18

表 3-19 主食方面的月支出

性别	女/男	女/男	女	男	女	男	女	男
年龄	2岁	4岁	7~12岁	7~12岁	13~17岁	13~17岁	18~50岁	18~50岁
大米	2元/500克							
日消费（克）	12.5	12.5	50	50	50	50	50	50
每月支出(元)	1.5	1.5	6	6	6	6	6	6
面粉	1.2元/500克							
日消费（克）	62.5	125	212.5	287.5	250	400	400	575
每月支出(元)	4.5	9	15.3	20.7	18	28.8	28.8	41.4
合计(元/月)	6.00	10.50	21.30	26.70	24.00	34.80	34.80	47.40

2. 鸡蛋、植物油和食盐

《中国居民膳食指南》建议普通成人每日油的摄入量为25~30克，盐的摄入量为6克，鸡蛋的摄入量为25~50克，学龄前儿童摄入量适当减少。鸡蛋在当地农村居民中已成为经常消费的食品，焦点小组讨论认为每人每日应消费一个。相关成本如表3-20所示。

表 3－20　鸡蛋、菜油、食盐的月支出

年龄	2～3 岁	4～6 岁	7～12 岁	13～16 岁	18～50 岁
鸡蛋	0.5 元/个，3.5 元/500 克				
日消费（个）	1	1	1	1	1
每月支出（元）	15	15	15	15	15
菜油	3.7 元/500 克				
日消费（克）	20	20	25	25	30
每月支出（元）	4.44	4.44	5.55	5.55	6.66
食盐	1.5 元/500 克				
日消费（克）	5	5	6	6	6
每月支出（元）	0.45	0.45	0.54	0.54	0.54

3. 牛奶和奶粉

焦点小组访谈中，家长认为 2～3 岁小孩早上要吃一个鸡蛋，晚上要喝一瓶奶粉，1～3 岁儿童不宜直接饮用液态奶，所以饮用配方奶粉。而 4～6 岁（通常上幼儿园）的孩子每日喝一袋早餐奶，晚上吃鸡蛋。

表 3－21　牛奶、奶粉的月支出

年龄	食品类型	日消费量	单价（元）	每月支出（元）	说明
4～6 岁	牛奶	1 袋（200ml）	1.2 元/袋	36	蒙牛早餐奶
2～3 岁	奶粉	25 克	70 元/400 克/袋	131.25	雅士利奶粉

（二）家庭共同消费食品

关于家庭共同消费食品，我们在焦点小组访谈时，假设了一个 4 口人的家庭（夫妻和 2 个孩子，分别为 4 岁男孩和 10 岁男孩），围绕该类家庭对蔬菜、调料和肉的消费进行了讨论。

1. 关于理想家庭蔬菜、调料和肉的消费

首先，讨论该家庭六天的菜谱（见表 3－22）及食用量，计算该家庭每日及每月蔬菜成本（见表 3－23）。其次，讨论了主要的调味品的使用量，计算成本（见表 3－24）。再次，讨论猪肉的消费情况。当地生活水平相对比较低，农民吃肉的时候比较少，一般是 10 天买一次，像这样的四口之家一次买 1 斤。每月的消费量为 3 斤，按 8 元/斤算，这方面的月支出为 24 元。

表 3－22　四口之家六天的菜谱

星期一	星期二	星期三	星期四	星期五	星期六
炒土豆（2个）、拌黄瓜（2根）	西红柿（3个）炒鸡蛋（2个）	辣椒（2个）炒白菜（半颗）	炒豆腐（1斤）	炒豆角（1斤）	茄子（1个）炒辣椒（2个）

表 3－23　四口之家的蔬菜支出

菜名	土豆	黄瓜	西红柿	白菜	豆腐	豆角	茄子	豆芽	辣椒
数量（斤）	1	1	1	2	1	1	1	1	0.5
单价（元）	1	1	1	0.8	2	1.5	1	1.5	1.5
金额（元）	1	1	1	1.6	2	1.5	1	1.5	0.75
合计（元）	11.35	平均每天支出(元)		1.89		平均每月支出(元)		56.75	

表 3－24　四口之家的调料支出

名　称	数量	单价（元）	使用时间（月）	每月成本（元）
酱　油	1 桶（800ml）	4.5	2	2.25
醋	1 桶（800ml）	4.5	1	4.5
味　精	1 袋（90 克）	1.5	3	0.5
花　椒	1 两（50 克）	2.0	1	2
合　计	—	—	—	9.25

2. 确定不同年龄段和不同性别人士能量需求的等值系数

我们用 2 岁、5 岁、10 岁、14 岁儿童对能量的需求来代表相应年龄段儿童的需求，以成年男子的能量需求为参照系，计算相关系数，如表 3－25 所示。

表 3－25　不同年龄、不同性别能量需求与等值系数

项目	性别＼年龄	2 岁	5 岁	10 岁	14 岁	18～50 岁
能量需求（卡）	男	1200	1600	2100	2900	3200
	女	1150	1500	2000	2400	2700
等值系数*	男	0.38	0.50	0.66	0.91	1.00
	女	0.36	0.47	0.63	0.75	0.84

注：*参考中国营养学会编《中国居民膳食营养素参考摄入量》。

3. 计算不同年龄段不同性别在三类食品的支出

我们计算了四口之家在蔬菜、调味品和猪肉方面的消费量及成本。假设四口之家每月食品消费成本为Y，成年男子（父亲）每日食品消费成本为X=，参考能量需求等值系数，那么就有如下关系Y=X（1+0.84+0.66+0.5），即Y=3X。家庭消费成本已知，我们就可以计算出成年男子的消费成本，进而推算不同年龄段和性别的消费成本（见表3-26）。

表3-26　不同年龄段和性别的几项消费成本

性别		女/男	女/男	女	男	女	男	女	男
年龄		2岁	4岁	7~12岁	7~12岁	13~16岁	13~16岁	20~60岁	20~60岁
系数		0.38	0.50	0.63	0.66	0.75	0.91	0.84	1
食品成本（元）	菜	7.19	9.46	11.92	12.49	14.19	17.21	15.89	18.92
	猪肉	3.04	4.00	5.04	5.28	6.00	7.28	6.72	8.00
	调味品	1.17	1.54	1.94	2.04	2.31	2.81	2.59	3.08

（三）总结食品消费成本

通过计算个人消费和家庭消费两类食品的消费量和消费成本后，我们可以总结出不同年龄段和性别在不同类别的食品方面的支出，如表3-27。

表3-27　不同年龄段和性别的食品支出

食品类型 \ 性别	女/男	女/男	女	男	女	男	女	男
年龄	2~3岁	4~6岁	7~12岁	7~12岁	13~16岁	13~16岁	20~50岁	20~50岁
主食	6.00	10.50	21.30	26.70	24.00	34.80	34.80	47.40
菜	7.19	9.46	11.92	12.49	14.19	17.21	15.89	18.92
鸡蛋	15.00	15.00	15.00	15.00	15.00	15.00	15.00	15.00
猪肉	3.04	4.00	5.04	5.28	6.00	7.28	6.72	8.00
油	4.44	4.44	5.55	5.55	5.55	5.55	6.66	6.66
盐	0.45	0.45	0.54	0.54	0.54	0.54	0.54	0.54
其他调味品	1.17	1.54	1.94	2.04	2.31	2.81	2.59	3.08
奶粉、牛奶	131.25	36.00	—	—	—	—	—	—
合计	168.54	81.39	61.29	67.59	67.59	83.19	82.20	99.60

附录二　商品和服务清单

衣着

商品类别			数量	单价(元)	能穿多久(月)	每月成本(元)	数量	单价(元)	能穿多久(月)	每月成本(元)
			2～3岁				4～6岁			
夏装	男	T恤、短裤	3	15	12	3.75	3	15	12	3.75
	女	T恤、短裤	2	15	12	2.50	2	15	12	2.50
		裙子	2	15	24	1.25	2	15	24	1.25
	男/女	凉鞋	2	10	12	1.67	2	10	12	1.67
春秋装		秋衣、秋裤	2	20	24	1.67	2	20	24	1.67
		外裤、外衣	2	50	24	4.17	2	50	24	4.17
		球鞋/布鞋	2	15	12	2.50	2	15	12	2.50
		皮鞋	1	20	12	1.67	1	20	12	1.67
冬装		棉外套	2	50	24	4.17	2	50	24	4.17
		保暖衣	1	40	24	1.67	1	40	24	1.67
		毛衣	1	25	24	1.04	1	25	24	1.04
		毛裤	1	25	24	1.04	1	25	24	1.04
		棉鞋	2	20	12	3.33	2	30	12	5.00
		手套	—	—	—	—	1	5	12	0.42
		帽子	1	10	24	0.42	1	10	24	0.42
		围巾	—	—	—	—	1	10	36	0.28
其他		背心	2	6	12	1.00	2	6	12	1.00
		内裤	2	4	12	0.67	2	4	12	0.67
		袜子	3	1	12	0.25	—	—	—	0.25
合计		—	—	—	—	29.00	—	—	—	31.37

商品类别			数量	单价(元)	能穿多久(月)	每月成本(元)	数量	单价(元)	能穿多久(月)	每月成本(元)
			7~12岁				13~16岁			
夏装	男	T恤、短裤	2	20	12	3.33	2	35	12	5.83
	女	T恤、短裤	2	20	12	3.33	2	35	12	5.83
		裙子	2	25	24	2.08	2	30	24	2.50
	男/女	长裤	2	20	12	3.33	2	30	12	5.00
		凉鞋	2	15	12	2.50	2	15	12	2.50
春秋装		秋衣、秋裤	2	25	24	2.08	2	30	24	2.50
		外裤、外衣	2	75	24	6.25	2	90	24	7.50
		校服	1	50	24	2.08	1	60	24	2.50
		衬衣	—	—	—	—	2	20	12	3.33
		球鞋/布鞋	2	20	12	3.33	3	40	12	10.00
		皮鞋	1	30	12	2.50	1	40	12	3.33
冬装		棉外套	1	50	12	4.17	1	60	12	5.00
		羽绒服	—	—	—	—	1	70	24	2.92
		保暖衣	1	45	24	1.88	1	50	24	2.08
		毛衣	1	25	24	1.04	1	30	24	1.25
		毛裤	1	25	24	1.04	1	30	24	1.25
		棉鞋	1	30	12	2.50	1	40	12	3.33
其他		背心	2	10	12	1.67	2	10	12	1.67
		内裤	2	5	12	0.83	2	5	12	0.83
		袜子	4	1.5	12	0.50	4	1.5	12	0.50
合计	女	—	—	—	—	41.11	—	—	—	63.82
	男	—	—	—	—	39.03	—	—	—	61.32

商品类别			数量	单价(元)	能穿多久(月)	每月成本(元)	数量	单价(元)	能穿多久(月)	每月成本(元)
			母亲				父亲			
夏装	男	T恤、短裤	—	—	—	—	2	35	12	5.83
	女	半袖衬衣	2	20	12	3.33	—	—	—	—
		裙　子	1	50	24	2.08	—	—	—	—
	男/女	长　裤	2	30	12	5.00	2	25	12	4.17
		凉　鞋	1	30	24	1.25	1	20	12	1.67
春秋装		秋衣、秋裤	2	35	12	5.83	2	30	12	5.00
		外裤、外衣	2	90	24	7.50	2	90	24	7.50
		衬　衣	1	15	12	1.25	1	20	12	1.67
		球鞋/布鞋	2	10	12	1.67	4	10	12	3.33
		皮　鞋	1	40	12	3.33	1	50	12	4.17
冬装		棉外套	1	50	24	2.08	1	60	36	1.67
		羽绒服	1	200	36	5.56	—	—	—	—
		保暖衣	1	50	24	2.08	1	50	24.	2.08
		毛　衣	1	40	24	1.67	1	40	24	1.67
		毛　裤	1	30	24	1.25	1	30	24	1.25
		棉　鞋	1	40	12	3.33	1	40	12	3.33
其他		背　心	2	10	12	1.67	2	10	12	1.67
		内　裤	2	5	12	0.83	2	5	12	0.83
		袜　子	4	2	12	0.67	4	2	12	0.67
		胸　罩	2	15	12	2.50	—	—	—	—
合计		—	—	—	—	52.88	—	—	—	46.51

个人护理

商品类别	数量	单价（元）	用多久(月)	每月成本(元)	数量	单价(元)	用多久(月)	每月成本(元)	说明
	2~3岁				4~6岁				
理发	1	3	3	1	1	3	3	1	
	7~12岁				13~16岁				
理发 女	1	3	2	1.5	1	3	2	1.5	
理发 男	1	3	1	3	1	3	1	3	
洗澡	1	5	1	5	1	5	1	5	当天气暖和在家里洗澡，天气冷在公共澡堂洗，每人每次5元，大概要洗6个月
牙膏	1	3	2	1.5	1	3	2	1.5	
牙刷	1	2	3	0.67	1	2	3	0.67	
	母亲				父亲				
理发	1	5	3	1.7	1	5	1	5	成年女性一般每年化妆品的消费约为50元
洗澡	1	5	1	5	1	5	1	5	
牙膏	1	3	2	1.5	1	3	2	1.5	
牙刷	1	2	3	0.67	1	2	3	0.67	洗澡成本分摊在12个月里
化妆品	1	50	12	4.2	—	—	—	—	
性别	女/男	女/男	女	男	女	男	女	男	
年龄	2~3岁	4~6岁	7~12岁	7~12岁	13~16岁	13~16岁	20~50岁	20~50岁	
合计（元/月）	1	1	6.17	7.67	6.17	7.67	10.57	9.67	

教育与娱乐

商品类别		数量	单价(元)	用多久(月)	每月成本(元)	数量	单价(元)	用多久(月)	每月成本(元)	说明
		2~3岁				4~6岁				根据2009年《山西省各类学校收费公示》，农村地区义务教育一费制标准，县城住宿费12元/生·期，小学作业本费10元/生·期，中学作业本费20元/生·期
住宿费		—	—	—	—	—	—	—	—	
教辅材料		—	—	—	—	—	—	—	—	
文具（书包）		—	—	—	—	1	15	12	1.25	
玩具		1	45	24	1.90	1	45	24	1.90	
		7~12岁				13~16岁				
住宿费		—	—	—	—	5	12	6	10.00	
作业本费		1	10	6	1.67	1	20	6	3.33	
教辅材料		1	100	6	16.67	1	210	6	33.33	
文具		1	20	6	3.33	1	30	6	5.00	
玩具	滑板/男	1	60	24	2.50	—	—	—	—	
	篮球/男	—	—	—	—	1	80	24	3.33	
	跳绳/女	1	10	24	0.42	1	10	24	0.42	
性别		女/男	女/男	女	男	女	男			
年龄		2~3岁	4~6岁	7~12岁	7~12岁	13~16岁	13~16岁			
合计（元/月）		1.90	3.15	22.09	24.17	52.08	54.99			

商品类别	数量	单价(元)	用多久(月)	每月成本(元)	数量	单价(元)	用多久(月)	每月成本(元)	说明
医疗									
	2~3岁				4~6岁				
药品	1	250	12	20.83	1	200	12	16.67	药费是讨论的结果；保险参照有关标准 交通假设小学生两个月去一次现成，乘公交； 中学生每周回一次家； 大人每月去一次县城
合作医疗	1	30	12	2.50	1	30	12	2.50	
校园保险					1	30	12	2.50	
	13~16岁				20~50岁				
药品	1	200	12	16.67	1	200	12	16.67	
合作医疗	1	30	12	2.50	1	30	12	2.50	
校园保险	1	30	12	2.50					
交通									
	2~6岁				7~12岁				
	—	—	—	—	1	6	2	3	
	13~17岁				20~50岁				
	4	6	1	24	1	6	1	3	
儿童照料									
	2~3岁				4~6岁				
	—	—	—	—	1	400	5	80	
性别	女/男	女/男	女	男	女	男	女	男	
年龄	2~3	4~6	7~12	7~12	13~16	13~16	20~50	20~50	
医疗	23.33	23.33	21.67	21.67	21.67	21.67	19.17	19.17	
交通	—	—	3	3	24	24	6	6	
儿童照料	—	80	—	—	—	—	—	—	

家庭设备用品

商品类别	单价（元）	寿命（年）	成本（元/年）	不同家庭规模的商品数量					不同家庭规模的年成本				
				2口人（件）	3口人（件）	4口人（件）	5口人（件）	6口人（件）	2口人（元/年）	3口人（元/年）	4口人（元/年）	5口人（元/年）	6口人（元/年）
家　具													
长沙发	1300	10	130.00	1	1	1	1	1	130.00	130.00	130.00	130.00	130.00
茶　几	300	10	30.00	1	1	1	1	1	30.00	30.00	30.00	30.00	30.00
餐　桌	50	10	5.00	1	1	1	1	1	5.00	5.00	5.00	5.00	5.00
凳　子	10	10	1.00	4	4	4	6	6	4.00	4.00	4.00	6.00	6.00
大柜子	800	20	40.00	1	1	1	2	2	40.00	40.00	40.00	80.00	80.00
橱　柜	300	10	30.00	1	1	1	1	1	30.00	30.00	30.00	30.00	30.00
床（双人）	500	10	50.00	1	1	1	1	1	50.00	50.00	50.00	50.00	50.00
床（单人）	200	10	20.00	—	—	1	1	1	—	—	20.00	20.00	20.00
家　电													
电视（彩色）	800	10	80.00	1	1	1	2	2	80.00	80.00	80.00	160.00	160.00
洗衣机	500	10	50.00	1	1	1	1	1	50.00	50.00	50.00	50.00	50.00
电磁炉	400	5	80.00	1	1	1	1	1	80.00	80.00	80.00	80.00	80.00
吊　扇	65	5	13.00	1	1	1	2	2	13.00	13.00	13.00	26.00	26.00
床上用品													
被　子	50	5	10.00	2	3	4	5	6	20.00	30.00	40.00	50.00	60.00
被　套	30	3	10.00	2	3	4	5	6	20.00	30.00	40.00	50.00	60.00
褥　子	30	5	6.00	2	3	4	5	6	12.00	18.00	24.00	30.00	36.00
毛巾被	30	5	6.00	2	3	4	5	6	12.00	18.00	24.00	30.00	36.00
枕　头	15	5	3.00	2	3	4	5	6	6.00	9.00	12.00	15.00	18.00

商品类别	单价（元）	寿命（年）	成本（元/年）	不同家庭规模的商品数量					不同家庭规模的年成本				
				2口人（件）	3口人（件）	4口人（件）	5口人（件）	6口人（件）	2口人（元/年）	3口人（元/年）	4口人（元/年）	5口人（元/年）	6口人（元/年）
床上用品													
枕套	10	3	3.33	2	3	4	5	6	6.66	10.00	13.33	16.67	20.00
枕巾	5	3	1.67	2	3	4	5	6	3.34	5.00	6.67	8.33	10.00
床单（双）	20	3	6.67	2	2	2	2	2	13.33	13.33	13.33	13.33	13.33
床单（单）	15	3	5.00			2	2	2			10.00	10.00	10.00
凉席	50	2	25.00	1	1	1	2	2	25.00	25.00	25.00	50.00	50.00
装饰品													
窗帘盒	15	10	1.50	1	1	1	2	2	1.50	1.50	1.50	3.00	3.00
窗帘	30	5	6.00	1	1	1	2	2	6.00	6.00	6.00	12.00	12.00
小计													
家具									289.00	289.00	309.00	351.00	351.00
家电									223.00	223.00	223.00	316.00	316.00
床上用品									48.33	53.33	68.33	98.33	103.33
装饰品									7.50	7.50	7.50	15.00	15.00
总计									567.83	572.83	607.83	780.33	785.33
家庭日杂用品													
节能灯	10	2	5.00	1	1	1	2	2	5.00	5.00	5.00	10.00	10.00
灯泡	2	1	2.00	4	4	4	3	3	8.00	8.00	8.00	6.00	6.00
桌布	8	1	8.00	1	1	1	1	1	8.00	8.00	8.00	8.00	8.00
暖瓶水	15	5	3.00	2	2	2	3	3	6.00	6.00	6.00	9.00	9.00
茶壶	20	5	4.00	1	1	1	2	2	4.00	4.00	4.00	8.00	8.00
水杯	5	5	1.00	4	4	4	6	6	4.00	4.00	4.00	6.00	6.00

商品类别	单价（元）	寿命（年）	成本（元/年）	不同家庭规模的商品数量					不同家庭规模的年成本				
				2口人（件）	3口人（件）	4口人（件）	5口人（件）	6口人（件）	2口人（元/年）	3口人（元/年）	4口人（元/年）	5口人（元/年）	6口人（元/年）
家庭日杂用品													
饭碗	2	3	0.67	4	6	8	10	12	2.68	4.00	5.33	6.67	8.00
筷子	2	2	1.00	1	1	1	1	1	2.00	2.00	2.00	2.00	2.00
盘子	2	5	0.40	6	6	6	8	8	2.40	2.40	2.40	3.20	3.20
汤勺	5	5	1.00	1	1	1	1	1	1.00	1.00	1.00	1.00	1.00
蒸锅	50	10	5.00	1	1	1	1	1	5.00	5.00	5.00	5.00	5.00
铁锅	30	10	3.00	1	1	1	1	1	3.00	3.00	3.00	3.00	3.00
面盆	25	5	5.00	1	1	1	1	1	5.00	5.00	5.00	5.00	5.00
菜刀	15	5	3.00	2	2	2	2	2	6.00	6.00	6.00	6.00	6.00
案板	50	10	5.00	1	1	1	1	1	5.00	5.00	5.00	5.00	5.00
擀面杖	2	10	0.20	1	1	1	1	1	0.20	0.20	0.20	0.20	0.20
锅刷	2	1	2.00	1	1	1	1	1	2.00	2.00	2.00	2.00	2.00
笊篱	3	5	0.60	1	1	1	1	1	0.60	0.60	0.60	0.60	0.60
水桶	5	1	5.00	1	1	1	1	1	5.00	5.00	5.00	5.00	5.00
煤炉	80	5	16.00	1	1	1	2	2	16.00	16.00	16.00	32.00	32.00
淋浴热水袋	15	1	15.00	1	1	1	1	1	15.00	15.00	15.00	15.00	15.00
洗衣盆	10	5	2.00	1	1	1	1	1	2.00	2.00	2.00	2.00	2.00
洗脸盆	10	3	3.33	1	1	1	2	2	3.33	3.33	3.33	6.67	6.67
洗脸毛巾	3	1	3.00	2	2	2	4	4	6.00	6.00	6.00	12.00	12.00
梳子	2	1	2.00	1	1	1	2	2	2.00	2.00	2.00	4.00	4.00
尿盆	5	2	2.50	1	1	1	2	2	2.50	2.50	2.50	5.00	5.00
小计									86.71	88.03	89.36	121.34	122.67

商品类别	单价（元）	说明		不同家庭规模的每月用量					不同家庭规模的年成本				
				2口人	3口人	4口人	5口人	6口人	2口人	3口人	4口人	5口人	6口人
				（数量/月）	（数量/月）	（数量/月）	（数量/月）	（数量/月）	（元/月）	（元/月）	（元/月）	（元/月）	（元/月）
洗衣粉	8	2.5千克/袋		1/2	2/3	2/3	1	1	4.00	5.33	5.33	8.00	8.00
洗发水	10	220ml/瓶		2/3	1	1	1.5	1.5	6.67	10.00	10.00	15.00	15.00
香皂	3	1块		2/3	1	1	1.5	1.5	2.00	3.00	3.00	4.50	4.50
卫生纸	10	1大包		2/3	1	1	1.5	1.5	6.67	10.00	10.00	15.00	15.00
洗洁精	3	500克/瓶		2/3	1	1	1	1	2.00	3.00	3.00	3.00	3.00
小计									21.34	31.33	31.33	45.50	45.50
总计									28.57	38.67	38.78	55.61	55.72
家庭服务													
通信费	20	手机包月费		1	1	1	2	2	20.00	20.00	20.00	40.00	40.00
有线电视	12	每月入网费		1	1	1	2	2	12.00	12.00	12.00	24.00	24.00
总计									32.00	32.00	32.00	64.00	64.00
交通和通信													
	单价（元）	寿命（年）	成本（元/年）	数量	数量	数量	数量	数量	元/年	元/年	元/年	元/年	元/年
自行车	300	5或4	60/75	1	1	1	1	1	60.00	60.00	60.00	75.00	75.00
摩托车	4000	10或8	400/500	1	1	1	1	1	400.00	400.00	400.00	500.00	500.00
燃料费	20元/月或25元/月								240.00	240.00	240.00	300.00	300.00
手机	300	3	100	1	1	1	2	2	100.00	100.00	100.00	200.00	200.00
合计									800.00	800.00	800.00	1075.00	1075.00

商品类别	单价（元）	说明	不同家庭规模的每月用量					不同家庭规模的年成本				
			2口人	3口人	4口人	5口人	6口人	2口人	3口人	4口人	5口人	6口人
			（数量/月）	（数量/月）	（数量/月）	（数量/月）	（数量/月）	（元/月）	（元/月）	（元/月）	（元/月）	（元/月）
居住												
电	0.47元/度	被访家庭1～7月用电统计	40度/月	50度/月	50度/月	65度/月	65度/月	18.80	23.50	23.50	30.55	30.55
煤　球	0.5元/个	焦点小组访谈	800个/年	800个/年	800个/年	1000个/年	1000个/年	33.33	33.33	33.33	41.67	41.67
合　计								52.13	56.83	56.83	72.22	72.22

个人支出部分（individual specific expenses）

项目 \ 年龄 \ 性别	女/男	女/男	女	男	女	男	女	男
	2～3岁	4～6岁	7～12岁	7～12岁	13～16岁	13～16岁	20～50岁	20～50岁
1. 食品	168.54	81.39	61.29	67.59	67.59	83.19	82.20	99.60
2. 衣着	29.00	31.37	41.13	39.04	63.83	61.33	52.89	46.50
3. 个人护理	1.00	1.00	6.17	7.67	6.17	7.67	10.57	9.67
4. 教育、娱乐	1.90	3.15	22.09	24.17	52.08	54.99	—	—
5. 医疗卫生	23.33	23.33	21.67	21.67	21.67	21.67	19.17	19.17
6. 交通费	—	—	3.00	3.00	24.00	24.00	6.00	6.00
7. 儿童照料	—	80.00	—	—	—	—	—	—
合　计	223.77	220.24	155.35	163.14	235.34	252.85	170.83	180.94

家庭公共支出部分（household specific expenses）

项　　目	家庭人口数				
	2 口	3 口	4 口	5 口	6 口
8. 居住	52. 13	56. 83	56. 83	72. 22	72. 22
9. 家庭设备	47. 32	47. 74	50. 65	65. 03	65. 44
10. 家庭日杂用品	28. 57	38. 67	38. 78	55. 61	55. 72
11. 家庭服务	32. 00	32. 00	32. 00	64. 00	64. 00
12. 交通与通信工具	66. 67	66. 67	66. 67	89. 58	89. 58
合　　计	226. 69	241. 91	244. 93	346. 44	346. 96

参考文献

[1] 刘娟：《贫困标准上调与扶贫开发思路调整》，《理论探索》2001 年第 1 期。

[2] 莫泰基：《香港减贫政策探索：社会发展的构思》，三联书店（香港）有限公司，1999。

[3] 夏县地方志编纂委员会编《夏县志》，人民出版社，1998。

[4] 杨立雄、谢丹丹：《“绝对的相对”，抑或“相对的绝对”——汤森和森的贫困理论比较》，《财经科学》2007 年第 1 期。

[5] 张时飞、唐钧：《中国的贫困儿童：概念与规模》，《河海大学学报》2009 年第 4 期。

[6] Bradshaw, J . ed, “ Budget Standards for the United Kindom”, *Avebury*, 1993.

[7] Bradshaw, J. , Middleton, J. , Davis, A. , Oldfield, N. , Smith, N. , Cusworth, L. and Williams, J. , “ A Minimum Income Standard for Britain,” http: // www. minimumincomes-tandard. org/publications. htm, 2008.

[8] Elling Borgeraas. Ragnhild Brusdal, “ The Cost of Children——A Comparison of Standard Dudget and Income Approach” , *Child Indicators Research*, (2008) 1.

[9] Elling Borgeraas, ESpen Dahl, “Low Income and ‘Poverty Lines’ in Norway: A Comparison of Three Concepts”, *International Social Welfare*, (2009) 19.

[10] National Institute for Consumer Research, “The Norweigian Standard Budget”,

http://www.sifo.no/page/Links/Meny_engelsk_hoyre/10418/10424, 2009.

[11] Roseborough, H., "Some Sociological Dimensions of Consumer Spending", *The Canadian Journal of Economics and Political Science*, (1960) 26 (3).

[12] Saunders, P., Chalmers, J., McHugh, M., Murray, C., Bittman, M. and. Bradbury, B., Development of Indicative Budget Standards for Australia, *University of New South Wales*, 1998.

[13] Saunders, P., "Budget Standards and the Costs of Children", *Family Matters*, (1999) No. 53.

[14] SIFO, "National Institute for Consumer Research", 2009.

第三部分

状态篇

第四章　四川省凉山州三县儿童状况及福利需求分析

黄晓燕

一　引言

儿童权利及需要问题一直广为社会关注，无论男孩女孩、城市农村、富有地区和贫困地区，关注儿童的健康成长和发展前途都具有重要意义。近年来，随着教育、医疗水平的提高以及传媒的发展，大众对于困难儿童处境、儿童权利侵害事件等相关问题的了解逐渐增加，儿童教育、儿童健康、儿童安全和儿童权利保护等儿童福利相关问题越来越多地被提上议程。在全社会关注儿童的同时，我们也要注意到儿童中也有不同的群体和分层。其中，少数民族地区农村贫困儿童作为儿童群体的一部分，由于自然环境、历史文化以及经济和社会等方面的原因，他们的生存及需要满足状况令人担忧。国内对少数民族地区儿童的研究甚少，因此更加值得关注。

中国儿童福利示范区项目由联合国儿童基金会资助，在北京师范大学儿童福利研究中心主持下，国内几所高校联合开展调查。调查在河南、新疆、云南、四川、山西五省区的相关县市展开，旨在了解项目地区儿童基本状况及儿童需求，改善儿童福利，为项目地区儿童提供所需要的服务和帮助。南开大学社会工作与社会政策系负责四川省布拖、金阳、昭觉三县的调研任务，于2010年7月对三县的儿童进行了抽样调查。三县儿童的生存和发展状况如何？有哪些特点？造成这种状况的因素有哪些？影响的程度如何？应该从哪些方面来改善这些地区的儿童福利，满足他们的基本需求，以使当地儿童获得同等的发展机会？这些是本章要解答的问题。

二　调查设计与实施

（一）问卷设计

问卷在设计方面，采用了多维度儿童福利的视角，分别从儿童医疗与卫生保障、儿童生存与基本生活保障、儿童教育保障、儿童保护，以及儿童发展这几个基本维度了解四川凉山地区少数民族儿童的基本状况。问卷分为两类，一类是入户调查问卷，旨在了解儿童及家庭的基本状况；另一类是儿童生存社区的问卷。

入户问卷旨在了解有关当地儿童及其家庭的基本状况，包括以下几项。

1. 调查对象基本信息：包括受访者的性别、年龄、文化程度、民族、家庭情况等基本信息。

2. 家庭基本情况：包括家庭人口、住房、水电、生活消费等信息。

3. 家庭中是否存在特殊类型的儿童：包括残疾儿童、孤儿、受艾滋病影响儿童、留守儿童、患大病儿童等信息。

4. 家庭儿童基本状况：以 18 岁以下儿童为准，具体包括儿童的姓名、性别、出生年份、受教育状况、民族、身体状况、日常生活以及家庭关系、社会关系等信息。此外，针对 12 岁以上 18 岁以下的儿童进行补充调查，包括儿童自决权、学习或工作状况、安全感、人际交往等方面。

调查中社区问卷旨在了解各村的基本情况、儿童工作和服务实施情况、教育卫生娱乐设施是否完备、儿童服务提供参与度等。具体包括以下几项。

1. 基本情况：包括各村户数、人口数、儿童数目、财政收支情况、生活条件等。

2. 儿童工作和服务实施情况：是否有儿童工作人员、已获救助儿童数目、日常儿童工作等。

3. 教育卫生娱乐设施是否完备：包括幼儿园、小学、中学情况及其内部设施齐全度，卫生所基本情况，是否拥有书店、网吧、运动场等。

4. 儿童服务提供参与度：包括各村参与提供的各项儿童相关服务，例如教育、就业、医疗、法律援助等。

（二）抽样方法

此次调研主要在四川省凉山州布拖县、昭觉县、金阳县三县抽取的7个乡镇30个村展开，以30个村中拥有0~18岁儿童的家庭为总体，采用等距抽样的方法选择调查对象，通过调查员问卷面访的方式，获取样本范围内社区和个人层面的数据。

有效社区问卷30份，入户问卷982份。社区问卷由各村相关负责人填答，入户问卷由抽中的村民填答。之所以采用此种抽样方法是可以尽可能精确地推论调查总体，从而较为全面地反映出项目地区儿童及其家庭状况，而采用直接面访的方式可以有效地控制收集数据的质量，在较高程度上保证了收集资料的真实性。

（三）调查实施

调查实施之前，由10名儿童福利专家组成的委员会对调查内容和方式作了道德审查。2010年7月24日至8月2日，调研组展开实际入户调查工作。在当地政府官员和翻译的协助下，调查员按照抽样程序抽取调查对象进行分组入户，并根据各个村的样本规模和调查难易程度调整各组人数。每天调查完成后要核对普查资料，核查问卷质量，剔除作废问卷，并记录典型的入户个案，及时录入问卷信息。经过10天的工作，共收回入户问卷1120份，其中有效问卷982份。社区问卷由于填答对象确定，全部有效完成，共30份。其中，入户样本的分布情况如下：布拖、金阳、昭觉三县样本数目比例为35.6:29.7:34.6；调查对象男女性别比例为49.8:50.2；年龄结构情况为18岁以下（包括18岁）的占6.1%，19~40岁的占52.6%，41~60岁的占33.4%，60岁以上的占7.9%；受教育程度情况为文盲62.9%，小学学历31.7%，初中学历4.4%，高中、中专、技校一类的占1.0%；农业户籍与非农业户籍比例为99.6:0.4；受访者皆为彝族；79.5%为已婚。

在进行入户调查的同时，调研组对三县各村部分有代表性的家庭、典型的贫困家庭以及有特殊儿童的家庭进行了深入了解，并作了个案记录。

了解内容主要包括家庭人口数、住房条件、饮食条件、经济来源、儿童成长状况、家庭关系等几方面，与问卷问题相互印证。

三　三县儿童生存与发展的基本状况

（一）三县儿童发展环境及基本状况

1. 三县社会经济状况

昭觉县是全国最大的彝族聚居县，曾是凉山彝族自治州的州府所在地，经济基础较好。昭觉平均海拔 2170 米，在三县中相对较低，因此粮食品种较多，可种植水稻等粮食作物。因经济环境较好，儿童成长环境相对较好。

布拖县是以彝族为主体的少数民族聚居县，是国家级贫困县，贫困人口 3.423 万，占总人口的 25.3%。布拖平均海拔 2385 米，在三县中相对较高。粮食作物以玉米、马铃薯、荞子、燕麦为主。由于收入来源较少，布拖县的贫困人口多且脱贫难度大，是三县中经济环境最差的。

金阳县是彝族聚居的国定贫困县，位于凉山州的最东边，与云南接壤。金阳县的海拔相对落差比较大，最低的地方有 400 多米，最高的地方狮子山海拔有 4076 米，相对落差较大使得这里的气候资源比较丰富，作物品种比较多，但整个县地形以山地为主，平坝和台地仅占 0.23%，给种植业造成了很大的限制，因此经济发展水平有限。

2. 三县的人口状况

此次调查的昭觉县、布拖县和金阳县都属于彝族聚居县。昭觉县调查村落总户籍人口为 12934 人，其中常住人口为 12062 人，占总人口数的 93.26%。各村人口流动数量的差异较大，但总体绝对数较小，只有 872 人。这说明大多数村民偏向于选择留守本地，而不是外出务工。少数居民外出打工的原因有以下几点：首先是本地交通状况。离交通主干线较近的村落，如莫洛村、瓦托村、大温泉村等，交通的便捷节省了村民外出的经济成本和时间，外出务工人员较多。其次，村民受教育程度的差异。小学及以上文化程度的村民较文盲、半文盲来说致富意识更强，惰性更低，且更容易适应外出打工的环境。再次，偿还债务的需要。根据当地习俗，建房、丧葬、婚礼等事项会产生较大花销。另外，突发的意外事件带来的损失以及大病、残疾也使许多家庭入不敷出，于是收入较少的家庭不得不在外举债，这些债务单纯靠卖牲畜、卖粮食很难偿还，为了尽早还清债务或贴补家用，部分村民会选择外出务工。不过，由于安土重迁观念的影响。外出务工人员毕竟只是村民中的一小部分，传统观念提高了土地、家庭等既有因素在村民生活中的地位，常常使他们安于现状，不愿作出改变。

布拖县调查村落总户籍人口为9624人，其中常住人口为8391人，占总人口数的87.19%。各村人口流出流入的数量差异很大，总流动人口约1233人。其中，草木村的常住人口超出户籍人口58人，由此可见村中许多村民尚未进行户籍登记。相比其他村落来说，老吉村和菲各村人口流出数量较多，分别达到了300人和250人，分别占两村户籍人口数的32.82%和28.8%。造成这种现象的原因有以下几点：一是地理位置离乡镇政府较近。乡政府或镇政府周边的交通状况一般较好，是各个主干道的会合处，离行政中心不远的村落相对于山上的乡村来说，就拥有了交通便利这一大优势。老吉村、菲各村等邻近县内经济状况最好的拖觉乡，出入村的交通十分便捷，因此，外出务工人员也最多。二是村民勤劳致富意识的差异。安洛古村与菲各村外出务工人员数量差异较大，很大一部分原因是两村村民致富观念、勤劳程度、开放意识等方面的不同。据观察，安洛古村较多村民都安于现状，不想冒险寻求致富途径，自我压力较小；而菲各村却恰恰相反，这也是该村务工人员多、生活条件较好的原因。但也应该看到，菲各村内部各家庭的富裕程度也有很大差异。三是本地致富途径少。当地村民主要收入来源是种植农作物和饲养牲畜。由于天气阴湿，不适宜种植水稻及其他有价值的经济作物。多数村庄的道路也因为经常降雨而长期泥泞不堪，使得交通条件持续恶劣。交通和天气的影响使得当地陷入贫困的恶性循环。许多想提高生活水平的家庭不得不从外界寻找致富途径。四是村民对户籍登记的重要性认识不足。村民未上户口的原因有以下几点：①认为登不登记无所谓；②家庭住地离村派出所较远，不愿奔波；③新生儿诞生未上户口；④超生以后害怕处罚措施而不上户口。

金阳县调查村落总户籍人口为6490人，其中常住人口为6116人，占总人口数的94.24%。约有40%的村落常住人口与户籍人口数量相差不大，其余各村人口流出数量也较少，共有 353 人。这说明大多数村民偏向于选择留守本地，而不是外出务工。而有些村落则是为了打击贩毒和防止艾滋病的传播而对村民外出有所管制。造成这种现象的原因主要有，一是本地容纳能力强。金阳县政治、经济、文化等方面逐渐发展成为较为完善的体系。这里温和的气候、丰富的资源以及各种经济机会无论对于本地人还是外地人都具有一定的吸引力。金阳县各村内部也有相对健全的服务体系。二是政府惠民工程较多。“彝区三房改造工程”以及新村建设在当地实施情况较好。政府出资或政府与个人联合出资在村里建造了统一的砖瓦房。有的村庄，如丙乙底村还建造了沼气池和排水沟，村民生活卫生条件有了很大改变。村民在本地基本可以满足各种需求。三是严格的户籍管理制度。统一户籍管理是当地人口流动量较少的主要原因。为了打击贩毒、吸毒人员，防止艾滋病进一步传播，县政府规定各村委必须严格管理村民户籍。只有没有吸毒、贩毒前科且通过审查的村民才可以外出务工。四是调查村落多处于山上或偏远地方，交通不便。村与村之间的山路狭窄曲折，行车十分危险。有些村落的村民聚集到村委会都需要一个多小时的脚程，有的还要翻过几个山丘。多山的地形和环境增加了村民外出的障碍。

3. 三县各村儿童数占常住人口数的比例

从表 4－1 中可以看出，三个县 30 个村的儿童占常住人口的比例是较高的，三个县儿童人口数与常住人口的各村平均比例都超过了 40%。在外出务工人员较多的村落，如昭觉县的莫洛村、瓦托村，金阳县的丙底洛村和永丰村的儿童占常住人口的比例超过了 60%，说明这些村儿童是主要的常住人口，如此数目巨大的儿童群体，他们的日常生活照料、精神需要的满足、儿童保护和福利服务等相关问题的实现任重道远。

表 4－1　三县各村儿童数占常住人口数的比例

县　名	儿童人口数（人）	儿童占常住人口比例（%）	各村平均比例（%）
昭觉县	4634	38.42	41.27
布拖县	3669	43.73	43.45
金阳县	2744	44.87	46.7

4. 财政状况

此次调研发现，昭觉县各村集体的财政70%处于支出大于收入或恰好收支平衡的状态。其中，各村平均集体收入为9950元，平均支出为20750元，平均集体累计为3260元。布拖县各村集体的财政70%处于支出大于收入或恰好收支平衡的状态。其中，各村平均集体收入为4400元，平均支出为4200元，平均集体累计为270元，是三县中水平最低的。与昭觉县一样，由于集体收入有限，用于提高儿童福利方面的资金极少。金阳县各村集体的财政皆处于支出大于收入或恰好收支平衡的状态。其中，各村平均集体收入为6590元，平均支出为12710元，平均集体累计为－9170元，财政状况较为紧张。

在社区问卷调查中发现，三县各村的集体收入主要来源于政府补贴以及土地流转，收入来源单一，增长缓慢。由于集体结余几乎为零，因此连村里年久失修的公共基础设施，如桥、道路都无法加以修整，更不用说儿童福利方面的投入。依靠村集体在经济方面改善儿童的生存状况和提升儿童福利是很难实现的。

5. 生活条件

昭觉县各村每年平均生活用电72388度，通电率为92.94%；生活用水皆为山上引水，55.3%的村民在5分钟之内就可以取到用水，但也应当看到，仍有20.3%的村民需要至少半个小时才可以取到用水；燃料皆为柴草；住房96.8%为村民自有，2.6%为借住，0.3%为租赁，平均住房面积54.2平方米；家电拥有率为43.5%；村民家中无厕所设施的为82.4%，只有15.3%的家庭拥有旱厕。村民年收入3000元及以上的仅占村民总数的25%，而年支出在3000元以上的占村民总数的30%。村民家庭离最近卫生所的距离低于3公里的占到总数的68.5%，离最近的小学距离低于3公里的占总数的82.4%。调查的各个家庭中，32.9%为贫困户，15.3%为低保户，两者都是的占6.5%，累计占到村民总数的54.7%。99.4%的村民没有存款，只有23.2%的村民没有在外举债。从调查对象自我评价来看，74.4%的村民表示自己的收入状况无法满足家庭的基本需求，25.3%的村民表示能够基本满足，而只有0.3%的村民表示比较宽裕。相对于收入来说，村民觉得自己的生活水平在当地属于中等及偏上的占到25.6%，42.4%的村民觉得自己家庭处于中等偏下的水平，32%觉得自己的生活水平很低。

布拖县各村每年平均生活用电 60538.5 度，通电率为 98.9%；生活用水皆为山上引水，98.3%的村民在 5 分钟之内就可以取到用水，只有个别村民需要半个小时或者一个小时以上才可以取到用水；燃料皆为柴草；住房 98%为村民自有，1.1%为借住，0.9%为租赁，平均住房面积 70.23 平方米；家电拥有率为 56%；村民家中无厕所设施的占 85.7%，只有 12.3%的家庭拥有旱厕。村民年收入 3000 元及以上的仅占村民总数的 34%，而年支出在 3000 元以上的占村民总数的 42.86%。村民家庭离最近卫生所距离低于 3 公里的占到总数的 81.1%，离最近的小学距离低于 3 公里的占总数的 88.6%。调查的布拖县各个家庭中，16%为贫困户，21.1%为低保户，两者都是的占 5.1%，累计占到村民总数的 42.2%，97.1%的村民没有存款，只有 29.4%的村民没有在外举债。从调查对象自我评价来看，77.7%的村民表示自己的收入状况无法满足家庭的基本需求，21.7%的村民表示能够基本满足，而只有 0.6%的村民表示比较宽裕。相对于收入来说，村民觉得自己的生活水平在当地属于中等及偏上的占到 39.7%，44.9%的村民觉得自己家庭处于中等偏下的水平，15.4%觉得自己的生活水平很低。

金阳县各村每年平均生活用电 29712.5 度，通电率为 66.1%；生活用水主要为山上引水，34.6%的村民在 5 分钟之内就可以取到用水，但也应当看到，仍有 26.37%的村民需要至少半个小时才可以取到用水；燃料皆为柴草；住房 98.6%为村民自有，1%为借住，0.3%为租赁，平均住房面积 64 平方米；家电拥有率为 43.8%；村民家中无厕所设施的为 92.8%，只有 2.7%的家庭拥有旱厕。村民年收入 3000 元及以上的仅占村民总数的 45.55%，而年支出在 3000 元以上的占村民总数的 62.67%。村民家庭离最近卫生所距离低于 3 公里的占到总数的 68.8%，离最近的小学距离低于 3 公里的占总数的 84.6%。调查的各个家庭中，10.3%为贫困户，32.5%为低保户，两者都是的占 6.2%，累计占到村民总数的 49%，97.6%的村民没有存款，只有 19.9%的村民没有在外举债。从调查对象自我评价来看，81.8%的村民表示自己的收入状况无法满足家庭的基本需求，17.5%的村民表示能够基本满足，而只有 0.7%的村民表示比较宽裕。相对于收入来说，村民觉得自己的生活水平在当地属于中等及偏上的占到 37.7%，49.7%的村民觉得自己家庭处于中等偏下的水平，12.7%觉得自己的生活水平很低。

（二）三县各村有关儿童的公共基础设施情况

从表4－2可以看出，昭觉县各村有关儿童的基础设施较为匮乏。村落内部无幼儿园及中学，70%的村落有小学。但是就实际情况来看，多数小学的设施极为简陋，通常只有必要的教室、桌椅、黑板、粉笔、操场、厕所等。小学学生人数在100人以下的占总数的42.9%，在编教师总数为56人，无代课老师。只有规模较大的瓦托村小学设有学前班、计算机室、烧水热饭等设施。图书室的拥有率为42.9%，学校自来水的提供率为71.4%。

调查的各村中，只有莫洛村和吾合村设有卫生所，但规模较小，设备简陋，前者为集体联营，后者为公办机构，两者都承担着卫生宣传工作。医生人数分别为2人和1人，病床数量分别为6张和3张。其他设施情况，如运动场所、娱乐场所、书店、超市、集市、公共厕所等见表4－2。

表4－2　四川省昭觉县10村基础设施状况

村落＼设施	幼儿园	小学	中学	卫生所	运动场所	书店	娱乐场所	超市等	集市	公共厕所
阿并洛古乡洛五阿木村	无	有	无	无	无	无	无	无	无	无
阿并洛古乡吾合村	无	有	无	有	无	无	无	无	无	有
竹核乡大温泉村	无	无	无	无	无	无	有	无	无	有
竹核乡火洛村	无	有	无	无	无	无	无	有	无	有
竹核乡拉牙村	无	有	无	无	无	无	无	无	无	无
竹核乡莫洛村	无	无	无	有	无	无	无	无	无	无
竹核乡木渣洛村	无	有	无	无	有	有	无	有	有	有
竹核乡尼日村	无	无	无	无	无	无	无	无	无	有
竹核乡热口村	无	有	无	无	无	无	无	无	无	有
竹核乡瓦托村	无	有	无	无	无	无	无	无	无	无
总　　计	0	7	0	2	1	1	1	2	1	6

从表4－3可以看出，布拖县各村有关儿童的基础设施也非常匮乏。村落内部无幼儿园及中学，30%的村落有小学，运动场所多为小学的配套设

施，或者就设在村委会处，大多只是篮球架和乒乓球桌。各村实施就近入学的原则，将入学儿童分配到村小或乡小。小学学生人数平均为235人，乡小人数可达500人，在编教师总数为27人，代课老师1人。

表4－3　四川省布拖县10村基础设施状况

设施 / 村落	幼儿园	小学	中学	卫生所	运动场所	书店	娱乐场所	超市等	集市	公共厕所
九都乡安洛吉村	无	无	无	无	有	无	无	无	无	有
九都乡九都村	无	无	无	无	无	无	无	无	无	无
九都乡洛色村	无	无	无	无	无	无	无	无	无	无
木尔乡草木村	无	无	无	无	无	无	无	无	无	有
木尔乡菲各村	无	无	无	无	有	无	无	无	无	无
木尔乡菲土鲁村	无	无	无	无	无	无	无	无	无	无
木尔乡快只村	无	无	无	无	无	无	无	无	无	无
木尔乡老吉村	无	有	无	无	无	无	无	无	无	无
木尔乡呷乌村	无	有	无	无	有	无	无	无	无	无
木尔乡亚河村	无	有	无	无	有	无	无	无	无	无
总　计	0	3	0	0	4	0	0	0	0	2

各村内部都没有卫生所，村民就医主要到邻近乡镇上的卫生机构，村民除了新生儿以外，基本上已经全部纳入低保的范围，但是真正的患病就医率却比较低，村民尚未体会到医保体系带来的好处。

从表4－4可以看出，三县当中，金阳县有关儿童的基础设施是较为完善的。

村落内部无幼儿园及中学，80%的村落有小学，平均每个小学32名学生，人数最多的小学也只有60人。就实际情况来看，各个小学的水平层次有较大差异。如丙底乡小学拥有较好的教学设施，有专门的运动场地和运动器材，而友地村的小学则是1~3年级共用一间教室，学校只有一名老师，十几位学生，设施非常简陋。小学在编教师总数为12人，无代课老师。图书室的拥有率为22.2%，学校自来水的提供率为44.4%。

调查的各村中，只有丙乙底村和东风村设有卫生所，前者为集体联营，后者为公办机构，两者都承担着卫生宣传工作。医生人数均为1人，没有设置病床。

其他设施情况，如运动场所、娱乐场所、书店、超市、集市、公共厕所等见表4－4。

表4－4　四川省金阳县10村基础设施状况

村落＼设施	幼儿园	小学	中学	卫生所	运动场所	书店	娱乐场所	超市等	集市	公共厕所
丙底乡丙底洛村	无	无	无	无	有	无	无	有	有	有
丙底乡布洛村	无	有	无	无	无	有	无	有	无	有
丙底乡打鼓洛村	无	有	无	无	无	无	无	有	无	无
丙底乡古尔村	无	有	无	无	无	无	无	无	无	有
丙底乡沙洛村	无	有	无	无	无	无	无	无	无	无
波洛乡丙乙底村	无	有	无	有	有	有	无	无	无	无
波洛乡东风村	无	有	无	有	无	有	无	无	无	有
波洛乡热口觉村	无	无	无	无	无	无	无	无	无	无
波洛乡永丰村	无	有	无	无	无	无	无	无	无	无
波洛乡友地村	无	有	无	无	无	无	无	有	无	有
总　计	0	8	0	2	2	3	0	4	1	5

（三）儿童家庭基本状况

1. 家庭儿童数目情况

由表4－5中数据可知，昭觉县儿童数目为3个的家庭在所有家庭中所占比重最大，为33.2%。而有2个以下（包括2个）儿童的家庭占总数的46.7%，还不到一半。没有儿童及儿童数目为5个的家庭比例都较小，分别是0.6%和3.8%。布拖县儿童数目为3个的家庭在所有家庭中所占比重最大，为33.43%。而有2个以下（包括2个）儿童的家庭占总数的55.1%，超过了调查家庭的半数。没有儿童及儿童数目为5～7个的家庭比例都较小，分别是0.3%和1.2%。金阳县儿童数目为3个的家庭在所有家庭中所占比重最大，为30.5%。而有2个以下（包括2个）儿童的家庭占总数的53.1%，超过了总调查人数的半数。没有儿童及儿童数目为5个的家庭比例都较小，分别是1%和2.1%。

表 4－5　三县家庭儿童数目百分比统计

家庭儿童数（个）	昭觉县（%）	布拖县（%）	金阳县（%）
0	0.6	0.3	1
1	22.9	22.3	24
2	23.8	32.8	29.1
3	33.2	33.43	30.5
4	15.6	10.00	13.4
5	3.8	0.6	2.1
6	0	0.3	0
7	0	0.3	0

这三个县的调研数据表明，家庭中儿童数目为 3 名的家庭比例最高，大多数家庭的子女都有 2～3 个，甚至还会更多。家庭中多子女会导致每名儿童的受关注度相对降低，由于需要养育多名子女，父母的经济压力增大，易产生家庭贫困。父母由于精力限制也会疏于对儿童的照料，儿童安全、儿童保护以及儿童基本生活需要的满足等方面都会出现更多的问题，儿童也会陷于更高的风险中。

2. 儿童与监护人的关系情况

昭觉县调查的儿童家庭中，监护人与儿童的关系具有多样化的特点，但总体来说主要以父母与子女的关系为主，比例占总体的 90.5%；其次是祖父母与孙子女的关系，占 6.8%，说明隔代养护是儿童缺乏父母照料后的第一选择；侄子女、外甥女、收养关系等所占比例大体相同，为 0.6%；调查对象本身是孤儿的比重为 0.3%，而外孙子女、堂（表）侄子女、寄养子女等关系几乎没有。布拖县调查的儿童家庭中，监护人与儿童的关系也是以父母与子女的关系为主，比例占总体的 82.2%；其次是祖父母与孙子女的关系，占 12.9%，说明隔代养护是儿童缺乏父母照料后的第一选择；兄弟姐妹关系所占比例为 2%，侄子女与外孙子女所占比例相近，约为 1%，其他关系所占比例较小；而收养、寄养子女等关系几乎没有。金阳县调查的儿童家庭中，监护人与儿童的关系主要以父母与子女的关系为主，比例占总体的94%；其次是祖父母与孙子女的关系，占3%，说明隔代养护是儿童缺乏父母照料后的第一选择；兄弟姐妹、侄子女、本人照顾自己关系等所占比例大体相同，为1%；外甥（女）关系的比重很小；而外孙子女、收养、寄养子女等关系几乎没有。

3. 家庭氛围状况

调研的数据显示，四川省凉山州三个县的儿童家庭氛围和睦的比例还是相当高的，绝大部分的儿童每天都和家长一起吃饭。但是不可忽视的是，也存在家长打骂孩子的情形。从表4－6中可以看出，家长经常骂孩子在布拖县的比例最高，达到了13.15%，三个县家长偶尔骂孩子的比例都超过了50%，言语上的辱骂对于孩子的心理、自信心发展会有一定的影响。家长用手打孩子和用硬物（如带子、木棍、发梳等）打孩子的行为也存在。其中偶尔用手打孩子的比例也较高，昭觉和布拖分别为47.48%和46.17%。家长用硬物打孩子的情形在布拖最严重，其中经常用硬物打孩子的比例高达19.5%，用硬物打孩子很容易对孩子造成伤害。从表4－6的数据可以发现，金阳的家长在打骂孩子方面的比例是最低的，其中用硬物经常打孩子的比例为零，从不骂、从不用手打孩子、从不用硬物打孩子的比例都是最高的，

表4－6　三县儿童家庭氛围状况

单位：%

家庭氛围		昭觉县	布拖县	金阳县
家庭和睦		98	96	98
儿童与家长一起吃饭		95	93	96
家长骂孩子	经常骂	1.68	13.15	0.9
	偶尔骂	65.2	60	53.4
	从不骂	33.47	32.32	45.7
家长用手打孩子	经常打	0.87	15.66	0.87
	偶尔打	47.48	46.17	24.2
	从不打	52.17	49	74.9
家长用硬物打孩子（如木棍）	经常打	0.3	19.5	0
	偶尔打	24.2	18	12.4
	从不打	75.7	72	87.6

这和金阳经济发展以及对教育的重视有关联。因此对于儿童的保护与家长的能力以及受教育程度关系密切。

4. 其他情况

昭觉县家庭中成人至少接受过小学教育的比例仅占调查总数的33.2%。没有外出务工人员的家庭所占比例为73.5%。2009年，有父母双方同时外出现象的家庭所占比例为8.5%，外出时间从1个月到18个月不等，集中在12个月，平均外出时间为9.3个月；仅有母亲外出的家庭占6.4%，最长时间达12个月并且相对集中，平均外出时间为9个月；仅有父亲外出的家庭占16.8%，比重较高，平均外出时间为9.3个月。从中可以看出，男性作为家庭生活的主力是外出务工人员的主要组成部分，并且大多数的务工人员都是在农闲时期打1~2个月的短工。

布拖县家庭中成人至少接受过小学教育的比例仅占调查总数的15.7%。没有外出务工人员的家庭所占比例为77.7%。2009年，有父母双方同时外出现象的家庭所占比例为20.8%，外出时间从1个月到24个月不等，集中在12个月，平均外出时间为11.24个月；仅有母亲外出的家庭占31.8%，最长时间达12个月并且相对集中，平均外出时间为11.53个月；仅有父亲外出的家庭占45.25%，比重较高，平均外出时间为11个月。从中可以看出，男性作为家庭生活的主力是外出务工人员的主要组成部分，大多数的务工人员都是12个月在外，只有少部分人在农闲时期打1~3个月的短工。

金阳县家庭中成人至少接受过小学教育的比例仅占调查总数的15.1%。没有外出务工人员的家庭所占比例为71.2%。2009年，有父母双方同时外出现象的家庭所占比例为5.2%，外出时间从1个月到12个月不等，集中在12个月，平均外出时间为11.2个月；仅有母亲外出的家庭占36.3%，最长时间达12个月并且相对集中，平均外出时间为9.2个月；仅有父亲外出的家庭占10.67%，比重较高，平均外出时间为10个月。从中可以看出，女性相对于男性务工人员来说所占比重更大，即与子女的分离频率更大。探索原因可能是当地服务业发展对女性员工需求量较大，或者农业生产对男性依赖性较强。同样，该县许多务工人员也都是在农闲时期打1~2个月的短工。

（四）儿童基本状况（体质、受教育程度、社会网络等）

1. 三县儿童健康状况

昭觉县实际调查中的儿童男女性别比例为41.6∶53.7，皆为彝族，1998年以前出生儿童占总人数的22.9%，儿童的残疾率为1.2%。

从图4－1中可以看出，昭觉县72%的儿童健康状况良好，有4%的儿童身体较差。据调查了解，较差的原因大致来自两方面，一是身体有残疾，二是该儿童患有大病。

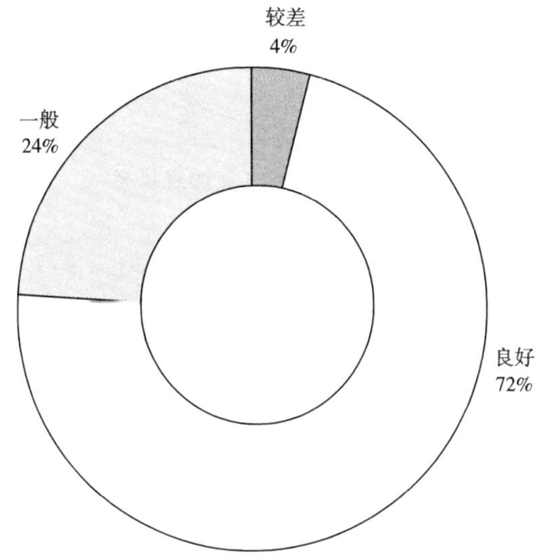

图4－1　昭觉县儿童健康状况

布拖县实际调查中的儿童男女性别比例为53.1∶46.9，基本上为彝族，1998年以前出生儿童占总人数的27.5%，儿童的残疾率为1.2%。

从图4－2中可以看出，布拖县64%的儿童健康状况良好，有3%的儿童身体较差。据调查了解，较差的原因大致来自两方面，一是身体有残疾，二是该儿童患有大病。

布拖县各村儿童的身高、体重状况普遍比相同年龄段的城市儿童标准偏低。图4－3是1992～2010年出生儿童的平均身高和体重情况。可以看出，随着儿童年龄增长，身高、体重都有不同程度的增加。按照常用的体重指数指标，大约52.6%的儿童处于正常或偏瘦的状态。

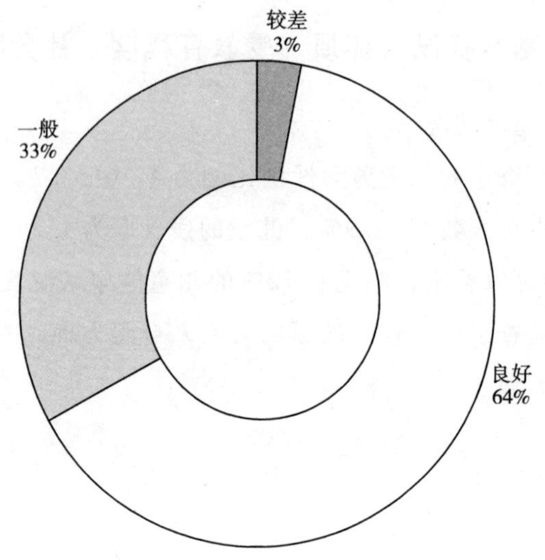

图 4－2　布拖县儿童健康状况

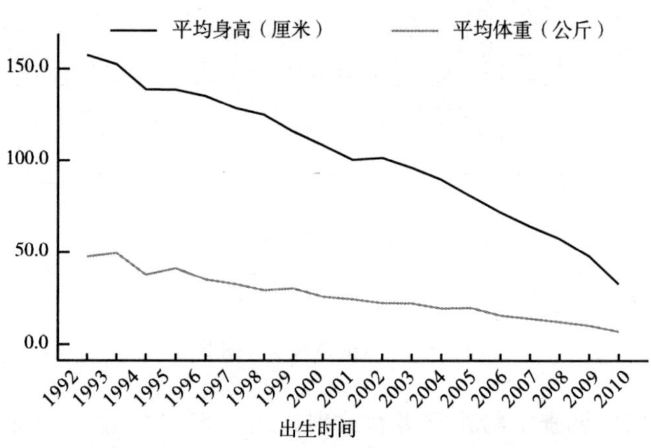

图 4－3　布拖县儿童各年龄段身高与体重情况

金阳县实际调查中的儿童男女性别比例为 52.2:47.8，皆为彝族，1998 年以前出生儿童占总人数的 24.7%。儿童的残疾率为 0.9%。

从图 4－4 中可以看出，金阳县 80% 的儿童健康状况良好，有 1% 的儿童身体较差，据调查了解，较差的原因大致来自两方面，一是身体有残疾，二是该儿童患有大病。相比来说，金阳县的儿童身体状况是三县最好的。

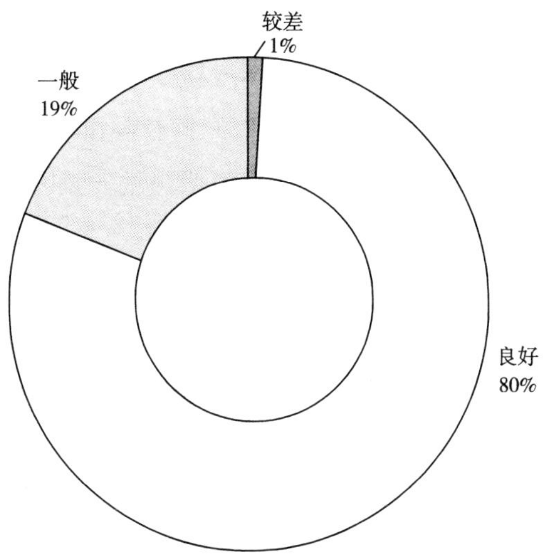

图 4－4　金阳县儿童健康状况

图 4－5 是金阳县 1992～2010 年出生儿童的平均身高和体重情况。可以看出，儿童身高、体重随着年龄的增长不断增加，身高增速快于体重。按照体重指数标准看，调查儿童中 80% 处于正常或偏瘦状态。原因可能有以下几点：一是当地经济基础较好，儿童营养水平较均衡；二是相比布拖、昭觉来说，金阳的气候条件、生活条件等都占有优势。

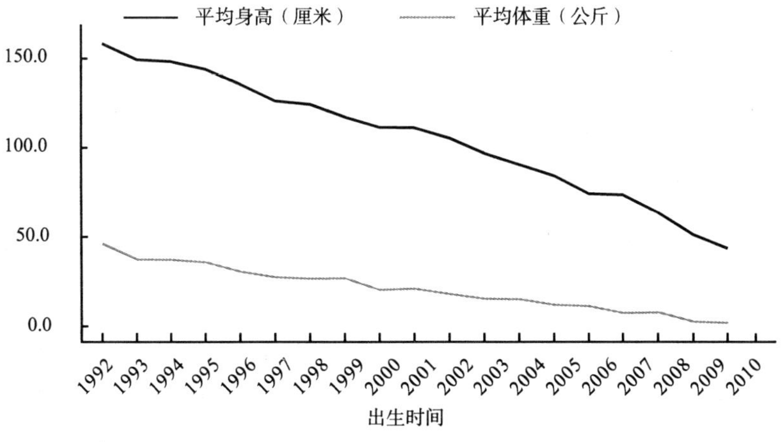

图 4－5　金阳县儿童各年龄段身高与体重情况

2. 三县儿童受教育情况

由图 4－6 可知，昭觉县大约 62% 的受访儿童从未上学或辍学，32% 的儿童集中在小学，上过学前班的儿童基本上不存在，相对应的，接受初、高中教育的儿童也仅仅占到 6% 左右。这说明当地儿童入学率很低。造成这种现象的原因大致有以下几点。

一是村民对于教育的作用认识不清，因此，送子女上学的态度比较消极。由于教育是一项长期投资，不是能够立即见效的致富办法，大部分村民看不到上学的长远利益，认为上不上学、上高上低都不会改变家庭现状，积极性较低。

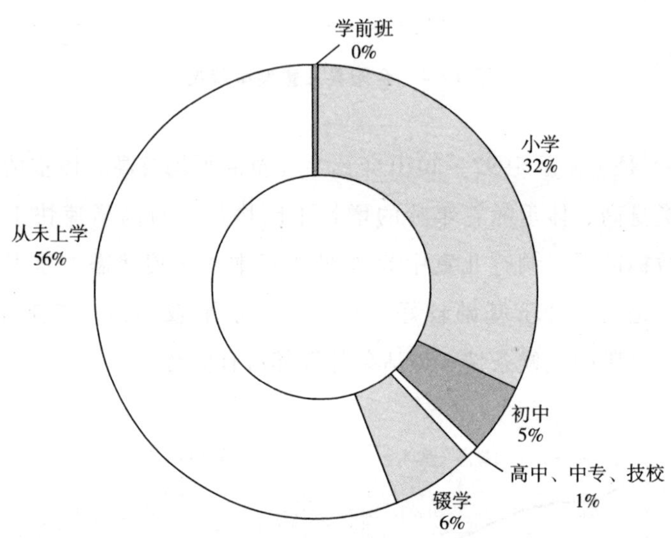

图 4－6　昭觉县儿童受教育情况

二是家庭劳动力缺乏。在入户过程中了解到，当地儿童很多从七八岁就开始帮助家里分担农活和家务劳动，尤其是适龄而未入学的儿童，承担的种类和数量更多，为家长分担了相当一部分的劳动量。这有可能造成家庭对儿童的依赖性。

三是交通不便。崎岖危险的山路、河流的阻碍、路途的遥远等交通因素是影响儿童入学率的重要因素。调查中，热口村、拉牙村、大温泉村等大多数住户距离小学较远或山路陡峭；火洛村中有一条河将居住区与小学隔开，儿童每天上学都要过河，非常危险；而尼日村的木板桥因为年久失修也变成了一座危桥；桥梁设施的改善成为两村的迫切需要。

四是在小学教育之外，家长希望子女获得更高水平的教育机会，却无力承担上学费用。接受小学教育之后，由于本村内部没有中学，儿童就面临着辍学或去县城甚至更远的市区继续读书的选择，读书的成本大大增加，交通费、饭食费、住宿费等是一笔较大的开销，是许多贫困的家庭不能承受的。

由图 4－7 可知，布拖县大约 62% 的受访儿童从未上学或辍学，33% 的儿童集中在小学，有 1% 的儿童上过学前班，接受初、高中教育的儿童也仅仅占到 3% 左右。这说明当地儿童入学率很低。造成这种现象的原因大致有以下几点。

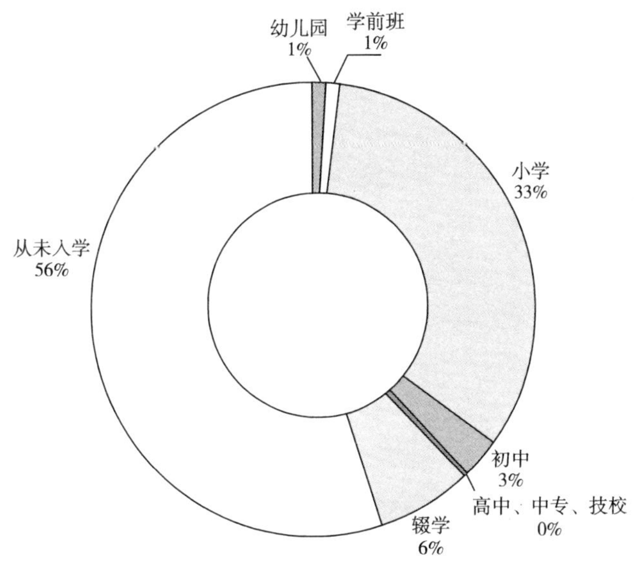

图 4－7　布拖县儿童受教育情况

一是对教育的重要性认识不足。以九都村为例，在村干部挨家挨户劝说、鼓励儿童上学以后，全村仍然有 70% 左右的适龄儿童没有入学。村民并没有意识到教育是改变自己贫困现状的根本大计。各村因为教育而成功致富的案例较少，很多村民对教育持怀疑态度。

二是家庭劳动力缺乏。在入户过程中，随处可见儿童帮助家里分担农活和家务劳动的现象，聚在一起玩耍的儿童很少。适龄儿童入学很可能会增加家庭的负担，这是很多家长不情愿送子女入学的原因。

三是当地教育设施缺乏，教育水平低。从布拖县基础设施状况可以看出，调查村落中拥有小学的只有30%，大多数入学儿童必须到邻近的乡小学去上学。乡小学虽然比村小学教育质量好一些，但仍然处于较低水平。儿童学习成绩普遍偏低。很多家长觉得自己的子女学习成绩差，没有继续读书的必要性。

四是家庭经济困难。随着子女教育需求的提高，教育投入和成本也在不断增加，许多贫困家庭不能承受高额的生活费。虽然有些部门采取发放教育补助的方式缓解这种状况，但相对于长期的费用支出来说，还是杯水车薪。

由图4－8可知，金阳县大约59%的受访儿童从未上学或辍学，33%的儿童集中在小学，上过幼儿园和学前班的儿童各占1%。与其他两县相比，金阳县的初中入学率比例较高，为6%。高中、中专、技校等几乎没有。造成这种现象的原因大致有以下几点。

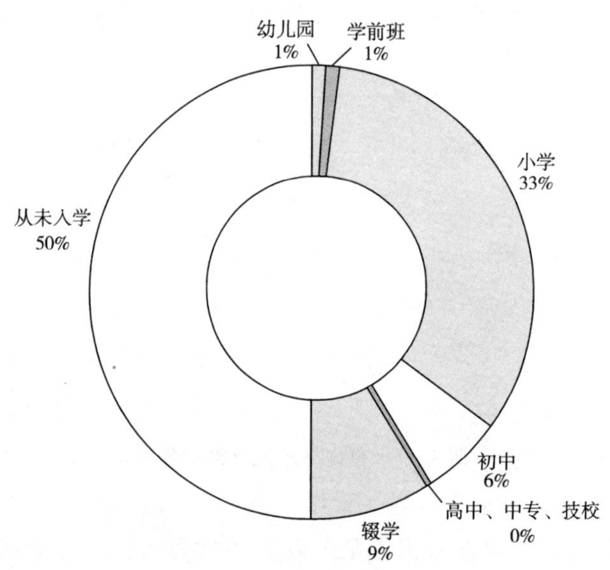

图4－8　金阳县儿童受教育情况

一是基本上保证一村一校，儿童入学率较高。调查各村的小学拥有率为80%，为三县最高，每个村的儿童都可以就近入学。入学条件的便利提高了儿童入学的积极性。因此，金阳县入学率相对其他两县要高一些。二是乡政府有自己的初中。乡里的初中为儿童升学提供了便利条件，一定程度上确保了当地的初中入学率。但是也应看到，有些村庄离乡政府路途较远，儿童必须住校。住宿费和生活费是很多贫困家庭无法承受的。因此，初中入学率维持在较低水平。三是当地经济条件较好，外出打工人员较多。存在外出打工人员的家庭占了受调查总数的30%左右，外出务工增加了家庭收入，改善了家庭经济条件，使得多数家庭有能力支持子女入学甚至接受更高的教育。

3. 儿童人际交往状况

（1）在校受欺负情况。

调查数据显示，昭觉县93%的在校儿童没有被同学打骂过，2%的家长表示不清楚自己的孩子在学校是否受到欺负，5%的家长明确表示孩子在校被欺负过，并且有时情况很严重。在家长不清楚孩子在校状况的情形下，询问儿童本人，答案基本上是“没有”。

布拖县83%的在校儿童没有被同学打骂过，10%的家长表示不清楚自己的孩子在学校是否受到欺负，7%的家长明确表示孩子在校被欺负过，并且有时情况很严重。在家长不清楚孩子在校状况的情形下，询问儿童本人，答案基本上是“没有”。

金阳县93%的在校儿童没有被同学打骂过，2%的家长表示不清楚自己的孩子在学校是否受到欺负，5%的家长明确表示孩子在校被欺负过。在家长不清楚孩子在校状况的情形下，询问儿童本人，答案基本上是“没有”。

从数据上看，大部分儿童在学校和同学相处得不错，但也存在被欺负的现象，而且三县都有一定比例的家长知道孩子在校被欺负，有时候情况还很严重，因此校园欺负在三县中都存在。儿童一般都回答“没有”，我们认为：一种情况是儿童确实未受欺负，另一种情况是曾经受过欺负，但是在家长和调查员面前不愿意承认。所以不能排除一部分隐性的受欺负现象。

（2）与同伴玩耍情况。

调研数据显示，昭觉县12岁以上儿童经常或偶尔与同伴玩耍的比率占到了78%，说明多数儿童的正常人际交往并没有受到影响；但是22%的儿童由于各种原因不能维持人际关系。布拖县12岁以上儿童经常或偶尔与同伴玩耍的比率占到了76%，说明多数儿童的正常人际交往并没有受到影响；但是24%的儿童由于各种原因不能维持人际关系。金阳县12岁以上儿童经常或偶尔与同伴玩耍的比率占到了72%，说明多数儿童的正常人际交往并没有受到影响；但是28%的儿童由于各种原因不能维持人际关系。原因主要有：一是儿童性格偏内向，不愿意积极主动地进行交流；二是残疾或大病等特殊状况使得儿童无法进行正常交往；三是家长限制，使儿童在家分担家务劳动和农活，或者继续学习；四是12岁以上的很多儿童已经开始打工，丧失了与同伴玩耍的机会。这些因素与昭觉县的情况相似。

（五）需要特殊照顾的儿童状况

1. 需要特殊照顾的儿童比例

昭觉县特殊儿童占到总人数的18.9%，其中受艾滋病影响的儿童占到了9.5%，孤儿、无父母照料儿童分别占4.1%和4.7%，比重都较大（见表4－7）。这些儿童家庭大多是低保或贫困家庭，有的贫困家庭还没有获得任何救助。布拖县特殊儿童占到总人数的14.3%，其中受艾滋病影响的儿童占到了9.2%，孤儿、无父母照料儿童分别占4.3%和4%，比重都较大。金阳县特殊儿童占到总人数的6.2%，其中孤儿占到了2.1%，残疾儿童、受艾滋病影响的儿童以及大病儿童分别占1.7%、1%和1%，比重都较小。从此可以看出，金阳县特殊儿童数目较少。

表4－7　三县各类儿童比例

单位：%

儿童类型	昭觉县	布拖县	金阳县
残疾儿童	2.7	1.7	1.7
孤儿	4.1	4.3	2.1
受艾滋影响的儿童	9.5	9.2	1
无父母照料儿童	4.7	4	0.7
留守儿童	0	0.9	0.3
离家出走儿童	0	0	0
大病儿童	1.8	0	1
无特殊儿童	81.1	85.7	93.8

2. 残疾儿童需要及可满足程度统计

由表 4－8 可知，在昭觉县，医疗服务与救助、辅助器具、残疾人救助是当地残疾儿童最迫切需要的服务，同时也是较为容易获得的服务，其中希望得到残疾人救助的比例占到了 77.8%。

表 4－8　昭觉县残疾儿童需要及可满足程度

单位：%

残疾儿童服务	最需要的特殊服务	能够获得特殊帮助和服务
1. 医疗服务与救助	66.7	22.2
2. 辅助器具	44.4	11.1
3. 康复训练与服务	11.1	0
4. 教育补助	11.9	33.3
5. 职业教育	0	0
6. 就业安置	11.1	11.1
7. 残疾人救助	77.8	11.1
8. 法律援助	0	0
9. 无障碍设施	11.1	11.1
10. 信息无障碍	11.1	0
11. 生活服务	11.1	0
12. 心理辅导	0	0
13. 其他	0	44.4

由表 4－9 可知，在布拖县，医疗服务与救助、残疾人救助、康复训练与服务是当地残疾儿童最迫切需要的服务，但是实施难度较大，其中希望得到残疾人救助的比例占到了 66.7%，可以看出贫困残疾家庭对于政策扶持和物质帮助的迫切需要。

表 4－9　布拖县残疾儿童需要及可满足程度

单位：%

残疾儿童服务	最需要的特殊服务	能够获得特殊帮助和服务
1. 医疗服务与救助	66.7	0
2. 辅助器具	16.7	16.7
3. 康复训练与服务	33.3	0
4. 教育补助	16.7	16.7
5. 职业教育	0	0
6. 就业安置	0	0
7. 残疾人救助	66.7	0
8. 法律援助	0	0
9. 无障碍设施	0	0
10. 信息无障碍	16.7	0
11. 生活服务	16.7	0
12. 心理辅导	0	0
13. 其他	0	66.7

由表4－10可知，在金阳县，医疗服务与救助、辅助器具、生活服务是当地残疾儿童最迫切需要的服务，其中希望得到医疗服务与救助的比例为100%。

表4－10　金阳县残疾儿童需要及可满足程度

单位：%

残疾儿童服务	最需要的特殊服务	能够获得特殊帮助和服务
1. 医疗服务与救助	100	0
2. 辅助器具	80	0
3. 康复训练与服务	0	0
4. 教育补助	20	20
5. 职业教育	0	0
6. 就业安置	0	0
7. 残疾人救助	60	60
8. 法律援助	0	0
9. 无障碍设施	0	0
10. 信息无障碍	20	20
11. 生活服务	60	60
12. 心理辅导	0	0
13. 其他	0	0

四　三县儿童状况的特点及原因分析

（一）三县儿童情况的基本特点

昭觉县、布拖县、金阳县三县由于地理位置、社会经济状况的不同，儿童的具体情况和需求也不尽相同，相对于差异来说，三县拥有更多的共同点。这些共同点对于全面了解当地儿童生存现状和需要更具有普适意义。

1. 儿童占总人口比重大，数量多

由前面的统计数据可知，昭觉县各调查村落拥有的儿童数量最多，为4634人，占总的常住人口数的38.42%；其次是布拖县，各村总的儿童人口数为3669人，占总的常住人口数的43.73%；然后是金阳县，各村总的儿童人口数为 2744 人，占总的常住人口数的 44.87%。庞大的儿童群体使得当地的儿童问题日益突出。

2. 重男轻女现象严重

大多数超生的家庭是因为家中没有男孩或者男孩太少，希望得到男孩而产生的。家庭劳动力缺乏和“养儿防老”观念提高了男性儿童的地位。从各村儿童入学情况和受教育程度可以看出，男孩比女孩更容易获得受教育机会并且更有可能继续深造。而男孩的出现比女孩更能够稳定家庭关系。

3. 儿童监护人普遍文化程度较低

昭觉县调查家庭中，成人至少接受过小学教育的比例占调查总数的 33.2%，布拖县和昭觉县的比例都只有 15% 左右。初中文化程度的监护人几乎没有。这一现象造成了儿童家庭教育的缺陷。

4. 基础设施匮乏

从对有关儿童的基础设施的统计中，可以看出，当地的学校设施、卫生设施、娱乐设施等都非常不完备。尤其是学校设施方面，除了个别乡小学较为齐备之外，大多仍处于“三个一”的状态。多数村卫生所的条件十分简陋，如果儿童有大病、急病，以当地的医疗条件很难应付。在调查过程中，许多孩子都是聚集在路边或是独自在住房周围玩耍，村里没有适合儿童去的活动场所，安全性难以保证。而交通设施的不完善是当地社会发展的瓶颈。邻近省道、交通主干道的村落和住户经济条件往往比偏远地区的情况好些，许多村落的道路仍是土路，每逢雨天便泥泞难行，极为不便。另外，居民点分散，交通距离远，是当地很难改变的客观状况。

5. 儿童教育水平低，教学质量有待提高

大多数入学儿童小学毕业以后由于各种原因无法进入初中、高中继续读书。儿童在学校期间学习成绩普遍在及格线以下，能得到高分的人很少。村小学、乡小学、县城学校的教学质量和水平呈现阶梯式的差异。儿童要获得高水平的教育必须有一定的家庭经济实力作为后盾。

6. 儿童家庭之间存在收入差距

以家庭住房（是砖房还是土房）、家电拥有量、卫生条件、子女受教育程度、外出打工人数、普通话识别率等标准衡量，可以看出村与村之间、村民内部都存在着收入差距。家庭经济条件的差异对于儿童成长和未来发展有很大影响。

7. 儿童人际交往面窄

入学儿童可以结识更多的伙伴，有利于满足儿童必要的交流需要，但也仅仅局限于学校的范围内。未曾入学或辍学在家的儿童，尤其是经常帮助家里干农活和家务劳动的儿童，几乎没有太多与外界交流的机会，曾经在学校建立的人际关系也很有可能因为辍学而淡化。许多儿童在家与家长交流的次数也非常少，很少有家长能够深入子女内心了解他们的真实需要。

8. 特殊儿童的需求迫切需要得到满足

受艾滋病影响儿童、大病儿童、残疾儿童、孤儿等特殊儿童需要社会更多的关注。其中，有许多儿童家庭的现状是由以上多种因素综合造成的，比如受艾滋病影响孤儿，残疾、大病儿童等，尤其值得关注。就残疾儿童来说，主要的需求有以下几点：一是医疗服务，许多儿童是因为疾病耽误治疗或无法支付医疗费用而致残；二是残疾救助，许多家境贫困的残疾儿童家庭十分希望能够得到政府救助；三是康复训练，必要的锻炼和恢复方法可以帮助残疾儿童减轻痛苦；四是职业培训，残疾儿童不可能一直依靠家庭养护，成为家庭难以承受的负担，教授他们必要的谋生技巧或是直接寻找适合当地残疾人工作的职业更具有现实意义。村中相当一部分孤儿为隔代养护，即与祖父母住在一起，使老年人生活负担加重。而随着孤儿逐渐长大，老人年事已高，未成年孤儿如果没有了照料者，就需要有专门的机构来接管。

（二）造成儿童现状的因素

儿童的社会化过程受到多种因素的影响，包括家庭、学校、同辈群体、社会以及大众传媒等。各种因素的影响程度随着儿童与其接触时间的长短、频率等而有所不同。昭觉、布拖、金阳三县的儿童状况可以从以下几方面探索原因。

1. 自然地理条件的约束

四川凉山州境内地貌复杂多样，高山、深谷、平原、盆地、丘陵相互交错，既给当地带来了丰富的资源和开发潜力，也带来了一些阻碍。首先，海拔高，温度低，多变的气候条件，使得当地农作物的可种植范围缩小，很多地方不适合水稻种植业的发展，许多有价值的经济作物也不能大规模种植。当地村民主要的收入来源就是卖粮食和牲畜，来源十分有限。其次，复杂的地形状况使得交通设施成为当地发展的瓶颈。修路花费的人力、物力、财力巨大，工程艰巨，不是地方政府能够承担的，道路交通状况短期内无法作出实质性改变。很多村落从改善内部交通做起，改土路为石子路或水泥路，收到了一定成效，给村民带来了便利。

2. 地区价值观念

价值观念对于地区发展，尤其是对于地区的长远发展影响很大。首先，农村地区较为普遍的重男轻女观念，使得儿童因为性别原因获得不平等的发展机会，包括求学、工作等方面的不公。其次，安土重迁的保守思想不利于本地经济持久发展。从调查来看，外出务工人员的多寡与当地村民生活条件的好坏关联较大。很多村落外出务工人员很少，村民大多固守土地，很难改变贫困的生活现状。再次，勤劳致富意识的缺乏也是难以脱贫的重要原因。很多村民惰性很大，安于现状，不愿冒险寻求致富途径。相对于昭觉县和金阳县来说，布拖县的某些贫困村落十分典型。许多在村上任职的领导干部对此也深有感触，政府的许多优惠政策下来后，村民很少有人会积极争取，更多时候是干部挨家挨户进行动员才能收到一些效果。

3. 人口素质

三县接受调查村落的村民中，只有20%左右曾经上过小学，上过初中的人很少。从村民们的言谈举止中很容易判断出他们是否上过学。是否听得懂普通话、言语是否得体、是否能从多方面考虑问题等都是判断的标准。当然，很多常年在外打工的人虽然没有受过正规教育，但是在外地的锻炼能使他们比本地的村民适应性更强，也能够从他们的言行中看出一些不同点。村民的素质高低对于自己家庭状况的改善以及整个村落的发展都有重要影响。单就对儿童的影响来说，家长的素质决定了家庭教育的水平和儿童的发展潜力。调查过程中，较为开明的家长往往是在外打工时间较长或者文化水平较高者，其子女的精神状态、衣着卫生、自信程度以及与人接触时的开放程度都比一般儿童要好。

4. 政策导向

村中的惠民政策、儿童救助措施、公共设施整修建设等有利于改善村民生活条件的措施，都会直接或间接地使儿童获益。比如木尼古尔村的“三房改造”工程，实现了村落的人畜分居，房屋敞亮，每家都有厕所，村里的卫生条件有了很大提升，为儿童成长营造了较为良好的居住和卫生环境，减少了疾病的发生。

五　儿童需求

（一）典型个案分析

1. 教育需求——以瓦托村小学为例

瓦托村小学是所有小学中设施相对齐全、规模较大的，通过分析它的优势与不足，可以大致了解当地村小的建设标准和目标，了解当地儿童在教育设施等方面的需求。

瓦托村小学是政府的重点扶贫对象，是四川省农村中小学现代远程教育工程项目学校，得到了多方面的支持。学校规模较大，覆盖范围广，邻近村的儿童也多在此读书。常年在校生有400多名。学校设有学前班和六年级小学，是当地小学中设施最为完善的。

学校配有卫星接收设备，拥有面积较大的操场，操场中央有旗杆和一些基本的体育设施，如篮球架、乒乓球台等。小学的教室是一排坡房，桌椅较为破旧。学校低年级和高年级是分开的，四到六年级的教室和一到三年级、学前班的教室分列在操场两侧。调查中发现学校里儿童打架的现象非常普遍，这样的教室分布或许可以减少高低年级学生的冲突。除了最基本的教室，学校还有图书室、阅览室、实验室、少先队活动室、广播室、警校共育办公室、卫星教学收视室等，基础设施比较完善。警校共育办公室是为了维护校园治安，为了儿童安全而设。学校有厕所和自来水管，可以保障儿童的日常生活。

由此可以看出，学校的各种设施基本上能够满足儿童的基本需求。但是设施齐备以后，如何充分利用成为必须考虑的问题。如果设施只是虚设，还是解决不了实际问题。另外，瓦托村小学的建设应该说是资源整合的典型，在聚集资源以后，可以惠及邻近的几个村落，意义很大。在资金、师资力量等较为短缺的情况下，并不是每个村都有能力建设这样的一所小学，但是各村可以充分利用集群效应整合资源，将邻近几个村的优势和生源放在一起，效仿瓦托村小学的建设模式。同时，为了解决部分儿童上学路程远的问题，可以考虑建设寄宿制学校并实行相应的住宿优惠政策。

2. 特殊儿童需求——以吾合村残疾孤儿隔代养护家庭为例

在各调查村落中，孤儿在父母离世后，主要有祖父母隔代养护、同龄人照料、本人自己生活等生活方式，其中以隔代养护最为常见，收养、寄养等方式基本上不存在。

由于母亲病逝，父亲吸毒死亡，某户两名孤儿现由 70 多岁的祖母照顾。两名男孩都在上小学，成绩都比较差，在及格线以下。弟弟因为调皮贪玩导致左眼失明。眼睛受伤失明后一直没有得到有效治疗，加上不注意用眼卫生，病情一直没有好转。家庭房屋面积大概有 60 平方米。除了农家常见的地灶、堆满山芋的墙角以及两张床以外，还有电视机和音响。哥俩很喜欢看电视，因为这基本上是他们唯一的娱乐方式。

与许多孤儿家庭一样，尤其是在隔代照料的家庭，老人的生活负担较重。此案例中的两个孩子年龄较小，家里的家务劳动和农活主要由 70 多岁的奶奶承担。应该说，在年龄偏小的孤儿家庭，年老的照料者通常承受了比孩子更大的压力。因此，在开展儿童服务的同时，这一弱势群体也应该得到一定的关注，这样对照顾者和被照顾儿童都有好处。值得考虑的是，如果老人离世，两名孤儿由谁负责照顾，是家庭中其他亲戚朋友还是村集体，因为村中没有专门的孤儿收养机构。

另外，许多有关残疾儿童的服务，比如辅助器具、康复训练、无障碍设施、心理辅导等，对于远居深山的孩子来说似乎遥不可及。孩子的照料者一般都倾向于孩子能够获得一些医疗服务或者更加实际的残疾补助。

3. 家庭环境——以昭觉县木渣洛村某家庭为例

这是一个五口之家，父母都已外出打工，家中留下两男一女共 3 个孩子，两个大点的孩子已经上学，最小的孩子一直跟爷爷奶奶住，放假时所有的孩子由奶奶来照看。爷爷奶奶约 50 岁，承担了自己家和儿子家所有的农活，同时还得照顾三个淘气的孩子，备感劳累。孩子们全身上下都是土，在院子里玩得很开心，爷爷奶奶忙于农活，无暇顾及他们。

在外出务工人员的家庭，尤其是在务工人员未带走子女的情况下，子女养育的责任会转嫁到祖父母身上，由于家庭劳动力缺乏，老人负担很重；同时儿童在成长过程中也会因为缺乏父母关爱而产生众多问题，隔代教育毕竟存在很多劣势。从另一方面看，在监护人忙于农活，无暇顾及儿童时，并没有专门的场所或者机构供儿童玩耍，村中休闲娱乐设施和场所的缺乏，增加了儿童四处玩耍时的安全隐患。

（二）普遍需求分析

1. 公平的受教育机会

教育是一项有效协调各个社会阶层的社会机制，使得每个社会成员都能够较好地融入家庭、政府和其他社会经济体系。它不仅仅是知识传播的一种途径，还是授予成员社会地位、传播主流文化、促进社会融合的媒介。在贫困地区，教育成为摆脱贫穷的根本途径。因此，公平的受教育机会对于当地每个儿童来说至关重要。但是受到性别、家庭经济条件、地位权力以及地区社会经济条件等因素的影响，对儿童受教育权的保障程度存在很大差别。女童的入学率和续读率大大低于男童，富裕家庭和官员家庭的子女可以享受更高水平的教育条件。这无形中将前一代的不平等传给了新的一代。此外，公平学校教育可以促进不同民族、家庭背景和知识结构的儿童的融合，有利于缩小贫富差距。可见，促进教育公平具有重要意义。就当地情况来说，在村小学实施一定的优惠政策和奖励措施很有必要。比如选拔较为优秀的小学毕业生到县城继续读书，增加贫困家庭儿童的补贴额度，等等。

2. 交通状况的改善

交通是致富的第一步。经济往来、人才输送、物资运输等都需要良好的交通条件作支撑。除去地理位置、地形等无法改变的自然因素，资金、劳动力、工程材料、施工安全等因素也制约着当地交通建设的发展。但不可否认的是，交通条件的改善对于当地社会经济发展以及儿童未来发展都有极大益处。

3. 医疗卫生条件改善

村卫生所的治疗范围只是日常生活中的常见病，一般设施简陋，条件较差。如果有急病或是大病，还得辗转到县城甚至市区医院进行治疗。但是转接过程中路途遥远，又没有专门的摆渡车辆，一旦有危及生命的疾病，很难得到及时诊治。另外，卫生所还负有宣传卫生知识的职责，但从某些村的情况来看，宣传效果并不理想。因此，改善医疗卫生条件也成为改善当地儿童福利的重要一项。

4. 家庭功能的正常发挥

家庭是儿童社会化的主要场所，家庭功能的正常发挥对儿童成长有很大影响。社会学家威廉·奥格本提出了家庭六大功能：生殖、保护、社会化、规范性行为、情感交流、提供社会地位。当地多为经济贫困的家庭，由于经济、教育、卫生、文化等因素的影响，多数家庭并不能完整地发挥自己的应有功能。比如外出务工人员家庭中的留守儿童因为较少与父母进行情感交流，就体会不到家人本应给自己带来的满足感和安全感；另外，家庭给予儿童的先赋地位决定了他一开始在社会阶层中所处的位置，家庭能够提供给儿童的资源十分有限，因此，家庭后天对于儿童的培养和教导就显得非常重要。但是由于多数家长文化水平有限，致使家庭的教育功能很难得到正常发挥。

5. 同辈压力与儿童兴趣发展

影响儿童的又一重要的社会因素是同辈群体，除家庭以外，儿童最容易受到同辈群体的影响。城市中相同年龄的儿童努力学习，或者发展其他兴趣，很大程度上是受到同辈压力的影响。当地许多入学儿童放学后，由于缺少学习氛围、父母管教，农活、家务活繁忙以及受到竞争压力的影响，从不或很少再翻看课本复习或预习功课，因此，学习成绩较差。如果在课余时间有发展比较好的儿童作为比照和模范，情况就会缓解很多。

在贫困地区，儿童的兴趣爱好很难受到重视，自身的长处也得不到发挥。这与当地的社会环境和家庭环境有很大关系。如果能够在每个小学开辟一个活动室作为儿童展示自己特长的平台，将有助于儿童较为全面地发展。

6. 娱乐活动设施缺乏

调查中，常见的现象就是儿童肆无忌惮地在路边玩耍，路上不时有车辆通过，很危险。有些儿童则是聚在一块空地上打牌或玩其他游戏，更多的儿童则是独自待在家里，无处可去。添置适当的娱乐活动设施很有必要。

7. 各种知识、政策宣传

村中很多有特殊儿童的家庭，如大病、残疾、受艾滋病影响儿童等，对于儿童疾病的相关情况并不是很了解，比如对于这样的病在日常生活中应该注意什么，需要哪些治疗，政府具体有哪些救助政策等情况不太了解，有的甚至一无所知。因此，相关信息、知识、政策的宣传和解读有助于使儿童得到更加适当的照料和帮助。

六　应对策略

（一）力所能及地改善交通状况

交通是开展其他一切活动的前提。大规模的交通改造工程如果成本太高，可以从改善村落内部交通条件做起。可以仿效某些村落，集合村民的力量首先修缮村中的主干道，泥泞的土路可以先铺成石子路，有条件的可以铺成水泥路。交通条件可以通过长期一点一滴的努力逐渐作出改变。

（二）提高教育、医疗水平，宣传医疗常识

教育是改变贫穷的根本手段。根据当地教育现状，早期教育和中学教育是迫切需要创立和发展的。而已有的小学教育应该适当扩大规模，鼓励更多的适龄儿童入学。可以考虑对已有教师队伍进行培训，采取一定的奖励措施，鼓励老师们积极改进教学方法，提高师资力量和教学水平。小学中一些基本的、必要的设施建设则需要投入更多的资金进行完善。

各村儿童基本上都参加了农村医疗保障，但是真正从中得到实惠的却很少。一般疾病如果不是很严重，家长通常不会特地带子女去看病。当地的卫生所规格也较低，无法医治较大的疾病。可以在几个村的结合部建一所规模较大、设施条件较好的卫生所。条件允许的话，村里可以安排定期的体检项目，免费为儿童体检，确保疾病的早发现、早治疗。

相对于实际治疗环节来说，疾病的预防和医疗知识宣传也非常重要，积极地进行医疗常识的宣传有助于减少村民因为不了解情况而耽误儿童疾

病治疗的情形。

（三）促进收入来源多样化

当地村民主要的收入来源是卖粮食、卖牲畜和政府的相关补贴，实际收入较少。部分外出务工人员可以得到额外的工资收入，用以贴补家计。其实当地的土特产很多，可以考虑先进行适当的深加工，再外销。如果交通条件可以克服，当地的自然风光可以作为旅游资源加以开发。

（四）特殊儿童保护与设施建设

针对当地受艾滋病影响儿童、残疾儿童、大病儿童、孤儿、留守儿童等的相关问题和需求，应该采取有的放矢的救助策略，满足救助对象最迫切的需求。比如针对孤儿的专门的收容机构，残疾儿童所需要的医疗服务、残疾救助、残障学校建设以及职业培训，受艾滋病影响儿童的社会融入，大病儿童以及因大病而致贫的家庭的救助措施及宣传解读，留守儿童的心理关怀，等等。

“长期贫穷是满足儿童需要、保护和促进儿童权利的一项最大障碍。必须在多条战线上解决这一问题，从提供基本社会服务到创造就业机会，从提供小额信贷到投资基础设施，从减免债务到公平贸易。贫穷对儿童的打击最大，因为贫穷打击的是儿童发展潜力的根本——他们成长中的身心。因此消除儿童贫穷和减少差异必须是发展努力的一个关键目标。”（《联合国儿童特别会议记录》）

基于对当地儿童生存状况和基本需求的了解，后续的一些具体工作就可以有针对性地开展。改善和发展贫困儿童福利是一项长期任务，需要坚持不懈地努力。

参考文献

[1] 仇雨临：《我国孤残儿童福利保障政策的评析与展望》，《社会保障研究》2007年第2期。

[2] 刘继同：《儿童健康照顾与国家福利责任重构中国现代儿童福利政策框架》，《中国青年研究》2006年第12期。

[3] 刘继同、郭岩：《整合儿童健康与儿童福利：重构中国现代儿童福利政策框架》，《学习与实践》2007年第2期。

[4] 尚晓援：《中国弱势儿童群体保护制度》，社会科学文献出版社，2008。

[5] 尚晓援、陶传进：《中国儿童福利制度的权利基础及其限度》，《清华大学学报》（哲学社会科学版），2009。

[6] 孙莹：《我国特殊困难的儿童福利需求分析及其应有的干预政策》，2004。

[7] 王雪梅：《儿童权利论：一个初步的比较研究》，社会科学文献出版社，2005。

[8] Jane Waldfogel, "Welfare Reform and the Child Welfare System", *Children and Youth Services Review*, (2004) 26.

[9] Jeffrey A. Anderson, Rhonda D. Meyer, W. Patrick Sullivan, Eric R. Wright, "Impact of a System of Care on a Community's Children's Social Services System", *Journal of Child and Family Studies*, (2005) Vol. 14 (4).

[10] Karen S. Budd, "Assessing Parenting Capacity in a Child Welfare Context", *Children and Youth Services Review*, (2005) 27.

[11] Karla T. Washington, "Attachment and Alternatives: Theory in Child Welfare Research," *Advances in Social Work*, (2008) Vol. 9 (1).

[12] Terry Donald, Jon Jureidini, "Parenting Capacity", *Child Abuse Review*, (2004) Vol. 13.

第五章　中国儿童的水、卫生设施和能源服务

——基于五省（区）的调查

王小林　尚晓援

一　引言

中国政府提出到2020年基本消除绝对贫困现象，建成全面小康社会的发展战略目标。儿童往往是一个社会最为脆弱的群体之一，促进儿童全面发展是政府的优先工作目标之一。安全饮用水、卫生设施和清洁能源的普遍获得是实现儿童生存权、健康权和发展权的基本可行能力。无论是基于即将发布的《儿童发展纲要（2011～2020）》，还是着眼于中国到2020年的国家发展战略，儿童获得安全饮用水、卫生设施和清洁能源都是实现国家战略目标的基础。本章首先依据已有的文献，分析不安全饮用水、卫生设施和能源对儿童健康的威胁；其次，利用“儿童福利服务示范项目”入户问卷数据，对中国5省（区）儿童获得安全饮用水、卫生设施和清洁能源的情况进行描述统计分析；最后，提出一个让儿童普遍获得安全饮用水、卫生设施和清洁能源的政策框架。

二　不安全饮用水、卫生设施和能源对儿童健康的威胁

联合国千年发展目标计划在2015年之前将无法持续获得安全饮用水和

基本卫生设施的人口比例减半。联合国《儿童权利公约》明确规定："消除疾病和营养不良现象，包括在初级保健范围内利用现有可得的技术和提供充足的营养食品和清洁饮水，要考虑到环境污染的危害。"然而，已有的文献表明，包括儿童在内的众多人口，在获得清洁水源、基本卫生设施和能源方面面临巨大挑战。

（一）不安全的饮用水和卫生设施正在威胁着全球儿童的健康

全球现有的证据表明，缺乏清洁水和卫生设施以及室内空气污染是导致疾病和死亡的两个主要风险因素，而受这两个风险因素影响的群体主要是贫困家庭的儿童和妇女。这充分表明，发展中国家需要制定和实施环境健康干预措施，以改善安全饮用水的获得，同时提供充足的卫生设施，改善室内外的空气质量（贫困—环境合作项目组，2010）。在发展中国家，每天超过 4000 名儿童死亡，仅仅是因不能获得清洁的饮用水。UNICEF (2010)《以均衡的手段实现千年发展目标》指出，2008 年，全球仍有 8.84 亿人不能获得安全饮用水，84% 生活在农村。其中，发展中国家 16% 的人口不能获得改善的饮用水，撒哈拉以南非洲这一比例高达 40%。每年由污染水和恶劣卫生条件引发的腹泻病例达 54 亿例，死亡人数 160 万，其中大多数是 5 岁以下的儿童（Hutton 和 Haller，2004）。

亚洲开发银行的研究报告表明，当前，亚洲和太平洋地区有 18 亿人口生活在每天 2 美元的贫困线以下，9.03 亿人口生活在每天 1.25 美元的贫困线以下。亚太地区 4.02 亿农村人口和 9300 万城市人口缺乏充足的水，19 亿人缺乏基本的卫生设施（basic sanitation facilities），大约 10 亿人不能使用上电（ADB，2010）。

根据《2010 年世界发展报告：发展与气候变化》，中国尚有 35% 的人口不能获得改善的卫生设施（世界银行，2009）。据王五一、杨林生等的研究（2010），中国约有 6300 多万人饮用高氟水，200 多万人饮用高砷水；此外，还有 3800 多万人饮用苦咸水，1100 多万人饮用水受到血吸虫病威胁。目前，农村有 1.9 亿人饮用水中有害物质含量超标，华北地区有 50% 的地下水硝酸盐含量超标。而南方许多地方和东部地区多以江河湖泊等地表水为饮用水源，由于工业污染和农业化学品的广泛使用，多数地表水已经丧失饮用水功能，在部分污染严重地区，已经出现癌症、新生儿缺陷等严重健康问题（胡四一，2006）。

（二）能源获得贫困对儿童的健康有着重要的潜在影响

尽管普遍获得安全、可靠的能源没有列入千年发展目标，但它却是人类在现代工业社会中的基本需要。能源对人类实现诸如取暖、制冷、看电视、获得饮用水及卫生设施、通电话及互联网等提高生活水平、改善健康状况方面的福利指标有重要影响。

能源获得贫困包括两层含义：一层是不能够获得电、天然气、太阳能等清洁能源；另一层是一个家庭获得能源的费用占家庭消费支出的比例太高，从而影响了家庭对能源的有效利用。儿童能源贫困的直接结果是影响儿童的健康状况。Mark Kaiser 和 Allan Pulsipher（2006）的研究表明，中等收入和高收入家庭能源支出仅占家庭总收入的 5%，而低收入家庭则需花费家庭收入的 10%，对于特别穷的家庭，则高达 20%。低收入家庭，难以适应石油价格的波动。特别是 2008 年全球金融危机以来，石油价格上涨十分迅速。2011 年发生在利比亚等北非和中东国家的冲突，加剧了石油价格的上涨，给全球贫困家庭，特别是儿童获得能源带来更大的挑战。Lauren Smith（2007）的研究指出，因支付不起家庭能源，美国马塞诸塞州 40 万以上生活在低收入家庭的儿童的健康和福利受到潜在的影响。低收入家庭必须在高能源支出和儿童健康支出之间进行权衡，能源负担高的家庭，往往会相应地减少食品和健康支出。当家庭面临高取暖成本时，往往选择危害儿童健康和安全的替代资源，如用火炉来取暖，使得儿童暴露在一氧化碳的危害中。高的取暖成本，也使得部分家庭不采取取暖措施，从而危害儿童的健康。

已有的研究表明，室内空气污染对健康的不利影响虽不及公共污染严重，但每年由室内空气污染造成的呼吸道感染的死亡病例超过了 150 万，占到全球死亡病例的 2.7%（WHO，2006）。在发展中国家，室内空气污染的主要原因是吸烟和使用固体燃料做饭。据估计，世界上一半的人口使用固体燃料（柴草和煤）做饭和取暖，这些人口主要分布在发展中国家（Rehfuess et al.，2006）。

燃烧劣质煤和生物燃料（秸秆、薪柴、柴草、风干牛羊粪等）是多数农村室内空气污染的主要原因（Martens P., McMichael A. J., Patz J., 2000）。生物燃料使用过程中会产生大量一氧化碳及烟尘、可吸入颗粒物等。这些会引起慢性支气管炎、慢性阻塞性肺部疾病（COPD）。世界卫生组织和联合国开发计划署警告，室内空气污染每年导致发展中国家160万人死亡。中国农村呼吸系统疾病的死亡率高，仅次于癌症、脑血管病的死亡率。中国还有部分地区的煤中含有较高的氟和砷，导致人发生燃煤型氟中毒和砷中毒。燃煤型地方性氟中毒在全国14个省市有不同程度的流行，有氟斑牙患者165万、氟骨症患者108万（王五一、杨林生等，2010）。

三　中国五省（区）农村儿童获得安全饮用水、卫生设施和能源的状况

（一）框架

本部分的分析框架基于以下基本判断：①儿童贫困是对儿童可行能力的剥夺，儿童可行能力包括获得基础教育、公共卫生、营养、安全饮用水、卫生设施、能源等基本公共服务。因此，儿童贫困实质上是对儿童上述福利的剥夺。②水、卫生设施和能源是儿童应该获得的普遍公共服务。这些普遍公共服务的缺失，将导致儿童生活水平的下降和健康权利的不完整。③让儿童获得普遍的安全饮用水、卫生设施和能源服务，是消除儿童贫困、提高儿童福利的基本条件。④有利于贫困儿童的安全饮用水、卫生设施和能源政策需要在“用得上”和“用得起”两方面作出制度创新。

（二）数据

本部分所用的数据来源于2010年由民政部、联合国儿童基金会、中国社会政策研究所联合开展的“儿童福利服务示范项目”入户问卷。问卷包括河南（上蔡、洛宁）、山西（闻喜、夏县）、四川（昭觉、金阳、布拖）、新疆（霍城、伊宁）和云南（瑞丽、陇川、盈江）5个省（区），

有效问卷 4462 份。其中，河南 742 户，占 16.63%；山西 745 户，占 16.70%；四川 982 户，占 22.01%；新疆 771 户，占 17.28%；云南 1222 户，占 27.39%。

从人口学特征来看，4462 户样本中，18 个家庭为空巢家庭，有 1 个孩子的家庭占 41.91%，2 个孩子的家庭占 41.55%，3 个孩子的家庭占 12.33%（见表 5-1）。少数民族家庭占受访家庭的比例为 55.65%（见表 5-2）。需要指出的是，本部分所用数据为儿童福利服务示范项目数据，是在开展儿童福利服务示范项目的地区进行的问卷调查，并不是随机抽样。本部分的分析结论只适应儿童福利服务示范项目区。

表 5-1　家庭儿童分布

家庭儿童数量（个）	家庭数（户）	百分比（%）	累计百分比（%）
0	18	0.40	0.40
1	1870	41.91	42.31
2	1854	41.55	83.86
3	550	12.33	96.19
4	145	3.25	99.44
5	23	0.52	99.96
6	1	0.02	99.98
7	1	0.02	100.00
合　计	4462	100.00	—

表 5-2　样本户户主民族分布

民　族	人数（人）	百分比（%）	累计百分比（%）
汉　族	1979	44.35	44.35
回　族	107	2.40	46.75
维吾尔族	459	10.29	57.04
彝　族	980	21.96	79.00
藏　族	1	0.02	79.02
其　他	936	20.98	100.00
合　计	4462	100.00	—

（三）结果

1. 家中燃料以柴草和煤为主，威胁着儿童健康

根据五省（区）儿童福利服务示范项目入户调查数据，在家中使用的燃料这一观察值上，有效样本 4462 户，使用柴草作为主要燃料的比例高达 67.79%（见表 5－3）。四川的样本户 99.08% 的家庭使用柴草做饭，只有 0.51% 的家庭能够使用电来做饭。云南使用柴草做饭的比例也高达 87.15%。在所有样本中，贫困户使用柴草做饭的比例占 81.48%，非贫困户使用柴草做饭的比例为 62.91%。

表 5－3　家中使用的主要燃料及所占比例

单位：%

地　区	天然气	沼气	煤	柴草	电	其他
河　南	5.12	6.20	27.22	56.47	4.72	0.27
山　西	8.32	0.81	11.01	34.90	44.97	0.00
四　川	0.00	0.00	0.31	99.08	0.51	0.10
新　疆	0.65	0.26	58.88	39.95	0.00	0.26
云　南	1.39	4.58	0.16	87.15	5.16	1.55
平　均	2.73	2.47	16.65	67.79	9.82	0.54

表 5－4 表明，四川省样本户（昭觉、金阳、布拖）中仍有高达 12.93% 的样本户家中没有通电。对于云南和河南，即使家中通电的比例已高达 99.75% 和 99.73%，但使用电来做饭的家庭比例分别仅有 5.16% 和 4.72%。新疆被调查的 771 户，都不使用电做饭，主要用煤和柴草做饭。农户使用电存在两个方面的问题：一方面是能否用上电；另一方面是能用上电的条件下，是否用得起。在五省（区）调查中，通电的比例都很高，但用电来做饭的比例很低，说明农户使用电来做饭的成本较高，因而在一定程度上限制了农户用电。

表 5－4　家中通电的比例

单位：%

地　区	是	否
河　南	99.73	0.27
山　西	99.73	0.27
四　川	87.07	12.93
新　疆	99.61	0.39
云　南	99.75	0.25
平　均	96.93	3.07

2. 部分农村家庭不能获得清洁水源，儿童饮用水安全令人担忧

当我们把自来水和深度在 5 米以上的井水视为安全饮用水时，表 5－5 关于饮用水类型的统计表明，河南省、山西省、新疆维吾尔自治区和云南省样本区的儿童基本能够获得安全饮用水。四川省 87.17% 的儿童暴露在饮用水不安全的条件下。

表 5－5　饮用水类型及所占比例（地区分类）

单位：%

地　区	自来水	深度在 5 米以上的井水	受到保护的泉水	其他水源（雨水收集、地表水与未受到保护的泉水和浅水井等）	其他
河　南	41.64	57.41	0.13	0.54	0.27
山　西	89.40	8.72	0.13	0.94	0.81
四　川	10.08	2.55	0.10	87.17	0.10
新　疆	58.75	40.21	0.00	0.26	0.78
云　南	55.48	41.49	1.06	1.23	0.74
平　均	49.42	29.87	0.36	19.81	0.54

3. 彝族家庭和贫困户儿童获得安全饮用水困难

表 5－6 表明，彝族家庭儿童难以获得安全饮用水。在本次调查中，彝族家庭样本户 980 户，占 21.96%。表 5－6 显示，藏族家庭 100% 使用其他水源，但样本只有 1 户，不具有代表性。贫困户获得安全饮用水的比例远低于非贫困户。贫困户使用其他水源（雨水收集、地表水与未受到保护的泉水和浅水井等）的比例为 33.47%，非贫困使用其他水源的比例为 14.56%（见表 5－7）。

表 5 – 6　饮用水类型及所占比例（民族分类）

单位：%

民　族	自来水	深度在5米以上的井水	受到保护的泉水	其他水源（雨水收集、地表水与未受到保护的泉水和浅水井等）	其　他
汉　族	61.70	36.69	0.20	0.71	0.71
回　族	27.10	71.03	0.00	0.93	0.93
维吾尔族	77.12	22.00	0.00	0.44	0.44
彝　族	10.20	2.55	0.10	87.04	0.10
藏　族	0.00	0.00	0.00	100.00	0.00
其　他	53.53	43.27	1.18	1.39	0.64
平　均	49.42	29.87	0.36	19.81	0.54

表 5 – 7　饮用水类型及所占比例（是否贫困户分类）

单位：%

是否为贫困户	自来水	深度在5米以上的井水	受到保护的泉水	其他水源（雨水收集、地表水与未受到保护的泉水和浅水井等）	其　他
非贫困户	52.58	32.00	0.40	14.56	0.47
贫困户	41.21	24.35	0.24	33.47	0.73

案例 1　四川省昭觉县竹核乡案例

竹核乡隶属于四川省凉山彝族自治州昭觉县，距县城 13 公里，总人口 8000 人。本次入户调查该乡 265 户，其中彝族 264 户，215 户不能获得安全饮用水。竹核乡的儿童面临多重贫困风险，该乡不仅饮用水困难，更为严重的是多年来受艾滋病的影响非常严重。

案例 2　山西省闻喜县有效的农村饮用水干预

本次儿童福利服务示范项目入户调查，山西省调查县是闻喜县和夏县。闻喜县位于晋南，水资源十分贫乏，而且饮用水水质严重不达标。2005 年初，闻喜县农村饮水不安全人口高达 18.2 万人，占全县农村人口的 55%。闻喜县大量的农村儿童长期饮用高氟水、苦咸水，吃水问题是长期以来困扰百姓的难题。

2005 年以来，闻喜县建立了以政府为主导，农民为主体，各职能部门密切配合，社会各界广泛参与的解决饮水安全工作机制。2005～2009年，全县投入5771万元，建成饮水安全工程154处，解决了全县283个自然村、14.22万人的饮水安全问题。为了节省资金，提高项目的供水效率，经过广泛调查研究，通过集中连片供水工程，解决了农村饮水不安全的问题比每个村建设小型饮水工程投资小、易管理。目前，全县已建成万人以上集中供水工程4处，覆盖的人口占到了农村饮水不安全人口的80%。本次问卷调查中，闻喜县382户样本，饮用自来水的356户，占93.2%。问卷调查结果也客观地验证了闻喜县农村饮用水干预政策的有效性。

4. 卫生设施的获得普遍较差，需高度重视

本调查根据厕所的类型判断儿童是否能够获得基本卫生设施。把使用室内水冲式厕所、室外冲水厕所和干式卫生厕所视为可以获得基本卫生设施，把使用粪桶、旱厕、无设施以及其他类型视为不能获得基本卫生设施。表5－8的统计表明，四川省样本户儿童获得基本卫生设施的状态最差，97.97%的儿童不能获得基本卫生设施，其中，86.66%的儿童家庭无卫生设施，10.49%使用旱厕。河南、山西和新疆的状况也很差，95%～98%的儿童不能获得基本卫生设施，但相对于四川省状况稍好，以使用旱厕为主。不同民族家庭在卫生设施方面没有显著差异（见表5－9）。

表5－8 厕所类型及所占比例（按地区分类）

单位：%

地区	室内水冲式厕所	室外冲水厕所	干式卫生厕所	粪桶	旱厕	无设施或灌木丛、田间	其他
河南	1.35	1.62	1.08	0.94	94.61	0.40	0.00
山西	0.94	1.21	0.67	0.94	95.84	0.13	0.27
四川	0.61	0.20	1.22	0.00	10.49	86.66	0.82
新疆	1.04	0.26	0.91	0.13	97.28	0.13	0.26
云南	4.83	14.16	1.39	1.80	61.37	13.01	3.44
平均	2.02	4.44	1.10	0.83	67.66	22.75	1.21

表 5－9　厕所类型及所占比例（按民族分类）

单位：%

民　族	室内水冲式厕所	室外冲水厕所	干式卫生厕所	粪桶	旱厕	无设施或灌木丛、田间	其他
汉　族	2.02	2.68	0.81	0.81	89.84	2.58	1.26
回　族	1.87	0.00	0.00	0.93	96.26	0.93	0.00
维吾尔族	0.44	0.44	1.53	0.00	97.39	0.22	0.00
彝　族	0.61	0.20	1.22	0.00	10.61	86.53	0.82
藏　族	0.00	0.00	0.00	0.00	100.00	0.00	0.00
其　他	4.27	15.06	1.50	2.14	62.61	12.18	2.24
平　均	2.02	4.44	1.10	0.83	67.66	22.75	1.21

四　政策建议

基于上述关于不安全饮用水、卫生设施和能源对儿童健康威胁的文献分析，以及中国五省（区）儿童福利服务示范项目区问卷分析结果，本书提出以下政策建议，以促进儿童普遍获得上述三类服务。

（1）建立儿童获得安全饮用水、卫生设施和清洁能源的快速评估体系。通过一个简单易行的快速调查和评估系统，准确快速而低成本地获得儿童在上述服务方面的数据，从而有效识别不能获得这三类服务的儿童。

（2）建立基于快速评估体系的瞄准机制，实施有效的公共政策干预。当前我国在新农村建设、扶贫开发整村推进项目等多种农村发展项目中大多将安全饮用水列入了项目规划，但对卫生设施和清洁能源的重视程度却明显不够。建议将贫困县儿童获得安全饮用水、卫生设施和清洁能源集成到农村发展规划中，并与新农村建设、扶贫开发整村推进项目，以及其他相关项目进行有效整合，统一规划、设计和干预。

（3）加强环境、健康和贫困的相关知识传播和教育，提高人们对将这三项服务纳入反贫困干预的认识。加强政府部门、公共政策制定者以及民间社会对卫生设施和清洁能源的认识，考虑将其纳入公共政策干预的优先领域。

参考文献

[1] 胡四一主编、中华人民共和国水利部编《中国水资源公报 2005》，中国水利水电出版社，2006。

[2] 贫困—环境合作项目组：《环境健康为什么对减贫很重要》，见吴忠主编《国际减贫理论与前沿问题》，中国农业出版社，2010。

[3] 世界银行：《2010 年世界发展报告：发展与气候变化》，清华大学出版社，2010。

[4] 王五一、杨林生等：《中国的环境变化健康风险管理对策》，见 Jennifer Holdaway、王五一等主编《环境与健康：跨学科视角》，社会科学文献出版社，2010。

[5] ADB, "Attaining Access for All: Pro-Poor Policy and Regulation for Water and Energy Services", Asian Development Bank, 2010.

[6] Lauren Smith, "Unhealthy Consequences: Energy Costs and Child Health", Child Health Impact Working Group Boston, Massachusetts, 2007.

[7] Mark Kaiser and Allan Pulsipher, "Concerns Over the Allocation Methods Employed in the US Low-Income Home Energy Assistance Program", *Interfaces* (2006) 36 (4).

[8] Martens P., McMichael A. J., Patz J., "Globalization, Environmental Change and Health", *Global Change and Human Health*, (2000) 1.

[9] Rehfuess, E. A., S. Mehta, and A. Prüss-Uestün, "Assessing Household Solid Fuel Use: Multiple Implications for the Millennium Development Goals", *Environmental Health Perspectives* 114 (2006).

[10] UNICEF, "Progress for Children: Achieving the MDGs with Equity", 2010.

[11] WHO, "Fuel for Life: Household Energy and Health", Geneva, 2006.

第六章　家庭寄养、社会网络和成年孤儿就业渠道分析

——山西省大同市社会福利院的个案研究

唐　敏　尚晓援

在中国，由国家监护的儿童有10万人左右，绝大多数为被遗弃儿童，其中很多是残疾儿童（以下简称孤儿或成年孤儿）[①]。在改革开放以前，他们中的大多数由国家分配工作，或者在享受国家特殊税收政策的福利企业中工作。随着中国的经济体制向市场经济转变，许多福利工厂裁员或倒闭，国家强制指令性的安置办法已经行不通。许多成年孤儿根本不能就业，或工作以后又失业，不得不继续依赖福利机构供养。成年孤儿的就业问题已经成为儿童福利机构的难题和孤儿救助工作的瓶颈。这个难题不解决，成年孤儿群体就有可能终生依赖政府的供养，不能获得回到主流社会的机会。这不但增加了福利机构的工作负担，而且长此以往，有可能引发一些社会问题，影响和谐社会的建设进程。但是，针对这个重要的问题，目前已经发表的政策研究非常少。本章试图通过对大同市社会福利院成年孤儿就业个案的分析，填补这个空白。

一　导言

本章选取典型个案进行分析，对成年孤儿的社会网络进行了考察，并运

① 访问民政部官员，2009。

用社会网络理论中关于弱关系力量和强关系力量的假设，对个案中成年孤儿求职时利用的诸多关系尽可能进行区分和比较，实证研究得出四点结论：其一，农村家庭寄养条件下长大的儿童，拥有寄养家庭和福利院两个强关系网络，它们在孤儿求职过程中发挥了重要作用。其二，农村寄养家庭可以为成年孤儿就业提供最基础性的保障支持，包括提供求职费用、求职和不在职期间的生活保障、低层次的就业信息，以及代表成年孤儿与政府部门协调就业岗位等。同时，家庭教育间接影响孤儿成年后的求职心态和路径选择。其三，福利院在许多成年孤儿就业中提供了重要的帮助，是成年孤儿可以依赖的强关系、资源丰富的中间人以及利益代言人。其四，成年孤儿自身的人力资本影响其求职路径的选择，人力资本偏低的个体倾向于通过强关系求职，寄养家庭和福利院发挥的作用较强，而人力资本较高的个体倾向于通过弱关系求职，寄养家庭的作用较弱。大多数成年孤儿倾向于依靠强关系而非弱关系来寻求工作，这受到制度背景的影响，也与他们个人的人力资本较弱有关系。

针对以上四点结论，研究者分别提出了相关建议：其一，尽可能为孤儿安排家庭寄养，并在家庭教育方面对寄养家庭进行培训。其二，福利院应当慎用“内部消化”的方式帮助成年孤儿非正式就业，以免群体其他成员产生心理依赖。其三，国家必须及时制定和创新相关政策，重建或者激活成年孤儿的正规就业援助渠道。其四，着力提高成年孤儿个体的人力资本，从未成年孤儿的教育抓起，加大对成年孤儿职业技能培训的投入力度，注重对成年孤儿就业观念进行正确引导。

（一）理论框架

1. 什么是社会网络

“社会网”这一概念是由英国人类学家拉德克利夫—布朗首次提出的，但是当时还只是一个隐喻。后来巴恩斯通过对一个挪威渔村阶级体系的分析第一次把社会网的隐喻转化为了系统的研究。米切尔将社会网界定为“一群特定的人之间的一组独特的联系”。巴里·韦尔曼认为社会网络是行动者之间通过社会互动而形成的一种相对稳定的体系，即社会结构[①]。边艳

① 〔加〕巴里·韦尔曼：《网络分析：从方法到隐喻到理论和实践》，《国外社会学》1994 年第 4 期。

杰的解释为：社会网络是西方社会学的一个分支领域，是一种关于社会结构的观点，是一套分析方法和技术①。

社会网络分析者认为，整个社会是由一组相互交错或者平行的网络所构成的大系统。社会网络的结构及其对社会行为的影响模式是社会网络的研究对象。社会网络分析者把社会系统视为一种依赖型的联系网络，社会成员按照联系点有差别地占有各种资源。网络分析的一个重要的特征就是拒绝单纯地用内驱力的作用结果来解释个体的行为，而是强调个体在社会网络中受到的结构性限制（Ruan，1993）。

2. 社会网络理论的两大研究群体：整体网络与个体中心网络

从20世纪60年代起至今，美国的社会网研究一直沿着两个不同的方向平行发展，因而可以划分为两个特色鲜明的研究群体——整体网络研究群体和个体中心网络研究群体。

整体网络研究群体的代表人物是林顿—弗里曼，这一研究群体遵循社会计量学的传统，强调使用矩阵方法来研究整体网络即一个社会关系中角色关系的综合结构。这个群体的研究领域是小群体内部的关系，在分析人际互动和交换模式时产生了一系列网络分析概念，如紧密性、中距性和中心性等（Freeman，1979，1980）。

另一个研究群体则关注个体中心网络，这也是本研究的主要理论基石。该群体以哈里森—怀特、格拉诺维特、林南等为代表人物，继承了英国人类学家的传统，从个体的角度来界定社会网络。他们通过关注个体间关系模式来研究个体行为怎样受到其人际关系网络的影响，其代表理论有弱关系力量假设和嵌入性理论（Granovetter，1973，1975）、市场网络观（哈里森—怀特，1983）、社会资源理论（林南，1981，1990）、社会资本理论（克莱曼，1988）、结构洞理论（Burt，1992）以及强关系力量假设（Bian，1997）②。

3. 就业研究的两大假设：弱关系力量假设与强关系力量假设

本研究中将主要涉及个体中心网络的以下两个理论假设。

---

① 边艳杰：《社会网络与求职过程》，《国外社会学》1999年第4期。

② 转引自肖鸿《试析当代社会网研究的若干进展》，《社会学研究》1999年第3期，第1～11页。

（1）弱关系力量假设。

1973年，格拉诺维特（Cranovetter）在《美国社会学杂志》上发表了一篇题为《弱关系的力量》的文章，首次提出了“关系力量”的概念以及弱关系力量的假设。他在文章中指出，个体通过社会关系找工作时，通过弱关系比通过强关系找到的工作更为匹配，理由是弱关系联系着拥有不同信息来源和社会背景的个体，可以充当跨越社会界限获得信息和其他资源的桥梁，所以通过弱关系可以获取更多的求职信息；反之，强关系联系着拥有相似信息来源和社会背景的个体，彼此的信息相似，从而降低了获取新鲜求职信息的几率。可以说，弱关系充当信息桥的判断，是格拉诺维特提出“弱关系力量”的核心依据①。对于强关系与弱关系的划分，格拉诺维特是以人们之间的互动频率、感情强度、亲密程度和互惠交换为标准的。他把朋友看做强关系，把一般的相识看做弱关系（Granovetter，1973，1974）。

弱关系力量假设的提出对社会网的研究分析产生了重要的影响，带动了劳动力市场中的求职研究，其中大多数研究都支持了格拉诺维特的研究结果，直到边艳杰（Bian）通过在中国天津的研究提出了与之对应的“强关系力量假设”。

（2）强关系力量假设。

边艳杰等人提出的强关系力量假设对格拉诺维特的弱关系力量假设提出了挑战。他们通过1988年在中国天津的一项调查发现：在中国计划经济的工作分配体制下，求职者更多的是通过强关系而非弱关系来得到工作的。个人网络主要用于获得分配决策人的信息和影响而不是用来收集就业信息。因为求职者即使获得了就业信息，但是如果没有关系强的决策人施加影响，也可能得不到理想的工作。如果行为人不能够和主管分配的决策人建立直接的强关系，就必须通过中间人建立关系，而中间人只有和求职者及最终帮助者双方都是强关系时，才能提供最大限度的帮助。因此，在

① 格拉诺维特：《弱关系力量》，《国外社会学》1998年第2期。

这里，强关系而非弱关系充当了没有联系的个人之间的网络桥梁①。

4. 社会网络理论在不同群体就业研究中的本土应用

近年来，社会网络理论在就业领域内的应用越来越受到研究者们的注意。研究者们越来越清晰地认识到，个人的行为是嵌在社会网络中的，受到其固有的社会网络的限制。研究群体就业问题，研究者绝不应该把研究焦点仅仅对准求职的群体或者个体，而是应当跳出个体的局限，把群体的就业放在社会网络乃至更大的社会制度与文化背景下来观察剖析。国内现有的利用社会网络理论研究特殊群体就业的成果颇多，得出的结论大多表现出了趋同性，即在中国特有的制度文化背景下，社会网络对求职就业有着非常明显的影响，其中求职者对社会网络中强关系力量的异常依赖格外引起研究者的关注。

本研究主要以社会网络理论为依据，运用弱关系力量假设和强关系力量假设，对个案中成年孤儿求职时利用的诸多关系力量尽可能进行区分，试图发现成年孤儿这个特殊群体在就业过程中主要依靠的是何种关系力量，以及各种关系力量对帮助成年孤儿就业的作用对比。更进一步，研究者试图探究成年孤儿对某种关系力量的依赖是否是成年孤儿就业难的直接或者间接原因，并尝试提出相关的政策建议。

通过多次调研接触，研究者了解到：成年孤儿大多学历不高，有些身患残疾，还有一些由于自己特殊的身世表现出自卑、怯懦等性格特征，在市场经济体制下，他们往往成为就业市场中的弱势群体。只有福利院是他们可以依赖的力量。所以研究者大胆假设，在成年孤儿的就业过程中，与其他拥有类似人力资本积累的人群相比，大多数人会更倾向于依赖强关系而不是弱关系来帮助自己获取职位。

（二）研究地点

本章的调研地点选在山西省大同市社会福利院。这里农村家庭寄养历史悠久，可谓是中国本土家庭寄养的发源地。从这里的寄养村里走出了许

① 转引自肖鸿《试析当代社会网研究的若干进展》，《社会学研究》1999 年第 3 期，第 1 ~ 11 页。

许多多的成年孤儿，他们步入社会，自强自立，有的甚至主动承担起了为寄养父母养老的重任。

大同市位于山西省北部，地处晋、冀、蒙三省交界地区。截至 2007 年底，大同市总人口 315.96 万，人均 GDP 约为 1.6 万元。大同市社会福利院始建于 1949 年，它担负着大同市城区社会弃婴和“三无”对象的收养任务，目前是山西省收养规模最大的综合性福利院。

福利院建立以后，收养的孤儿和被遗弃儿童的数量持续增加，为了缓解压力，避免经济上入不敷出，孤儿院不得不利用传统的儿童照料模式——为这些孩子寻找收养或寄养家庭[①]。截至 2007 年 12 月，福利院监护的儿童共 832 名，其中寄养在院外的儿童 480 名，院内养护的只有 80 余名，其他是已经具有行为能力、自主在外就业的大龄孤儿。

因此，农村家庭寄养是大同市最主要的替代性养护模式，这一特点从 1949 年建院开始就没有改变。一开始，家庭寄养只是福利院在经济拮据情况下不得已而为之的策略，但是真正的家庭环境给予孤儿的不仅是全面的照料，还让他们产生了健康的依恋关系，发展了社会关系，使他们真正融入社会。根据多年的实践，家庭寄养在促进孤残儿童身心健康发展、自立自强、融入社会等方面产生的效果是院内养护永远不能达到的。

本研究选取山西省大同市社会福利院为调研地点，是基于三点考虑：第一，大同的农村家庭寄养历史悠久，从这里走出的成年孤儿数量很多，已经成功就业的也比较多，有利于对大龄孤儿就业问题进行研究。这一点在一些家庭寄养刚起步的福利院是很难做到的。第二，在研究中，我们希望重点关注家庭——个体社会网络中最重要的强关系之一。集中供养模式下孤儿的家庭关系是缺失的，大同市社会福利院监护的孤儿，有些在寄养家庭中生活了 10 多年，社会网络已经充分发展。因此，只有针对这些孤儿，我们才可以开展孤儿社会网络的研究。第三，笔者自 2001 年开始就在大同市社会福利院开展家庭寄养调研，对福利院的情况比较熟悉，并且与其院领导和工作人员建立了良好的关

① 尚晓援、伍晓明、万婷婷：《从传统到现代：从大同经验看中国孤残儿童福利的制度选择》，《青年研究》2004 年第 7 期，第 9～18 页。

系，有利于调研工作的顺利开展。

（三）资料收集方法

本研究在大量阅读相关文献的基础上，以对成年孤儿的个案访谈为主要研究方法，同时辅以简单的数据收集分析。

在选取访谈对象时，作者从福利院目前能够联系到的大龄孤儿总体中，选择性地抽取了9名大龄孤儿作为访谈对象，其特征力求囊括诸多的差异，例如就业状况——已就业和求职中，健康程度——健全和残疾，就业途径——自主应聘和福利院留用，学历高低——中专、大专、本科、硕士，职业类型——体力方面和技能方面，性别差异——男性和女性。另外研究者还访谈了福利院的两位领导以及3位曾经把几名孤儿抚养成人的奶娘，作为本研究的参考资料。

访谈过程中，访谈员根据事先拟好的访谈提纲（详见附录）对被访者进行访问，并对他们的一些陈述进行了详细的追问。整个访谈是开放式的，被访者根据自身的真实经历进行讲述，内容比较生动充实。每个访谈持续的时间为1~2个小时。在后期写作过程中，作者又根据实际需要，通过电话访谈的形式对几位被访者进行了二次访谈。

二　农村孤儿的社会网络分析

边燕杰在研究社会网络时，将社会关系分为三类：相识关系，包括非亲非故的直接关系和各种间接关系；朋友关系，包括朋友和关系密切的同学、邻居、过去和现在的同事、战友、同乡等；亲属关系。边艳杰将相识关系定位为弱关系，而将朋友和亲属关系定位为强关系。本研究将参考边艳杰区分强关系与弱关系的标准来对个案中出现的关系力量进行区分，区分的指标主要是关系类型和情感紧密性。但是，家庭寄养孤儿的情况有其特殊性。

在本章中，我们对孤儿的强关系的定义，考虑了孤儿成长的特殊环境。因为孤儿在成长中与儿童福利院的关系密切，福利院在孤儿就业中发挥了特殊的作用。同时，福利院又拥有一般家庭没有的行政力量和组织联系。

因此，我们把福利院定位为“强关系”。

孤儿的强关系：①亲属关系（寄养家长、寄养家庭的兄弟姐妹和寄养家庭的亲属）；②朋友关系，包括朋友和关系密切的同学、邻居、同福利院的孤儿等；③福利院的关系。

孤儿的弱关系（相识关系）包括非亲非故的直接关系和各种间接关系。

三　社会网络在成年孤儿就业中的作用

本节通过个案研究，对社会网络在成年孤儿就业中的作用进行分析。表 6－1 和表 6－2 分别列出了个案中成年孤儿的社会网络和就业利用的主要关系。

表 6－1　成年孤儿的社会网络

个案	强关系 1	强关系 2	强关系 3	弱关系 1	弱关系
1	福利院	农村寄养父母	打工的或农村的兄弟姐妹	中小学同学、老师	
2	福利院	农村寄养父母	寄养家庭的兄弟姐妹	中小学同学、老师	
3	福利院	农村寄养父母	寄养家庭的兄弟姐妹	人才网络	
4	福利院	农村寄养父母	寄养家庭的兄弟姐妹	孤儿院同学	
5	福利院	农村寄养父母	寄养家庭的兄弟姐妹	孤儿院同学	

表 6－2　孤儿就业利用的主要关系

就业个案	强关系 1	强关系 2	强关系 3	弱关系 1	弱关系 2	就业利用的主要关系
1 司机	福利院	寄养父母	寄养兄弟	同村青年	中小学同学、老师	强关系
2 打工	福利院	寄养父母	寄养兄弟	同村青年	中小学同学、老师	强关系
3 教师	福利院	寄养父母	寄养兄弟姐妹	老师同学	人才网络	弱转强，寄养家长作为“中间人”
4 牙医	福利院	寄养父母	寄养兄弟姐妹	孤儿院同学	直接联系医院	弱转强
5 大学教师	福利院	寄养父母	寄养兄弟姐妹	孤儿院同学	大学教师同学	弱关系

（一）强关系之一：寄养家庭在成年孤儿求职中的作用

作为成年孤儿社会网络中最重要的部分，强关系之一——寄养家庭在成年孤儿寻找工作中发挥了重要作用，如个案1和个案2。同时，研究者发现，虽然社会网络在就业中有重要作用，但是，作为求职的基本条件，个人拥有的人力资本，如工作能力和心理素质等，对求职和长期保持在职，会起到决定性的作用。同时，求职渠道（在本书中是社会网络）与求职者的人力资本之间的契合，也是求职成功的重要因素之一。因此，在家庭寄养的孤儿求职的过程中，处在中国社会分层底部的农村寄养家庭的关系网，和没有一技之长的求职孤儿的低度人力资本契合，家庭能够发挥出最基础的强关系力量支持。同理，如果孤儿寻求的是比较技术性的、更高层次的职位，农村寄养家庭的作用则非常有限。

个案一：

寄养家长：A，女，59岁，大同市大同县散岔村村民，福利院优秀奶妈，大半生都在为福利院抚养照料孤儿。有17个孩子在她的家中寄养过，其中目前有劳动能力的成年孤儿有两个（以下表述为老大和老二）。

（1）老大，男，26岁，高中毕业。他小时候学习成绩很好，A奶奶曾经下决心“砸锅卖铁也要送他去读大学”，福利院领导也比较器重他，觉得他将来会有好前途。但是后来由于迷恋上了网络游戏，老大的学业逐渐荒废了。高中毕业后，院长出于对他的关心，主动帮他联系了一份在殡仪馆的工作，但是没过多久，老大就嫌殡仪馆的工作太枯燥、太不自由了，辞职自谋职业了。

后来在A奶奶的亲生儿子，即老大的“哥哥”的帮助下，老大考到了驾驶证，当时办理驾照的2000多元钱是由哥哥为他支付的。凭借会开车的一技之长，老大找到了为私人老板开大煤车的工作，经常一出车就是好几天，比较辛苦。今年煤矿不景气，所以老大出车的机会比较少，没事的时候就在家里帮着寄养父母干干农活。

（2）老二，男，19岁，小学学历。从小不爱学习，喜欢到处去玩，小学毕业后就不想上学了。别人对他的劝说和教育他一概不听取。

学业中断后，老二在寄养家庭中待业了几年，后来福利院领导通过私人关系帮他介绍了一份在烤羊肉串店打工的工作。结果没有做多久，老二就因为和别人打架头部受伤了，缝了好几针。A 奶妈就把他接回家中休养，这份工作就中断了。

老二康复后又想出去打工，这次 A 奶妈觉得再让他一个人出去太不放心了，“没有人看管着他是不行的”，于是就让自己亲生女儿的丈夫，即老二的“姐夫”带他到阳泉去打工了，平时也好帮忙照看着老二。

A 奶妈表示，当孩子们外出打工时，路费有些是她帮忙支付的。并且将来如果这些孩子有了困难来找她帮忙，她也都会尽全力帮助的。她对待这些孩子，就像对待自己的孩子一样的疼爱，甚至有过之而无不及。

A 奶妈表示，虽然自己没有什么能耐，不能帮上孩子们什么忙，但是当大龄孤儿长大成人面临就业时，自己总是十分替他们忧虑。这些孩子没有稳定的工作，没有住处，将来靠什么什么生活呢？当研究者提示说他们可以靠自己的力量去寻找工作自力更生时，老人摇着头说，现在工作多难找啊，还是得靠福利院帮忙，没有福利院这些孩子怎么生活？老人还是希望福利院能够帮助自己的孩子安排一份稳定的工作，当听到工作人员提起廉租房的事情时，老人也拜托工作人员跟院长说说，优先考虑照顾一下她家的孩子们。

个案分析：

该个案中的两名孤儿目前的工作都得到了家庭强关系的帮助，比如老大通过哥哥的帮助学会了开车的一技之长，老二在姐夫照顾下打工，以及外出打工时从奶妈处得到路费支持。这些都是家庭强关系力量的表现。与其他几个个案相比，研究者发现，在寻找比较高级的职位时，农村家庭的强关系并不能带给求职者太多的帮助。当求职者本身的人力资本很低、没有一技之长时，家庭却能够发挥出最基础的强关系力量支持作用。但是由于求职者自身人力资本低和农村家庭能量很小的双重限制，这一类依靠家庭强关系就业的成年孤儿，往往从事着低层次的体力工作，比较辛苦，而且收入不高。

（二）强关系之二：福利院在成年孤儿求职中的作用

1. 得而复失的职位

按照我们的定义，成年孤儿的另外一个强关系是福利院。上述个案 1

和个案2中的两名成年孤儿，都曾经以福利院领导为中间人，得到过一个工作职位，但是后来又都因为自身的原因，中断了工作。这说明福利院对于其就业还是起到了中间人的作用，尽全力给予了帮助；但是有时候求职者自身的人力资本的不契合有可能会导致工作职位的丧失，这也是就业过程中一个比较普遍的现象。这两个个案表明单靠强关系得到职位，求职者的人力资本却无法与职位要求相契合的话，这个职位是不可能长期维持的。

2. 弱关系求职失败，转而求助强关系

除了得而复失的就业个案之外，个案3是当事孤儿在通过其他关系就业失败之后，转而求助强关系，即寄养家庭和福利院，得到了理想职业。

个案二：

B，女，28岁，小时候患有眼睑下垂，手术后正常。本科学历，英语专业，现任职于大同市社会福利院寄养科，负责孤儿教育和翻译工作，有正式编制。已婚，由福利院帮助解决了住房。

B自小被寄养在一个叫做谢庄的村庄里，寄养父母都非常疼爱她，她从未感觉到别人对她有什么歧视。因为村子里很多孩子都是福利院寄养的，学校里的同学也有很多是福利院的孩子，而且她的寄养父母也从来没有隐瞒过她的身世，自懂事以来B就知道自己是福利院的孩子，并且她觉得自己有爸爸妈妈，有福利院和寄养家庭这两个家，能够平淡坦然地看待这件事情。

B专科毕业的时候，也曾经尝试着自己寻找工作，但是并不顺利。开始她觉得福利院已经把她抚养成人，自己不该再依靠福利院而给国家造成负担了；并且自己是健康的人，没有任何残疾，学的又是比较热门的英语专业，靠自己的能力找一份教师的工作应该不难。她的奶奶也告诉福利院，让B先靠自己的能力去寻找工作，最后实在找不到的话再找福利院帮助解决。她主要靠学校老师的介绍和自己参加人才交流会或者从别的同学处得到一些招聘信息。实习的时候她去一家私立的英语培训班应聘试讲过，也去当地的一所中学应聘试讲过，但是都没有成功。她总结自己的失败原因之一是自己的心理素质比较差。一方面因为从小生长在农村，另一方面因为自己的孤儿身份多少会有一点心理阴影，所以性格方面有些自卑，紧张的时候腿都会发抖，把备好的教案全都忘了。试讲后老师对她的评价是“太紧张了，没讲出什么东西来”。她提到的另一个失败原因是自己在求职前的准备工作做得太少，缺乏锻炼。因为她毕业实习的时候刚好赶上了“非典”，实习了几天就被迫回到了学校，直到5、6月份才出来，没有多少真正上讲台实践的机会。本来还以为英语专业在当时挺热门的，工作不难找，但是真正去应聘的时候才发现竞争太激烈了，比自己优秀的人太多了。7月份，B毕业回到寄养家中继续等待工作消息，准备一旦有招聘教师的信息就再去试试。由于本身心理素质就差，所以那段时间她非常着急和忧虑。

恰好那时B的奶妈到福利院来办事，听工作人员说由于一名保育员请假院里正好缺少人手，老人就提出B正在家等待工作消息也没什么事情，想让她来福利院临时帮忙，院领导同意了。于是B开始了她的第一份工作——福利院的临时保育员。

由于自己本身就是孤儿，在福利院生活了很久，受到了很好的照顾，所以当她作为临时保育员来照顾弟弟妹妹时，就格外用心，觉得这些孩子特别需要关爱，自己也应该好好工作给福利院一点回报。在这里她也兼做了幼儿教师的工作，圆了自己的梦想。一段时间后，她下定决心，既然福利院需要她，她就留在这里做一名保育员，为孤儿服务。同时领导也评价她很有爱心和耐心，同意她留下来，发给她工资。

后来随着院里涉外接待工作的增多，院领导觉得她的专业特长应该得到发挥，就将她从保育员的岗位调到了寄养科，专门从事孤儿教育和翻译工作。院领导出面找到民政局局长，民政局局长又找到市长，最后市长特批了编制，将她转为正式职工。

转正之后的B工作更加用心，在工作之余她又在职攻读了英语专业的本科学历（学费由福利院支付），同时也积极参加福利院组织的关于寄养、康复等方面的专业培训，不断提高自己的专业技能。她提到有一次英国救助儿童会提供了一次出国的机会，但是由于雅思成绩不够，她失去了这次机会，她首先想到的就是对不起福利院的领导，辜负了领导对她的器重和期望。

在处理人际关系方面，B认为自己深受寄养父母的影响，父母都是很随和的人，和邻居朋友都相处得非常和睦。自幼的耳濡目染使得B和周围的人都能和睦相处，性格比较温和，易于相处。她说这也是家庭寄养与集中抚养相比的好处之一。

B评价自己的就业过程是顺利的甚至是幸运的。因为当时专科毕业的她本来想自己去尝试着应聘而不麻烦福利院，没想到院里刚好缺少工作人员，这给了她一个很好的机遇。她表示即使当年自己应聘成功了可能也只是个打工者，相比之下现在在福利院的工作要稳定、优越得多。

她对自己现在的工作非常满意，一直在强调自己是所有孤儿中最幸运也是最受益的一个。她现在只想踏踏实实地做好本职工作，通过培训提高工作技能，考取社会工作者证书，更好地为福利院作出贡献。

个案分析：

在这个个案中，福利院在被访者B的就业过程中发挥了极其重要的作用，扮演了一种既是强关系又是中间人的角色，验证了边艳杰关于“强关系力量”和“中间人”的假设。

最初的时候，被访者试图通过同学、人才市场等弱关系自行求职，然而由于自身人力资本的不足，求职失败。

之后，被访者的奶妈作为强关系发挥了重要的作用。从在福利院偶然得到就业信息，到主动把B推荐给福利院领导，奶妈扮演了中间人的角色。在访谈中研究者也发现，一些成年孤儿的奶妈会到福利院来设法为自己家中的成年孤儿寻求一份稳定的工作。对于刚刚成年的孤儿来说，奶妈或者寄养家庭作为他们的利益中间人，在就业过程中有时候发挥一定的作用。

福利院作为成年孤儿B的强关系，为她提供了一个工作职位。根据正式求职与非正式求职的划分标准，这是一种典型的非正式求职，因为福利院既没有对外公开招聘员工，也没有对B进行任何的资格考察。福利院作为成年孤儿的监护人，是B的强关系力量，因而才会主动为B提供工作岗位。

因为福利院在用人编制方面并没有权力，所以为了解决B的编制问题，福利院又充当了中间人的角色，“院领导出面找到民政局局长，民政局局长又找到市长，最后市长特批了编制，将她转为正式职工”。在这里福利院中间人的角色发挥得非常充分，为 B 提供了非常有力的帮助。因为 B 作为一个普通的市民，几乎是没有可能与民政局局长和市长建立对自己有利的强关系的；而福利院作为民政局下属的一个事业单位，则相对容易与上层决策者建立强关系。而且 B 自己也明白，凭借她自己的能力与关系，是不可能得到这份稳定的工作的："即使当年自己应聘成功了可能也只是个打工者，相比之下现在在福利院的工作要稳定、优越得多。"所以她十分感激福利院。

通过这个个案，研究者有两点发现：其一，该福利院作为孤儿的法定监护人，与成年孤儿之间并不仅仅是简单的监护与被监护、抚养与被抚养的关系，实际上二者之间已经建立起深厚的感情，是一种可以长期信任依赖的强关系。福利院愿意为 B 提供工作机会，并且主动作为中间人利用与上层决策者的强关系为 B 争取工作编制，这都已经远远超出了福利院抚育孤儿的工作职责；同时 B 反复强调是福利院对自己的帮助最大，当由于自身原因错过了出国的机会时，首先不是为自己惋惜，而是把对福利院领导的歉疚放在第一位，这也绝非简单的孤儿或者工作人员与福利机构之间的弱关系能够产生的感恩与急于回报之心。其二，在福利院作为中间人角色发挥作用时，被访者和院领导叙述时的表达均为"院长亲自出面，找到了民政局局长，民政局局长又找到了市长"，最终通过市长特批的方式解决了被访者的正式编制问题，而不是表达为"院方找到民政局，民政局又找到市里的相关负责人，通过人事程序为 B 解决了编制"。整个访谈过程中研究者的感觉是，福利院院长是一个非常强势的角色，拥有多于常人的储备资源，能够动用许多私人的强关系来帮成年孤儿解决问题；但从另一个角度也恰恰反映了正常渠道的缺失或失灵，院长不得已才会动用私人的强关系来争取编制。在中国的福利院中，并不是所有的院长都拥有这样强大的社会关系和私人能力，也不是所有的市长都会对福利院的特殊要求作出反应。同时，福利院自身的工作岗位也非常有限。因此，这样的就业案例很难成功复制。

3. 高层次就业：从弱关系转而求助强关系

本节讨论的是高层次就业的个案。当事人本来期望通过自己较强的人力资本通过弱关系就业，失败之后才转而求助福利院的强关系就业。

个案三：

C，男，20岁，唇腭裂，手术后发音含糊，影响交流。中专学历，口腔护理专业，即将毕业，目前正在一家私人牙科诊所实习，毕业后可以留在那里工作。他自幼被寄养在农村，目前住在实习诊所提供的宿舍里。

虽说在学校学到了扎实的专业知识，但是在寻找实习机会和工作的过程中，C还是遇到了许多的困难。关于就业的信息，C主要通过学校老师和同学来获取。他也曾经试着自己去大医院寻找实习机会，但是一方面许多医院都要收取实习费用，另一方面他的发音不清楚，影响和患者的交流，所以都被拒绝了。最后通过熟识的同学（同为福利院的孤儿）的介绍，他到了现在实习的牙科诊所，已经实习了1年多了。在这个诊所，也经常有顾客听不懂他的话，他就尽量慢慢地说，但还是有一部分顾客听不懂而转身去别的诊所治疗了。作为牙科医生，跟患者的交流是非常重要的，需要询问病情和介绍服务种类，他口齿不清的缺陷对工作的影响特别大。虽然自己特别期望把工作做好，但是总是和别人有一定的差距。

C感觉在自己实习和找工作过程中，对自己帮助最大的是福利院。因为他的寄养家庭是农村家庭，几乎不能给他什么帮助。

他毕业之后如果在这里工作，第一年的工资大概是每月三四百元，第二年可以涨到每月五六百元，再往后就不再涨了。C感觉每月五六百元的工资是肯定不够的，因为作为一个男人来说，还要考虑将来养家，而五六百元仅仅可以养活他自己。所以C有一个愿望：等自己为别人打几年工、学会了所有的技术之后，自己开一个小的牙科诊所，自主创业。他希望那时候的月收入可以达到三四千元。但是他有许多忧虑，比如将来开门诊的资金，以及需要和工商、税务等部门打交道，他感觉单凭自己太困难了。他的寄养家庭也是农村的，帮不了他什么。唯一可以寻求帮助的就是福利院，看福利院到时候可不可以帮他一把。

C感觉他现在的中专学历有点低，还需要进一步学习。他想中专毕业后继续读大专，但是考虑到自己年龄也不小了，所以也可以考虑一边工作一边学习。

C说，在走向社会自立的过程中，最重要的就是自己要掌握一门安身立命的技术，自己挣钱。如果遇到自己解决不了的问题，可以向福利院寻求帮助，或者回到福利院工作。

他希望相关部门能在大龄孤儿的创业方面出台一些优惠或者帮扶措施，比如信贷、工商、税收等，因为创业的初期比较难，寄养家庭不能为他们提供什么帮助，只有靠国家政府的辅助，创业成功之后再来回报社会。

个案分析：

这是一个典型的求职者在利用弱关系求职失败后转而求助强关系的案例。同时案例中还反映出在建立关系中“中间人”角色的重要性。

在这个个案中，C是通过“熟识同学（同为福利院的孤儿）的介绍”这一强关系力量实现了就业。之前他也曾经试图通过弱关系去寻找工作——主动去医院寻找实习机会，但是由于其自身的劣势，单凭弱关系是无法和正常人竞争的，所以屡屡碰壁。在利用弱关系失败之后，他想到了利用自己的强关系来解决问题，找自己熟识的有实习经验的同学帮忙介绍，最终成功地得到了实习机会和工作职位。C在面临就业时，首先想到的是凭借自身人力资本和弱关系去主动求职，只有当后来弱关系力量失灵时才想到了动用强关系来解决问题，说明C凭借自身人力资本求职的意愿还是很强烈的，是符合市场经济条件下的求职心理的，对强关系没有过分地依赖。

另外，在谈到将来自主创业时，面对重重的困难，C首先想到的是寻求福利院的帮忙，希望福利院能够作为中间人帮助他协调与工商、税务等强势部门的关系。其实C作为一个自主创业者，完全能以个人的身份直接与工商、税务等部门建立一种弱关系，但是他还是习惯性地寻求福利院作为中间人来帮他建立一种强关系。这也恰好验证了边艳杰关于中间人的论述：当中间人与求职者和最终帮助者之间都是强关系的时候，能够发挥最大的帮助，有利于求职者的职位安排。显然，C遵循了理性人的原则，选取了一条对自身利益最有利的路径，因为通过福利院这一政府部门来和其他部门协调，要比C以个人的身份去和这些部门协调更有地位上的平等感，并且掌握更多的话语权。但是从另一个角度来看，这种类似的中间人角色给福利院增加了许多额外的工作量，同时还可能造成成年孤儿对福利院的过分依赖。

（三）弱关系：其他社会网络在成年孤儿求职中的作用

通过强关系，特别是通过福利院就业，是成功就业的孤儿们的主要渠道。但是，也有少量的孤儿能够通过弱关系就业。

个案四：

D，女，29岁，硕士，已婚，现为山西省大同大学商学院助教，月薪1500元。目前还没有购房，自己出钱租了房子，每月房租450元。

因为右手只有半个手掌，刚出生3天的D就被亲生父母扔到大同市的马路边。大同市福利院收养后，将其送到大同县唐家堡村家庭寄养。D直到十多岁的时候才知道了自己特殊的身世。村里和她一样的孩子很多，村子里的氛围也很好，没有人议论纷纷，所以在她的意识里她和普通孩子是一样的。

D从小生活的寄养家庭比较贫穷，帮福利院抚养孩子的原因之一是因为可以从福利院得到一份生活补贴。寄养父母和村里的人都非常善良，对寄养的孩子都挺好。对于寄养家庭来说，给孩子多吃一口饭不算什么，因为本身他们都是种粮食的。但是看着寄养父母生活很艰辛，D从小就下定决心，这辈子一定要争气，好好活，将来让养父母过上好日子。后来读书多了，她明白了不光要为了孝敬养父母，也要为了自己而活，要活出自己的个性和价值。D说她知道自己也没有别的能力，就什么都不想，一心刻苦学习。

当她努力通过了专升本考试后，她曾经为了学费和赞助费发愁。在太原的一所大学和大同大学之间，她选择了大同大学，因为她想在大同上学的话，可能福利院可以通过关系帮助她一下。后来大同大学免除了她的所有费用，她得以完成了本科学业，并且在大三的时候获得了国家奖学金。

大四的时候，同学们都准备考硕士研究生，D也决定考，她觉得既然她已经走到了今天这一步，将来肯定还会有各方面的力量来帮助她，她唯一需要考虑的就是努力学习，争取顺利考取。当时的她什么都不懂，听人说历史专业不好就业，就随机地报了东北大学的行政管理专业。后来才知道，东北大学是自主划定分数线的，而且行政管理专业的分数线相当高。结果她考过了国家线却不够东北大学的自划线。同样因为信息的闭塞，她又错过了研究生调剂的时间。学校觉得挺可惜，正好赶上了学校扩招扩编，于是就资助她去山西财经大学读硕士，同时签订就业协议，毕业后回校任教。就这样，D在自己大学毕业的时候就确定了自己将来的工作。

D觉得自己的就业过程还是比较顺利的，没有经历什么波折。一方面是靠她自身的努力、优异的成绩争取来的，另一方面她觉得学校能够这么顺利地录用她还是考虑到了她的特殊身世和经历，不管是同情也好，关心也好，总还是对她有些优先的照顾的。她还特别提到，当时学校的一位女老师知道了D的经历之后非常感动，觉得D很可怜但也很有出息，而这位女老师的爱人恰好在学校的人事部门工作，所以这位女老师在D就业的过程中也主动帮了不少的忙。D觉得，现在的救助途径和以前不一样了，以前都是领导知道谁有困难了主动帮助解决，而现在需要有困难的人主动把自己的情况反映给领导才行，所以有时候一些外界帮助还是需要自己去主动争取的。

当回想这一路走来的经历时，D说，要想成才，个人的努力是前提，同时各种各样的机遇以及各方面的关心帮助也是重要的支持条件。两方面结合，促使她走到今天。

D反复强调求学就业过程中获取信息的重要性。她回想自己当时的情况，家里的父母和姊妹们都是农民，无法为她提供任何的信息和参考意见，她只有自己思考今后的前途，自己做了很多决定，有正确的，也有错误的。如果说当时能有个渠道让她获取更多的信息的话，道路会更加平坦。尤其是现在，信息实在是太重要了，信息就是机会，有了机会才能去尝试、去争取。本身这个小城市就有些闭塞，而这些在农村寄养孩子的周围环境就更加闭塞。现在的小孩虽然开始接触网络了，但是都只玩玩网络游戏什么的，还不知道把网络作为一种获取求职信息的工具来使用。如果说要对这部分孩子就业进行帮扶的话，她建议福利院或者相关部门先从为他们提供获取就业信息的渠道着手，多给他们一些信息，或许他们就会更多地走出去尝试，机会多了总会找到适合自己的职业和岗位。

D下一步的打算是继续攻读在职的博士研究生，提高自己的专业知识水平。她说自己不仅代表自己，还代表了福利院，只要自己有这个能力就要不断地努力，既然福利院一直以她为骄傲，她就要尽力把这个表率作用发挥好，能做到多高就做到多高，以此来鼓励下边的弟弟妹妹好好学习，自立自强。

个案分析：

这是一个典型的依靠弱关系得到职位的个案，验证了格拉诺维特的弱关系力量假设。个案中，大同大学对于D来说只能算是一种弱关系，因为和其他同学一样，D也只是这个学校中一名普通的学生，并没有特殊的关系力量存在。但是D以自身优异的学习成绩得到了学校的认可，从而促使学校主动将这个工作机会给了D。

林南在其社会资源理论中指出，弱关系在一些情景下之所以有强力，是因为它可以帮助人们跳出原有的社会圈子，联系到掌握着更丰富社会资源的联系人（Lin，1982）。该案例中的D便是跳出了寄养家庭、福利院等强关系，通过弱关系联系到了直接掌握教师任用权力的学校决策者，顺利地得到了工作机会。

但是，研究者发现，在这个求职过程中，还是掺杂了强关系的作用。比如D特别提起的，当时学校的一位女老师在D就业的过程中也主动帮了不少忙。这位女老师也许只能算是弱关系，但是她却作为一个中间人，利用自己和她爱人的强关系力量帮助D顺利地得到了这份工作。

在这个个案中，被访者在谈到就业时，没有提到寄养家庭给予她的任何帮助，可以得知在求职过程中，家庭这个强关系力量不能给予D任何直接的帮助。但是我们不应当忽略的是，D虽在一个贫穷的寄养家庭长大，但是寄养父母对她疼爱有加。“看着寄养父母生活很艰辛，D从小就下定决心，这辈子一定要争气，好好活，将来让养父母过上好日子。”这说明，在D求职前的成长过程中，寄养家庭作为一种强关系，给予了她潜移默化的影响，直接促使她价值观的形成以及正确人生志向的树立，从而有利于她将来的顺利就业。

值得特别注意的是，D说，要想成才，个人的努力是前提。这也提醒了研究者，其实在这个个案中，发挥最大作用的应当是D本身卓越的人力资本。正因为D通过不懈的努力具备了优于常人的人力资本条件，才有可能在残疾人的就业过程中出现这种通过弱关系成功就业的个案。然而，D之所以一直被认为是大同福利院的骄傲，也说明了她其实只是一个特例，毕竟在成年孤儿这个群体中，能够像她这样优秀的人寥寥无几，所以能够像 D 这样通过弱关系得到职位的成年孤儿很少见。

四　结论

（一）农村寄养家庭的基础保障作用

要考察某个体的社会网络，家庭总是不能忽略的强关系之一。而且基于对个体的深厚感情，家庭往往愿意付出所有的资源为个体提供帮助，这一点在特别重视血缘、亲缘关系的中国体现得格外明显。

大同市社会福利院一直以来都是以农村家庭寄养为主要的替代性养护方式的。寄养家庭大多经济不富裕，甚至有一部分家庭申请做寄养家庭的初衷是为了从福利院得到奶资（寄养费）来提高家庭收入。福利院员工发现，虽然寄养家庭参加寄养项目的动机各有不同，但是当奶妈对这些孩子进行母乳哺育两三个月后，大多数奶妈与寄养的儿童产生了感情，把寄养孤儿视同己出①。

调查中发现，家庭寄养模式下长大的孤儿，较之研究者之前接触的集中供养模式下长大的孤儿性格都比较开朗随和，懂得如何更好地与他人交流。当被问及有没有因为身世而遭到歧视时，大多数的成年孤儿表示自己和其他孩子一样，有爸爸妈妈。加之他们从小生长的村子里情况相同的孩子特别多，父母也几乎不隐瞒孩子的身世。在一个没有歧视的良好氛围中长大，他们大都表示能够淡然地看待这件事情。当他们长大后面临就业时，也会更有自信②，以及更快地适应新的工作环境和人际关系。

但是当被问及寄养家庭在就业过程中能否提供直接的帮助时，大多数被访者的回答是：寄养家庭是农村的，经济条件不好，也帮不上什么忙。但是研究者在访谈过程中却发现，农村家庭的强关系本来并不能带给求职

① 张秀花：《家庭寄养：一条充满情与爱的路》，载靳保利《抚孤助残半世纪：纪念大同市社会福利院建院五十周年专集 1949～1999》，非正式出版物，1999，第 181～191 页。

② 尚晓援、伍晓明、万婷婷：《从传统到现代：从大同经验看中国孤残儿童福利的制度选择》，《青年研究》2004 年第 7 期，第 9～18 页。

者太多的直接帮助，但是当求职者本身的人力资本很低、没有一技之长时，家庭却能够发挥出最基础的强关系力量支持。例如个案一中的两名孤儿，他们目前的工作都得到了家庭强关系的帮助——老大通过哥哥的帮助掌握了开车的一技之长，老二在姐夫的照顾下打工，以及外出打工时从奶妈处得到路费支持等，这些都是家庭强关系力量的表现。福利院领导也介绍说，有一部分孤儿成年后继续留在村子里，他们帮助父母耕种土地，父母帮助他们成家，就这样在寄养村落地生根了。但是有一个不能忽略的问题是：由于求职者自身人力资本低下和农村家庭占有资源少，这一类依靠家庭强关系就业的成年孤儿，往往从事着低层次的体力工作，比较辛苦而且收入不高。

值得注意的是，家庭寄养模式下，寄养父母对孤儿的家庭教育可能会间接影响孤儿成年后的求职心态和求职路径选择。例如个案一中的 A 奶妈反复提到，成年孤儿们还是要依靠福利院来实现就业，并且对他们将来的期望是“有稳定的工作以及自己的住处”，却没有考虑到这些成年孤儿自身的人力资本条件是否能够达到这个目标。奶妈的这种一味依靠福利院强关系力量的心理可以理解为一种对福利院的惯性依赖，而奶妈的依赖心理可能会在日常的生活和家庭教育中对成年孤儿产生不良的影响。正如福利院一位领导在接受研究者的访谈时提到，成年孤儿对福利院的依赖，很大程度上是由奶妈对孤儿的溺爱和错误教育造成的。奶妈觉得孤儿是党的孩子、福利院的孩子，又是拥有城市户口的“城里人”，福利院理应继续负责孩子们的就业安置。这种依赖心理和优越感也渗透在了奶妈对孤儿们的家庭教育中。

综上所述，研究者有两点认识：其一，较之集中供养长大的孤儿，农村家庭寄养模式下的成年孤儿拥有和平常孩子一样的家庭强关系支持，这个强关系可以在成年孤儿自身人力资本偏低、求职困难的时候给予最基础性的保障支持，有利于孤儿逐渐完成从被供养到独立的过渡；其二，寄养家庭对孤儿的家庭教育会间接影响其成年后的求职心态和求职路径选择。研究者对此有两点建议：其一，尽可能地安排孤残儿童的家庭寄养，以弥补其家庭强关系的缺失。其二，注重对寄养家庭在孤儿家庭教育方面的培训，提高家庭教育水平。

（二）福利院的多重特殊身份

福利院作为民政局下属的事业单位，是孤儿的法定监护人，承担着抚育孤儿健康成长的重任。表面上看，福利院与孤儿之间是监护与被监护、抚育与被抚育的关系。有劳动能力的孤儿成年自立后，自动与福利院脱离关系。

然而，研究者2009年在大同市社会福利院调研期间发现，福利院与成年孤儿之间的关系其实远超出了单纯的监护与被监护、抚育与被抚育的关系，福利院在成年孤儿就业乃至今后的工作生活中都扮演着极为特殊和重要的角色。

调查中发现，大同市社会福利院在许多孤儿的就业过程中发挥了重要的作用，有些甚至已经超出了福利院的法定工作职责，但是基于对这些孤儿的深厚感情，福利院领导额外增加了工作量，通过福利院甚至是私人的强关系尽可能帮助成年孤儿就业。个案一中的老大和老二本身的人力资本条件不佳，自行求职的话相对困难，兄弟俩都是通过福利院领导的关系，以福利院为“中间人”获取了自己的第一份工作；个案二中的被访者一直强调自己是孤儿中从福利院受益最多的一个，得益于与福利院的强关系，福利院主动为她提供了职位，并且又发挥了“中间人”的作用，找到市长为她争取了工作编制；个案三中的被访者在考虑将来创业时面临的困难时，首先想到的是寻求福利院的帮助，希望福利院可以充当强有力的“中间人”角色，帮自己处理好与工商、税务等部门的关系。

成年孤儿普遍和福利院联系密切，感情深厚，存在感情依赖。访谈中，绝大多数的被访者认为：在自己的成长和就业过程中，对自己帮助最大的是福利院，自己有寄养家庭和福利院两个温暖的家；当他们遇到困难需要帮助时，首先想到的也是向福利院求助。个案二中，被访者反复表达了自己努力工作、回报福利院的意愿，当她因为雅思成绩不理想而错失了出国培训的机会时，她觉得特别对不起福利院领导对自己的器重，心里很内疚。这已经远远超出了她作为一名员工对其工作单位应有的感情，真实地表达了她作为一名受益于福利院的孤儿那种感情依恋和急于回报的感恩之心。

综上所述，研究者更倾向于抛开福利院的机构身份和法定责任，将福利院与成年孤儿之间的关系界定为一种长期维系的、值得依赖的强关系。

并且福利院往往扮演了成年孤儿“利益代言人”的角色，利用自身社会组织的身份，作为“中间人”去帮成年孤儿获取更多的工作职位和其他的利益。这种可依赖的强关系并没有随着孤儿的成年和自立而中断或者减弱。

对于福利院这种多重特殊身份，研究者主张理性地看待。一方面，对于这些有着特殊身世的成年孤儿来说，农村寄养家庭能够给予他们的支持非常有限，私人社会资本几乎为零。福利院作为一个相对强势的社会组织，在求职中给他们必要的帮助，这有利于成年孤儿群体顺利步入社会，实现自立。但是另一方面，我们不应忽视，孤儿们对福利院的感情依赖有可能会发展为就业时对福利院具体帮助的依赖。根据正式求职行为和非正式求职行为的划分标准，研究者发现，凡是通过福利院的强关系获得职位的，都是采用了非正式求职。福利院作为一个事业单位，能力是有限的，由福利院为所有成年孤儿安排非正式求职将会使福利院不堪重负，这是不可持续的，也是不现实的。所以研究者建议福利院应当谨慎采用这种“内部消化”方式帮助成年孤儿，而应该通过提供信息、培训等，鼓励成年孤儿走出去闯一闯，以免使群体中的其他孤儿产生路径依赖。

（三）强关系依赖与正规渠道失灵

调查中发现，多数成年孤儿是通过强关系而非弱关系实现就业的。部分孤儿也曾经尝试通过弱关系去寻找工作，但是由于自身的人力资本不足而导致失败，不得不转而依靠强关系。

对于这种现象的出现，研究者认为有两种原因：其一，中国人自古讲究“差序格局”这一文化背景的影响（具体可参阅费孝通所著的《乡土中国》一书）。其二，正常就业援助渠道的缺失或者失灵。在这里，研究者只对第二点进行着重分析。

“中国正处于转型期，在市场正常运行和国家再分配权力退出之间，人们面对‘真空’时，不得不寻求非制度性的社会关系资源来获得职业。”（张宛丽，1996；项飚，1998）

早在2006年，民政部等十五部委就曾联合下发了《关于加强孤儿救助工作的意见》（以下简称《意见》），其中明确规定了民政部门、劳动社会保障部门、房管部门等诸多部门在成年孤儿就业安置中的具体责任分工。而调查中却发现，成年孤儿在就业过程中几乎没有人与劳动保障部门这一就业主管部门打过交道，更别说是民政部门、房管部门等相关部门。如果不得不去办理一些手续的话，也多是由福利院代表他们去集体办理。其实作为成年孤儿，他们完全可以自行去和这些相关部门建立被服务与服务的弱关系，为自己求职或生活获取应得的帮助。当被问及为何不愿意和这些部门打交道时，成年孤儿们的回答是，“我们在人家单位又不认识人，再说人家根本不会管我们的”。福利院领导接受访谈的时候也证实：“上边出台的意见都是原则性的，到了下边根本没办法具体落实。即使是由福利院出面去和这些部门协调，人家都是很不情愿配合。如果让这些孩子自己去协调，门儿都没有。”

这就显现出我国目前对于成年孤儿群体的正规就业援助渠道的失灵。在计划经济时期，大龄孤儿的安置是由政府劳动部门下达招干、招工指标统一安排就业，对于有劳动能力的残疾成年孤儿一律安排到福利工厂工作。后来随着市场经济体制的不断完善和用工制度的改革，福利工厂纷纷倒闭，大龄孤儿的正规就业援助渠道逐渐缺失了。十五部委《意见》的出台，旨在通过以劳动保障部门为主的诸多部门共同努力，重建大龄孤儿的正规就业援助渠道。但是，由于《意见》缺乏可落实性，在大多数地方，针对大龄孤儿的正规就业援助渠道是名存实亡的，也就是所谓的失灵。

综上所述，经济转轨和用人机制改革客观造成了成年孤儿就业援助渠道的缺失或者失灵，而国家相关政策的制定又滞后于现实的需要。当从正规的就业援助渠道得不到任何帮助时，成年孤儿群体就会转而依赖可及的强关系来帮助自己就业。然而，随着市场经济体制的逐步完善，我们可以预见到未来就业的趋势会像西方国家那样，更多地依靠弱关系而不是强关系来获取职位。国家必须及时制定和创新相关政策，重建或者激活成年孤儿的正规就业援助渠道，只有这样才能符合未来就业市场的大趋势。

（四）孤儿就业之本：人力资本的培养

虽然本研究是以求职个体所处的整个社会网络为研究对象的，但是这并不代表对求职者自身人力资本差异的忽略。调查过程中，研究者发现，成年孤儿自身的人力资本会影响其对求职途径的选择，即依靠强关系还是弱关系获取工作机会。

经过对所有个案的对比分析，研究者发现，自身人力资本偏低的成年孤儿更倾向于依靠强关系来获取工作机会，例如个案一中的老大、老二兄弟俩，以及个案三中唇腭裂术后发音含糊影响交流的被访者C。究其原因，自身人力资本偏低的成年孤儿，依靠弱关系在公平竞争的就业市场中处于劣势，不容易寻找到工作机会，在没有其他可以求助的弱关系——比如政府的就业援助渠道时，只好转而求助于与自己熟识的、有感情联系的强关系——比如福利院和寄养家庭来帮助自己实现就业。这里存在一个问题，就是当求职者自身人力资本与职位不相匹配（特别是个体人力资本难以胜任该工作）时，即使通过强关系暂时得到了工作机会，也可能会在后期出现工作难以持续的现象，例如个案一中的老大和老二的经历。

与上述情况相对应的是，自身人力资本较高的成年孤儿更倾向于通过弱关系来获取工作机会，例如案例四中的被访者D。林南在其社会资源理论中指出，弱关系在一些情景下之所以有强力，是因为它可以帮助人们跳出原有的社会圈子，联系到掌握着更丰富社会资源的联系人（林南，1982）。一方面，随着受教育水平和工作技能的不断提高，个体在就业市场上的竞争力就会不断增强，优势逐步取代（掩盖）劣势，掌握了求职就业时的主动权和话语权，比如D原本因残疾造成的求职劣势，后来慢慢被学历水平高、知识储备丰富的优势所取代（掩盖）了。另一方面，随着自身人力资本的提高，个体接触的外界群体的水平也不断提高，通过与一些掌握着丰富社会资源的人建立弱关系，或者以其为中间人去与其他掌握丰富资源的人建立弱关系，就会比较容易。通过和这些弱关系进行信息交流和资源分享，个体获取工作机会的成功率就大大提高了。

综上所述，研究者认为，提高成年孤儿个体的人力资本对于改善目前该群体就业困难的现状具有根本性的作用。其一，从孤儿群体的教育抓起，教育是提高个体求职能力的基石。其二，加大对成年孤儿职业技能培训的投入力度，掌握一技之长是获取工作机会的敲门砖。其三，注重对成年孤儿的就业观念进行正确引导，教育他们早为求职做准备，不等不靠，自力更生，凭借自身的能力去就业市场接受挑战，寻找合适的工作岗位。

附录 访谈提纲

(一) 成年孤儿访谈提纲

对于成年孤儿就业情况的调查问题见表6-3。

表6-3 成年孤儿就业情况调查表

被访者姓名__________

学历		年龄		婚否	
安置方式	集中供养	家庭寄养		其他安置形式	
就业途径	自主应聘	福利院帮助	民政部门帮助		其他帮助
住房情况	福利院房屋	工作单位宿舍	廉租房或经济适用房	自行租房或购房	其他住房
目前从事的职业	体力方面			技能方面	
对目前工作的满意程度	满意	还可以	不满意	说不清	
期望从事的职业	体力方面			技能方面	
目前的月薪	低于当地低保线	低保线~1000元	1000~1500元	1500~2000元	2000元以上
期望的月薪	低于当地低保线	低保线~1000元	1000~1500元	1500~2000元	2000元以上

1. 能否与我们分享一下你的成长故事，比如寄养家庭的情况或者学习生活的一些经历。

2. 将来期待从事什么样的工作？（已就业的跳过）

3. 对于未来的就业，你有没有信心？有何忧虑？（已就业的跳过）

4. 有没有接受过职业培训？是何种形式的职业培训？（职业学校、工厂实习、福利院内部培训或者其他形式的培训）培训的费用从哪里来？学到的职业技能能不能应用于就业求职？

5. 你通过何种渠道得到关于就业的信息？

6. 你就业的途径是怎样的？（自己应聘的、福利院帮助的、寄养家长帮

助的或者别的形式）

7. 你是一次性就业成功还是经过了多次尝试才找到工作？

8. 就业中有没有遇到一些困难？请举例说明。

9. 就业中令你难忘的一些事情？

10. 就业过程中有没有因为成长背景而遭受过歧视？请举例说明。

11. 你可以很快地适应一份新的工作吗，包括工作环境、人际关系等？与工作中的同事和朋友都能和睦相处吗？

12. 在工作单位会遭受歧视吗？会不会刻意地隐瞒自己的身世？

13. 与普通家庭长大的孩子相比，你认为自己在就业中有不同之处吗？如果有，有哪些不同？

14. 就业、成家后还会与寄养家庭及福利院保持联系吗？多久联系一次？感觉跟寄养家庭、寄养父母是一种什么样的关系？

15. 对于自己的未来，有何具体的打算？你对未来最大的忧虑是什么？

16. 就业中你希望得到哪些帮助？有没有得到帮助？何种帮助对你支持最大？

17. 就业过程中有没有得到寄养家庭的支持？在哪些方面支持了你？

18. 就业过程中有没有得到福利院的支持？在哪些方面支持了你？

19. 就业过程中有没有得到民政部门的支持？在哪些方面支持了你？

20. 就业过程中有没有得到用人单位的优惠政策？

21. 就业过程中有没有得到劳动保障部门的特别支持？在哪些方面支持了你？

22. 在解决住房问题时，有没有得到房管部门的优先照顾？

23. 就业过程中有没有得到社会各界和慈善组织（NGO）的支持？在哪些方面支持了你？

24. 结合自己的就业经历，你最希望国家对成年孤儿的就业出台哪些辅助政策和措施？

（二）福利院领导访谈提纲

关于福利院里具有劳动能力的成年孤儿就业及安置情况的调查问题见表6－4。

表 6－4　福利机构具有劳动能力成年孤儿安置情况调查表

单位：人

有劳动能力的成年孤儿人数	就业及安置去向				
	高中、大学	职业学校	待业	院内留用	外部就业

1. 近几年来福利院里有劳动能力的成年孤儿的就业情况大体是怎样的？

2. 已经就业的成年孤儿中，有没有一些特别成功和特别困难的例子？

3. 福利院是否面临着成年孤儿就业安置困难的问题？面临的困难有哪些？

4. 您认为成年孤儿就业安置困难的原因是什么？（个人、社会、国家政策等）

5. 贵院在促进成年孤儿就业方面做出了哪些努力/提供了哪些帮助？有哪些创新的做法？

6. 目前贵院成年孤儿就业的途径主要有哪些？其中最主要的途径是什么？

7. 孤儿的就业去向或者职业类型有哪些？以哪种类型的工作为主？

8. 家庭寄养与集中供养两种方式相比，您认为哪种环境下长大的孤儿在就业方面更存在优势？

9. 您认为相对于集中供养，家庭寄养对成年孤儿的就业有何促进作用？

10. 在促进成年孤儿就业工作中，福利院需要其他哪些部门的配合与支持？是否到了这些支持？

11. 十五部委联合下发的《关于加强孤儿救助工作的意见》中提到：对成年孤儿的就业安置，需要劳动保障、房管、教育、公安等众多部门各负其责、共同努力解决。您认为在实际工作，这个意见的落实情况如何？如果落实得不好，您认为主要是什么原因？

12. 您对促进成年孤儿的就业有何政策建议？（希望国家出台那些帮扶措施）

（三）寄养家长访谈提纲

1. 您家里一共寄养过多少个孩子？长大成人的一共有几个？其中有劳

动能力的成年孩子现在的工作生活状况是怎样的？

2. 当这些孩子寄养在您家的时候，您会不会在日常生活中有意识地培养锻炼他们的生活自理和独立处理事情的能力？

3. 当寄养在您家里的孤儿长大成人、面临就业成家的问题时，您是否为他们担心忧虑？

4. 您认为这些成年孤儿在就业成家方面，和普通的孩子有什么区别吗？存在一些特殊的困难吗？为什么会存在这些特殊的困难（原因）？

5. 当您为孩子的未来操心忧虑的时候，您最先想到的是向谁寻求帮助？（亲戚朋友、福利院、政府相关部门等）

6. 您是否（想过）通过自己的私人关系帮助成年孩子就业和成家？有没有因此付出过金钱或者其他成本？（比如托人送礼找工作）

7. 现在这些孩子工作生活得怎么样？是否和您经常联系或者回来探望？

8. 在您心里，您认为您和这些成年的孩子之间是一种什么样的关系？

9. 如果这些孩子工作生活得不如意，回到您这里寻求帮助的话，您会怎么做？

10. 您对这些从您家中走出去的成年孩子，有什么样的期望吗？（比如期望他们未来会怎样，或者期望他们为您做些什么等）

参考文献

[1] 桂勇、陆德梅、朱国宏：《社会网络、文化制度与求职行为》，《复旦学报》（社会科学版）2003 年第 3 期。

[2] 桂勇、顾东辉、朱国宏：《社会关系网络对搜寻工作的影响：以上海市下岗职工为例的实证研究》，《世界经济文汇》2002 年第 3 期。

[3] 肖鸿：《试析当代社会网研究的若干进展》，《社会学研究》1999 年第 3 期。

[4] 赵延东：《求职者的社会网络与就业保留工资：以下岗职工再就业为例》，《社会学研究》2003 年第 4 期。

[5] 张存刚、李明、陆德梅：《社会网络分析：一种重要的社会学研究方法》，《甘肃社会科学》2004 年第 2 期。

[6] 唐咏：《社会网络与大学生毕业生的就业研究》，《重庆工学院学报》（社会科学版）2007 年第 7 期。

[7] 赵延东：《再就业中的社会资本：效用与局限》，《社会科学研究》2002 年第 4 期。

[8] 尚晓援、伍晓明、万婷婷：《从传统到现代：从大同经验看中国孤残儿童福利的制度选择》，《青年研究》2004 年第 7 期。

[9] 张宛丽：《非制度因素与地位获得》，《社会学研究》1996 年第 1 期。

[10] 边艳杰：《找回强关系：中国的间接关系、网络桥梁和求职》，《国外社会学》1998 年第 2 期。

[11] 边艳杰：《社会网络与求职过程》，《国外社会学》1999 年第 4 期，

[12] 边艳杰、张宏文：《经济体制、社会网络与职业流动》，《中国社会科学》2001 年第 2 期。

[13] 李培林：《流动民工的社会网络与社会地位》，《社会学研究》1996 年第 4 期。

[14] 项飚：《逃避、联合与表达：北京“浙江村”的故事》，《中国社会科学季刊》1998 年第 2 期。

[15] 刘世定：《乡镇企业发展中非正式关系资源的运用》，《改革》1995 年第 2 期。

[16] 高灵芝：《“治理理论”视角下的城市农民工就业促进的组织网络：以济南市为个案》，《东岳论丛》2006 年第 11 期。

[17] 张秀花：《家庭寄养：一条充满情与爱的路》，载靳保利著《抚孤助残半世纪：纪念大同市社会福利院建院五十周年专集 1949 ~ 1999》（非正式出版物），1999。

[18] 苏春艳：《社会网络与职业获得：转型期下岗失业女工再就业过程研究》，上海大学，2005。

[19] 蔡玉敏：《劳动力市场、社会关系网络与职业地位获得：转型期城镇下岗女工再就业问题研究》，华中师范大学，2003。

[20] 林南：《社会网络与地位获得》，俞弘强译，《马克思主义与现实》2003 年第 2 期。

[21] Bian, Yanjie, “Bringing Strong Ties Back in: Indirect Ties, Network Bridges, and Job Searches in China”, *American Sociological Review.* (1997) Vol. 62, Iss. 3.

[22] Freeman, Linton C. and Danching Ruan, “An International Comparative Study of Interpersonal Behavior and Role Relationships”, *LAnnee Sociologique* 47 (1997).

[23] Freeman L. C., “Centrality in Social Networks: I. Conceptual Clarification”, *Social*

Networks 1（1979）.

[24] Granovetter M. , "The Strength of Weak Ties", *American Journal of Sociology* 78 (6), May 1973, doi: 10. 1086/225469.

[25] Granovetter M. , *Getting A Job: A Study of Contacts and Careers* (Cambridge, Mass: Harvard University, 1974) .

[26] "Threshold Models of Collective Behavior", *American Journal of Sociology* 83 (6):, November 1978, doi: 10. 1086/226707.

[27] "The Strength of Weak Ties: A Network Theory Revisited", *Sociological Theory* (Blackwell) 1, 1983, doi: 10. 2307/202051.

[28] Marsden, Peter V. ; Lin, Nan, eds. , *Social Structure and Network Analysis*, Sage, 1982.

[29] Ruan, Danching, Linton C. Freeman, Xinyuan Dai, Yunkang Pan, and Wenhong Zhang, "On the Changing Structure of Social Networks in Urban China", *Social Networks* 19 (1997).

[30] Ruan, Danching, "Interpersonal Networks and Workplace Controls in Urban China", *Australian Journal of Chinese Affairs*, (now called *The China Journal*) 29 (1993).

[31] "Economic Action and Social Structure: The Problem of Embeddedness", *American Journal of Sociology* 91 (3), November 1985, doi: 10. 1086/228311.

[32] Nohria, Nitin; Eccles, Robert, eds. , "Problems of Explanation in Economic Sociology", *Networks and Organizations: Structure, Form, and Action*, Boston, Mass: Harvard Business School, 1992 .

第四部分

组织篇

第七章　儿童福利服务组织的公信力研究

尚晓援

本部分的结构和前面有所不同。本部分的三章是根据同一个理论框架组织的，分析对象则是三个不同类型的非政府儿童福利服务组织。这里对理论框架和研究方法进行简单的说明。

一　理论框架

儿童福利服务组织的公信力问题，显然是中国儿童福利制度建设中的前沿问题之一。当国家真正对儿童福利负起责任，且儿童福利的资金问题得到缓解的同时，对儿童福利服务的需要将会大增，我们将立即面临服务递送问题。从各国的经验看，儿童福利服务组织最可能成为新的重要的服务提供者。组织的公信力问题，直接和整个部门的发展相关。公信力问题不解决，中国就无从建立一个新的、完整的儿童福利制度。因此，本书的第四部分包括一组对儿童福利服务组织公信力的研究报告。

在这三个报告中，我们使用了统一的分析框架，即利用混合福利模式的理论框架，确认儿童福利服务组织的四个主要利益相关方，并从公信力对象的角度，对服务提供组织与这些利益相关方的关系进行分析。

本书在分析中，利用了 Edwards 和 Hulme（1996）提出的“accountability”的分析框架。“accountability”的原意是“可解释的”、“可说明的”，或者是“负有责任的”。在汉语中，最接近英文原意的概念是“负责”，但是“负责”这个中文概念强调的是对结果的负责，缺少英文原意中关于承担“可解释的”、“可说明的”责任的意思。还有人把这个概念翻译成“问责”。“问责”部分反映了英文的原意。但是，“问责”在中文中含有自上而下地追究责任的意义，不适合这个概念原有的“承担对自身行为进行说明和解释的责任”的含义，并丧失了原有的、最重要的含义：为自己的行为承担责任。

Edwards 和 Hulme 的讨论中，把“accountability”定义为“个人或组织通过向其认可的权威报告的方式，同时为自身的行为承担责任”。Fox 和 Brown（1998）定义“accountability”为“使行动者为其行为承担责任的过程”。Cornwall，A.，Lucas，H. 和 Pasteur，K.（2000）认为“accountability”“不仅指对其他人负责，同时也是对自身负责”。所以，“accountability”不仅仅是对外部监控者作出回应，同时也应积极主动地改善自身，以保证忠诚于公众的信任。

翻译必须面对的问题之一，是翻译过程中，一个概念可能丧失部分其原有的含义。如果我们为了研究的方便，需要一个重要的中心概念来对这个问题进行分析，那么，从引申的意义来看，可以使用“公信力”这个概念，包括三个方面的意义：第一，公信力指一种可以接受的、可以信赖的状态；第二，公信力是一种“中性”的状态，可以从不同的方面来考察（无论上下左右中）；第三，在这个概念中，中心是“信”，这可以体现英文原意中“可解释的”、“可说明的”含义。但是，公信力这个概念，强调了“信”，而缺少了实际的“负责”的含义。在某些场合，当我们使用“accountability”，强调的是当事者责任的时候，公信力这个概念即有其局限性。在这种情况下，使用问责（自上而下）、应责（自下而上）或负责（无论上下左右中）的概念，可能更加准确。

因此，总而言之，“accountability”既可被看做一种状态、一组行为，也可被看做一束关系；既有其外部维度，即“遵守既定行为规范的责任”（Chisolm，L. B.，1995），也有其内部维度，即“因责任感而激发个体行动与组织使命”（Fry，R. E.，1995）。而若需从对象的角度详析非营利组织的“accountability”维度，Adil Najam（1996）提出了多维度的分析框架，即对委托者的公信力，也可被看做向上公信力；对自身的公信力；最后是对服务对象（社区或社会）的公信力，可被看做向下公信力。这个框架的问题是，当在中文的语境中使用的时候，“上”、“下”等概念带有不必要的社会分层的意味。但是，我们仍然可以采用公信力对象角度的分析框架。这个角度可以很好地和社会政策中混合福利模式的理论结合。根据混合福利模式，社会福利的供给者，不仅是国家，也包括公民社会，即社区、家庭和个人。儿童福利服务组织是这个框架中的一个利益相关方，也可以说是维度。从这个维度出发，我们对公信力的对象，可以划分为四个方面：国家、公民社会组织（资金提供者）、服务组织自身（服务提供者）、用户（在家长参与的服务组织中，用户和服务提供者的身份可以重合）。

从这个角度对儿童福利服务组织的公信力进行分析，将把混合福利的四个利益相关方作为分析维度。第一个分析维度是针对国家的公信力。因儿童福利服务组织受到政府的业务主管或支持，无论政府提供资金与否，福利服务组织都需要对其负责。第二个分析维度是针对社会的公信力，这包括：①对主要资助者负责。被调查的儿童福利服务组织都接受大的机构资助者提供的款项和在技术培训或者设施方面的援助，从而达到某一既定目标。所以，这些组织也会对作为捐助方的合作伙伴负有责任。这主要包括政府和大的国际资助组织。②儿童福利服务组织对弱势儿童群体提供服务，使用来自公众的捐款，需要对公众负责。同时，儿童福利涉及弱势儿童，社会需要知道这些儿童得到了怎样的照料和支持。③因这些组织使用公共财政拨款，每个纳税人均有权过问资金流向及运作效率，所以也存在对整个社会负责的问题。第三个分析维度是机构对自身的公信力，重点探究组织的内部管理、工作人员对职业及使命的定位，以及行业自律的可能。第四个分析维度，作为儿童福利服务组织的服务对象，用户有权利要求服务提供者对自己负责，因此，对服务对象，或简称用户的公信力，也是一个重要的维度。

二　主要假说

在这个框架下，我们提出几个相互联系的假设：

第一，公信力不是一个静止的状态，而是一个过程，问责与应责是这个过程的两个方面，只有通过定期的问责与应责，公信力才可以建立并得以保持。

第二，公信力的建立和发展也需要制度保障。问责与应责的制度可以由国家建立，也可以由公民社会本身建立。制度建设是公信力得以建立和持续的最重要因素之一。

第三，公信力的建立和发展不能仅仅依靠服务组织的道德自律，也需要来自外部的问责。对问责要求最为严格的利益相关方，服务组织的应责也最认真。例如，国家和大的资金提供组织，往往提出最严格的问责要求，也是得到最认真的应责的利益相关方。

第四，对于没有提出严格问责要求的利益相关方，如捐款的公众，或没有力量进行严格问责的用户，服务组织对他们的负责程度可能相应的不足。

第五，用户参与服务，可能是解决服务组织对弱势用户负责程度不足问题的一个积极的可能的办法。

在这几个个案研究中，上述假设得到检验。

三　资料收集方法和局限性

本调查都以定性研究为主。基本的资料收集方法包括文献调查、实地调查、参与式观察、深度访问、焦点小组讨论等。具体在每一个报告的导言中进行说明。

本次调查采用了分类型的样本选择方法：先根据理论假说确定了需要考察的组织类型，再根据方便原则选择了三个符合类型要求的组织：一个国有儿童福利服务组织、一个非政府的儿童福利服务组织，及一个非政府、用户家长发起和参与的儿童福利服务组织。

本调查的局限性：这项调查集中在对公信力过程的考察，如在组织建设、财务安排、人力资源管理等方面的公信力过程。对服务的结果，如接受服务的儿童的福利状态是否改善，缺少比较深入的研究和考察。对儿童福利服务组织来说，对其“问责”最重要的方面，应该是接受服务的儿童的福利状态的改善。对此，本项调查只有间接的考察。在考察“用户”参与时，主要也是考察家长的参与，而非儿童的参与。产生这个不足的主要原因在于调查经费和时间的局限，不允许我们做更深入的调查。期望在今后的研究中加以弥补。

参考文献

[1] Adil Najam, "NGO Accountability: A Conceptual Framework", *Development Policy Review* 14 (3) (1996).

[2] Chisolm, L. B. , " Accountability of Nonprofit Organizations and Those Who Control Them: The Legal Framework," *Nonprofit Management and Leadership*, (1995) 6 (2).

[3] Edwards, M. , & Hulme, D. eds. , *Beyond the Magic Dullet: NGO Performance and Accountability in the Post-Cold War World* (West Hartford, CT: Kumarian Press, 1996) .

[4] Fox, J. A. , & Brown, L. D. eds. , *The Struggle for Accountability: The World Bank, NGOs, and Grassroots Movements* (Cambridge, MA: The MIT Press, 1998) .

[5] Cornwall, A. , Lucas, H. , & Pasteur, K. , "Introduction: Accountability through Participation: Developing Workable Partnership Models in the Health Sector", *IDS Bulletin*, (2000) 31 (1) .

[6] Fry, R. E. , " Accountability in Organizational Life: Problem or Opportunity for Nonprofits?" *Nonprofit Management and Leadership* , (1995) 6 (2) .

第八章　儿童福利服务组织公信力建设研究之一：安琪之家的个案研究

李　敬　尚晓援

一　导言

儿童福利服务组织的公信力问题是中国儿童福利制度建设中的前沿问题之一。儿童福利机构的资金困境问题逐渐得到缓解的同时，社会随即面临着服务递送问题。各类性质的儿童福利服务组织——尤其是民间儿童福利服务机构是最重要的新的服务提供者。公信力问题不解决，中国就无从建立一个新的、完整的儿童福利制度。

本章的分析框架在本部分导言中进行了讨论。

我们分析中使用了“公信力”这个中心概念。具体而言，第一，公信力指一种可以接受的、可以信赖的状态；第二，公信力是一种“中性”的状态，可以从不同的方面来考察（无论上下左右中）；第三，在这个概念中，中心是“信”。同时，在某些场合，当我们强调对他者的一种责任的时候，我们使用“问责”（自上而下）、“应责”（自下而上）和“负责”（无论上下左右中）的概念，来分析公信力的过程。

目前公信力建设是中国公民社会组织发展的瓶颈之一。中国社会面临的信任危机也反映在民间儿童福利服务机构的发展中。有些研究认为民办非营利性机构的公信力不高（刘俊，2008），社会美誉度不足以吸引社会捐赠与政府支持，公共政策参与困难（李水金、侯静，2009）。如果没有一个成熟的制度作保障，仅仅依靠非营利组织从业人员的良知与热情，非政府组织很难维持其公信力（李虹，2003），可能导致这些组织失去捐助者和用户。

在以往对服务类儿童福利组织公信力的研究中，发现对用户的公信力是这些组织公信力建设中最薄弱的环节。对政府和大的资金捐助者的问责，民办机构一般会尽量作出应承，对其负责，以便增加自己的公信力。但是，对用户——特别是福利服务的使用者，因其无力保护自己的利益，也没有强有力的机构为其提供利益保护，服务提供组织的应责机制一般不够健全。而对用户的负责，又是所有的责任中最为重要的一环。因为接受服务的最终是这些儿童及其家庭，承担服务后果的也是这些儿童及其家庭。

福利服务组织对用户的负责不足，是国际上广泛遇到的一个问题。目前，一个令人感兴趣的假定是，用户参与到服务递送和管理中来，可能会改善这个方面的状态（Douthwaite，2006）。“参与”一词是指广泛的社区和个人参与，参与非政府福利服务组织的治理、运作决策过程，用户参与服务，可以使服务更好地反映用户的利益和需求（Bovaird，2007；Cavet，2004）。理论上讲，这种方式对于中国非常重要，因为政府对于民间组织的监管是有限的，并且很少有或者没有公信力评估机制（Lu，Y. 2005）。通过用户参与促进公信力的发展对于中国的民间儿童福利服务机构的运作尤其具有独特价值。

虽然有很多文献讨论过“用户参与可以促进服务提供者的公信力建设”的理论假说，但是，这些理论缺乏实证支持（Douthwaite，2006；Lu，Y.，2005）。本研究试图通过对一个由家长建立的儿童福利服务组织的个案分析，填补这个空白。

在实际应用中，用户参与包括服务接受者参与服务策划过程、参与选择管理组织委员会（通过民主选举）的过程、参与组织基本目标和宗旨的起草过程、参与审批通过对用户权利的说明等。当“用户参与”实际应用于儿童福利组织时，由于组织的服务对象是被边缘化的儿童群体，对于是直接接受儿童的参与，还是让他们的父母或监护人作为代理用户参与，还是有争议的。本章讨论的个案其实不是直接用户，即儿童的参与，而是家长代理儿童的参与。

本章所分析的机构，其调查是以定性研究为主。研究对象是南宁市安琪之家康复教育活动中心（以下简称安琪之家）。基本的资料收集方法包括文献调查、实地调查、参与式观察、深度访问（中心主任、办公室负责人、会计、捐赠机构负责人）和焦点小组讨论（儿童家长）等。

二　用户创造服务：安琪之家的创立

安琪之家的主要业务是为脑瘫儿童提供康复服务。脑瘫儿童的数量在儿童的总数中比重很小，脑瘫儿童的家庭经济情况多数为一般或比较贫困，所以对脑瘫儿童的服务缺少有支付能力的有效需求，脑瘫儿童的利益在国家的体制中也不能得到有效反映。国家和市场为这些儿童提供的康复服务很有限，使很多儿童得不到需要的康复服务（这种情况在很多发达国家也常见）。因此，在万般无奈之下，有些家长只能组织起来，自己创造服务。安琪之家的成立就是这种情况。

安琪之家康复教育活动中心成立于2002年6月1日，是在广西南宁市江南区残联业务主管下在区民政局正式注册的民办非企业法人单位，是广西第一家专门为脑瘫人士提供多元化康复、教育及日常生活自理引导服务的社会公益机构。

（一）家长发起

安琪之家是典型的家长办服务。安琪之家的创办者王芳，是脑瘫儿童的母亲。1992年底，其6个月左右大的孩子被发现有发育问题，其后几经诊断，最终确诊为脑性瘫痪（简称脑瘫）。

此后，王芳带着孩子开始了寻医问药的坎坷过程。经过一系列价格不菲的治疗和矫治手术，始终没有显著效果。随后在孩子康复教育过程中，她发现自己面临的教育问题是脑瘫儿童家长面临的集体困境。

一次偶然的机会，王芳参加了民政部下属单位举办的“脑瘫儿童康复训练班”，了解到脑瘫目前在临床医学或手术上尚无彻底根治的可能，只能通过康复来缓解临床症状，而且脑瘫儿童康复治疗越早越好。后来她还参观了香港一些家长举办的机构，深受触动。她认识到，在没有机会得到其他方面的服务时，家长需要自己采取行动。为了给孩子以及其他类似的脑瘫儿童找到一条可以公平健康地融入社会的成长之路，家长必须依靠自己的努力。

（二）多渠道寻求资源

为儿童建立康复机构需要有效的经费和行政支持。在安琪之家建立的过程中，家长是最主要的推动力。家长投入了大量的人力物力资源。从资金角度看，国家投入始终很少。安琪之家主要是依靠社会慈善资源支持，这对安琪之家的组织性质的确立非常重要。如创立伊始，世界宣明会就给予了经费、技术和精神支持等。早期的支持者帮助安琪之家初步确定了机构的发展战略以及逐渐实现的具体目标等。国际慈善组织、企业和慈善个人也是安琪之家重要的支持。这些支持使安琪之家得以维持并逐渐扩大，并向更多的、缺少支付能力的家长提供服务。

调查时，安琪之家为 31 名少年儿童提供机构内服务，为 15 名少年儿童提供机构外的社区康复或入户服务。总员工人数 25 人，其中在机构内服务的员工 23 人。

（三）经营过程中家长的支持

作为家长发起成立的机构，家长的投入和支持是安琪之家发展过程中得到的最重要的支持之一。王芳本人作为组织者，在安琪之家的建设中投入了全部心血。2002 年的春天，安琪之家借菠萝岭小学的一间房子开始试运行，最初有 5 名儿童，3 名老师。家长帮助机构寻找必要的住房、疏通关系等。安琪之家入住荣和新城小区 5 年，通过不懈的努力逐渐使小区的居民从不理解甚至是反对机构入住到接受安琪之家及其所服务的脑瘫儿童。

（四）政府（南宁市政府、残联和妇联）的支持

与其他民间福利服务机构相比，安琪之家得到政府的支持比较多。这种支持主要是正式的官方认可和表彰，而非直接的经济支持。在中国的特殊环境下，官方的认可对安琪之家的存在发展以及争取社会资助，有非常

大的帮助。例如，现任中国残联主席张海迪女士，在2004年6月1日安琪之家创办两周年时，发表题词祝贺。2009年以来，每年的“六一”儿童节，南宁市委书记都来慰问安琪之家，对其社会声望也产生了积极的影响。

在维护安琪之家平稳运行、努力服务脑瘫儿童的过程中，王芳也获得了很多官方和半官方的认可与荣誉，如被授予首届“中国百名优秀母亲”、“广西十大女杰”、“南宁市十佳市民”等荣誉称号。2008年9月，王芳获得联合国颁发的“服务残疾人事业杰出人士奖”，以表彰她对脑瘫儿童康复事业的“长期的投身、服务和奉献”。

在安琪之家的工作领域，政府的作用主要是规则制定者，而不是资金投入者。因此，在得到官方肯定和表彰的同时，安琪之家得到的来自政府的财政支援非常有限。据该机构2009年财务审计年报数据，2009年年度捐赠收入46.4万元中来自政府相关部门或残联组织的资金大约是5.53万元，占机构年度总收入（捐赠收入约46.4万元+服务收费约33.7万元）的6.9%。2010年上半年机构初步统计的40.75万元捐赠收入中来自政府或残联组织的仅有2000元。

作为民间公益组织，安琪之家不仅不能得到政府的经费支持，也不能享受公立学校可以享受的其他优惠，如廉租场地和水电费的优惠等。

（五）公民社会的支持

安琪之家发展的几年中逐渐团结了一批热心于公益事业的普通公民与企业，这些人有些是王芳夫妻的朋友，也有很多原本是素不相识而被其感动的普通公民。调研中，一位企业捐赠人表示，“对王芳机构的支持，表示我们正走在成为合格公民的路上”。而一些企业更是把对安琪之家的支持作为机构内部凝聚人心、体现企业社会责任的方式。安琪之家目前小额捐赠者大约有200人（个），这些捐赠者通过少到50元多到上千元的定期或不定期的捐赠为安琪之家的发展作出重要的贡献。同时安琪之家也通过一对一的对口捐助方式为家长解决了部分燃眉之急，使孩子可以继续得到有品质保障的服务。不过，在广西这种总体经济发展滞后的地区，在家长普遍缴费能力低而政府支持匮乏的地区，依靠社会捐赠难以对众多的残疾儿童家庭提供足够的服务。

虽然得到了多方面的支持，但没有稳定的经费来源，面对支付能力很低的用户群体，安琪之家经费方面的可持续问题始终存在。因为安琪之家依靠捐赠与服务收费，但服务收费占机构总收入的比例一直不高，机构如何在稳定的资金支持下持续发展是一个很紧迫的问题。一旦机构不能维持，很多儿童将失去他们需要的服务。

三　正规化和专业化之路

家长参与创办组织，好处是能够更好地考虑残疾儿童的需要。但是，在专业化和正规化方面，则先天不足。安琪之家的服务对象以脑瘫儿童为主。脑瘫儿童还时常伴随智力发育迟缓、癫痫或自闭等症状，这对安琪之家的专业服务提出了很高的要求。在有专业化经验的、正规的国际组织帮助下，安琪之家从筹划开始就确定了机构规范化和专业化发展的道路，结合了家长发起和专业组织参与这两个方面的优势。

（一）组织的正规化

非营利机构的内部管理是所有组织都面对的难题。因为中国关于非营利组织的相关法律不健全、社会公众的认知有限、公益资源短缺，按照国家规定建立一个理事会的管理框架并不容易。

1. 十年规划

大型国际机构的介入对安琪之家在高起点上发展起了重要作用。在建立伊始，首先确立了最重要的工作原则：做一个尊重生命的机构。其后，制定了正规的发展计划。计划在第一个五年内（2002～2007年），打造一支专业服务团队，建立机构规范化管理制度；第二个五年（2008～2012年）重点是推进机构发展，成为全国同类服务领域中的领军机构。

2. 理事会

依据《民办非企业单位登记管理暂行办法》等规章制度，安琪之家成立了理事会，经过两次换届，理事会包括四名成员：国际残疾儿童组织在华的两名项目负责人、一名记者及一名家长代表（指王芳夫妇）。每三个月就要开一次会议。理事会与机构发展紧密相关，可以高效地为机构发展制定策略、筹措资源、进行人力资源培训等，凝聚力很强，工作效率很高。

3. 管理结构

经过多年的发展，安琪之家从内部组织结构、员工培养与人力资源管理、业务培训与监督、收费与家长服务、后勤保障与物资管理等多个方面进行了细致的制度与规范建设，各个方面的制度相对成熟完善，对各项事情的进行流程都有了清晰的规定。

目前安琪之家的组织结构如图 8－1 所示。

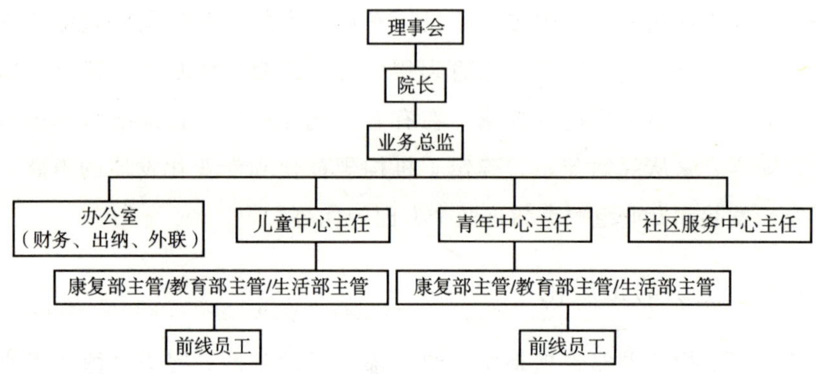

图 8－1　安琪之家的组织结构

（二）人力资源管理

作为一家康复机构，为了给儿童提供有效的服务，专家的作用举足轻重。在人力资源管理方面，安琪之家的特点是专家主导，注重对员工的培训。

1. 专家主导

在安琪之家的工作安排中专家处于主导地位。核心是三人管理小组——家长及创始人王芳、社区康复中心主任樊老师，以及有丰富康复护理经验的业务总监潘老师。安琪之家依靠专家来主导机构的日常工作和运行。核心小组以及另外 2～3 名骨干员工与香港彩虹工程负责人每个月都要就机构运营作一次讨论，强化了机构规范化运作和专家主导。

2. 对职工的支持和技术培训

残障儿童服务机构是一个人力资源非常集中的社会服务领域。因此，对员工的支持和培训是提供良好服务的重要环节。

理念培养：安琪之家在员工管理与培养中贯彻“一切为了孩子”的理念，“使员工认识到自己能力的提高是为了向孩子提供更优质的服务，让孩子在更专业服务的环境下成长，安琪的员工管理与培养都是为了孩子。”

能力建设与专业技能培养：安琪之家的员工几乎都是本省人。自治区内的特殊教育与康复专业人才培养在大学教育上几乎是空白，安琪之家只能“自己培养”专业员工，保证每个一线员工每年都至少有一次培训机会，中心主任有 2 次左右的培训机会，培训费用由机构负担。通过与重庆江津儿童中心、香港扶康会、耀能协会（原痉挛协会）的多年合作，学习台湾与香港的先进康复理念与康复方法，为机构培养了一批骨干人才。

在完善员工培养机制的同时，安琪之家也注重员工的管理，工资薪酬与个人业务能力发展挂钩，通过年度员工自评、直接主管的他评以及理事会会议决定三级评价机制来决定员工的级别与待遇。在制度建设中，安琪之家重视分层管理和各级管理人员之间的直接沟通。院长每周与各个中心主任要有一次面对面的沟通，而各主任每月也要与中心内 2 ~ 3 个部门的主管面对面沟通一次，部门主管与各自部门内前线服务的老师也要每月进行面对面沟通。为此，安琪之家在儿童中心还专门设立了一个沟通室。这种“沟通民主”的管理方式不仅使各个层级的负责人迅速了解基层情况，也使包括最前线的服务老师在内的所有员工都对机构产生了主人翁的责任感，加强了机构内在的凝聚力。

在员工管理方面，安琪之家已基本形成了从招聘、面试、入职实习、签订聘用合同与解聘、员工培训与事业发展等一系列的规章制度，机构内的员工按照管理、康复、特殊教育与生活等岗位分类，每个岗位也都形成了不同的岗位职责。

（三）财务管理：公开、透明和非营利

作为家长发起和参与的组织，安琪之家深知家长每一分钱的来之不易和对儿童康复的重要性，从建立伊始就公开向所有的捐助者（机构或个人）承诺，每一分钱的捐助都将用在孩子们身上，捐助者有权查阅善款的账目和使用去向。从2003年开始，安琪之家每年都请会计师事务所进行财务审计，并在网站上公布相关信息。对于大额捐赠者或长期捐赠者，机构办公室会按时寄送审计报告供其审阅。

秉承非营利的观念，亦考虑到残疾儿童家长的经济困窘状况，安琪之家坚持低标准收费。在本次调研时，儿童中心的收费按照服务类型分为走读、日托与寄宿三种，走读收费比照省内大医院进行的脑瘫儿童个训收费减半。收费标准对所有家长公开，并协助缴费困难的家长寻找资助。目前儿童中心的18个学员中一半都通过机构外联工作获得了学费资助。

（四）家长参与和专业化引导

作为家长创办的机构，安琪之家关心残疾人士的终生发展和融入社会。成立之初，理事会为机构确定的远景是“脑瘫人士融入社会”，明确机构使命为“以全人关顾的理念，为0～25岁脑瘫人士提供康复教育、生活自理及职业技能培训等一体化服务，使他们参与社会生活，体现生命价值，共享丰富人生”。目前机构服务的学员年龄在2～18岁，儿童中心的受训学员年龄在14岁以下，以引导式教育与运动平衡疗法以及文化课等方式为学员提供集运动、教育、康复等基本内容于一体的丰富课程，而青年中心则以重视文化、职业康复与个人生活自立、自理、锻炼等为服务重点。

从自身作为家长的经验出发，安琪之家的经营者和教师们知道家长最关心的是机构的康复教育水平与收费。因此，一方面尽量降低收费，另一方面千方百计地提高服务品质。同时，接纳家长参与儿童康复，并把准确的康复教育理念传导给家长。

王芳总结：“过去对于脑瘫儿童家长而言，认为这（指脑瘫）是一个治

疗问题，因此高压氧与补脑药，甚至矫治手术上家长都投入了大量的金钱与精力，而这一切都过去后，家长回过头来要做康复时，却没有钱了”，“每个家长都在走这样的弯路，这与我们的教育宣传都有关系”，“脑瘫是不可逆的，康复训练——越早的康复训练，就越有效果，我们不能再造一个脑，但是我们可以尽可能开发脑潜能，实现功能代偿。”

为此安琪之家非常重视早期干预与评估，对每一个来咨询的家庭都免费提供孩子的评估报告与康复指导。安琪之家的康复训练也不像大多数商业机构那样闭门训练，而是完全开放给家长。家长在安琪之家可以看到张贴的康复教育课程表，每天的个别训练结束后，家长与孩子可以免费继续使用训练场地，家长训练中有动作上的问题可以随时找老师询问，通过参与自己孩子的个性化训练计划的制订，家长的能力也在提高，同时安琪之家还坚持每个学期安排 2 次左右的由专业老师授课的家长培训班。

四 安琪之家的公信力建设

安琪之家的资金来源于政府资助、社会捐赠以及服务收费。这种多元的资金来源模式决定了与它相关的利益主体很多，利益主体的多样性意味着应责对象的多样性，它对政府、公民社会以及服务使用者都要负责。只有具备良好的社会公信力，它才有自身生存与发展的空间。当然，除了经费关系，其他在组织管理、专业技术和社会产出方面的建树，对提高机构公信力也非常重要。以下将按照导言的框架集中分析安琪之家的社会公信力建设。

（一）对国家应责

安琪之家是民办非企业单位，其业务主管单位是区残联，登记管理部门是区民政局。根据目前法规及政策要求，每年区民政局要对其进行一次年检，年检内容包括业务活动、资金情况等，检查的方式是机构自查与外部审计相结合。民政部门通过材料审核与随机抽查来核实，年检合格的单位才能继续进行运作。安琪之家每年按照要求进行年检资料上报与外部审计，每年都顺利通过年检。

按照法规中对业务主管部门的业务指导内容的规定，区残联需要对安琪之家的服务与运作，特别是康复教育服务进行指导（与监督），如康复服务内容、收费、大额外国资金入账、受训残疾儿童的权益维护等事项，安琪之家每年对残联作出年度汇报与计划，同时定期将账目中外国资金的来源、数目等向残联汇报。对于上述两个部门或组织而言，应责基本依据法规政策，内容也相对简单。

（二）对社会应责（捐赠者、媒体、志愿者）

安琪之家的年度总收入中，捐赠占绝大多数。因此，它对社会应责非常重视。对于捐赠机构（单位与个人），安琪之家在收到捐赠后，有格式基本固定的感谢信回馈给对方；对给予定向捐赠的个人，如“一对一”资助者，安琪之家会按照流程定期将被资助学员的发展状况通报给资助者；对于非限定使用目的的捐赠者，安琪之家会在年末将审计报告发给他们。

对捐赠机构与个人的调查表明，他们一般不看重捐助之后的问责，很多小额捐赠者也缺乏动力与信息。他们表示：“信任王芳夫妻，信任机构，所以不必要去追问钱怎么花的。”还有一位女捐赠人说：“看到那些孩子断粮，做父母的肯定着急，帮忙是人之常情，谁看了都要帮啊。”

大的机构捐赠者则对公信力有相当严格的要求。如与安琪之家合作最密切的两个国际残疾儿童组织的负责人都是机构理事会成员，对安琪之家的人事管理、资金支持与战略发展起到了重要作用，介入了机构管理。有的资助者直接管理项目经费，安琪之家只负责运作，不介入资金的管理（如国际助残的欧盟社区康复项目）。

多年来安琪之家一直很重视宣传，重视信息向社会公开。在访谈中王芳自己也认为，“我们在宣传上得到了媒体的大力支持，比一般机构的报道要多得多了”，而且多年来媒体的报道全部都是正面的。

志愿者服务是安琪之家接受的另外一种支持。本次调研没有直接与志愿者面对面地交流。通过年终总结、大事记以及与员工访谈看出，志愿者在机构发展中起到了一定的作用，如协助组织活动、为家长提供各种支持等。由于大学中的志愿者流动性很强，志愿者队伍不稳定，机构也经常陷入要反复培训志愿者等大量细致而琐碎的工作中。所以，曾一度停止招募志愿者。

（三）对用户应责

安琪之家和用户的沟通较多。用户都是通过家长之间相互介绍、家长在网络上获得信息以及家长在其他医疗、康复机构中得到信息后自己找上门的。当新的家庭到来以后，安琪之家的工作流程是首先确认孩子无传染性疾病，其后对孩子进行免费的身体功能及能力评估，在评估的基础上，请家长做出决定，是否在安琪之家进行康复。如果家长决定不在机构进行康复训练，老师会给出一些居家康复的建议，然后结案；对愿意在机构中接受康复的孩子，评估老师则根据孩子的情况转介到儿童中心或青年中心，再由中心的负责人与各部门主管根据孩子的评估结论和家长意愿，决定孩子的康复方案。在这个流程中，家长的想法得到了比较充分的尊重与聆听。因此接受采访的家长在访谈中表示，“这里的老师愿意听我们说”，“我们在这里可以见到老师是如何做训练的，不像有的机构门一关，我们在外等，什么也不知道”。

同时，安琪之家也进行家长培训，召开每学期两次的家长会，给家长通报机构发展信息，请家长了解机构的人事与财务变化。如果家长对于机构的康复训练有想法，可以通过直接与康复老师以及其主管面对面沟通的方式予以表达。家长觉得这种方式“对我们很平等，我们可以说话”。

在执行国际助残社区康复项目时，为了更好地服务于散居的家长与家庭，新成立的社区康复中心发起建立了家长自助小组，小组由家长管理、家长组织，活动内容由家长集体商议，机构为其提供场地等便利。这些形式多样的家长服务与家长活动，也给予了家长参与和表达的机会，使家长对于机构的服务品质有了一定的监督作用。

（四）自律与行业互律

安琪之家的机构能力建设一直是机构自身发展的首要任务，自机构创立以来，创办人就非常重视由内到外打造机构的社会形象，并希望通过严格的内部管理使服务品质自然体现于外。机构目前对于员工、服务、家长、社会宣传、募捐、志愿者使用等形成了一系列的规章制度，特别是在员工的培养与管理上，通过参与的方式使员工参与了机构的组织管理，其责任感得到加强，忠诚度不断提高。

在完善自身机构的同时，王芳也开始探索建立行业自律的可能性。2006年，安琪之家与河北、山西、北京从事脑瘫儿童康复教育服务的民间组织建立了交流渠道，相互学习。2007 年，在北京倍能的支持下，这些组织在北京第一次召开了筹备脑瘫学习网的会议，确定了该学习网络的目标与工作原则等。他们希望将网络做得精致而有信誉，到目前为止先后有 16 个机构成为该网络的成员。

五　结论

本章的主要发现是，在公信力建设方面，安琪之家作为民间非营利组织，基本上做到了对各个利益相关方负责，建立了良好的公信力。这成为机构存在和发展的重要基础。

用户（家长）发起的组织，在机构建设的各个方面，能够有效地反映家长代为表达的儿童利益，在对用户的应责方面，做得更加到位。这反映在机构的宗旨和目标定位、筹资方式、康复和收费安排，以及和用户的交流和沟通方面。这些发现基本支持了本章开始提出的假设：用户参与可以使机构更有效地反映用户的价值观、利益和要求，增加机构对用户的公信力。

家长发起的组织，需要有专业组织和技术力量的支持。如果没有国际专业组织的介入，安琪之家在服务提供方面也不可能达到目前的水平。这不是仅仅提供资金就可以解决的问题。在这个方面，安琪之家的成功有幸运和偶然的成分在内。国际专业组织在中国的影响毕竟有限，大多数脑瘫儿童家长，即使他们可能考虑发起自己的组织，但如果没有更有力的支持，一般也不会成功。

国家和残联在安琪之家成长过程中的作用可以从两个方面分析。在中国目前的民办非营利组织管理体制下，残联对安琪之家的支持是安琪之家发展中非常重要的因素。但是，从另一方面看，国家对脑瘫儿童这个群体的支持非常不足，经费和技术支持都没有到位，仅仅依靠慈善捐款不可能解决所有脑瘫儿童家庭面对的问题。因此，政府的作用从规则制定向服务的促进和购买转变是非常必要的。这样的转变也会为安琪之家这样的服务提供者创造更好的成长条件。

总之，安琪之家的个案，为这个领域的儿童福利服务组织做出了良好的榜样，是值得政府推广的模式。

参考文献

[1] 邓国胜:《构建我国非营利组织的问责机制》,《中国行政管理》2003 年第 3 期 (总第 213 期)。

[2] 李虹:《论非营利组织社会公信力的建设》,《上海交通大学学报》(哲学社会科学版) 2003 年第 1 期 (第 11 卷, 总 29 期)。

[3] 蔡磊:《论非营利组织的公共责任机制》,《学术探索》2004 年第 4 期。

[4] 曾维和:《浅议非营利组织的诚信建设》,《唯实 (哲学视界)》2004 年第 5 期。

[5] 刘俊:《完善我国非营利组织的问责机制》,《湖北社会科学》2008 年第 5 期。

[6] 李水金、侯静:《中国非营利组织问责中存在的问题及对策》,《国家行政学院学报》2009 年第 6 期。

[7] 李勇:《非政府组织问责研究》,《中国非营利评论》2010 年第 1 期。

[8] Lu Y. ," The Growth of Civil Society in China Key Challenges for NGO", *Asia Programme*, Chatham House, London, 2005.

[9] Douthwaite M. , Mayhew S. , Hammer M. , "Balancing Protection and Pragmatism, A Framework for NGO Accountability in Rights-based Approaches", *Health and Human Rights*, 2006.

[10] Bovaird T. ," Beyond Engagement and Participation: User and Community Coproduction of Services", *Public Administration Review*, 2007.

[11] Cavet J. , Sloper P. ,"The Participation of Children and Young People in Decisions about UK Service Bevelopment", *Child: Care, Health and Development*, 2004.

[12] Chisolm, L. B. ,"Accountability of Nonprofit Organizations and Those Who Control Them: The Legal Framework", *Nonprofit Management and Leadership*, (1995) 6 (2).

[13] Edwards, M. , & Hulme, D. eds. , *Beyond the Magic Dullet: NGO Performance and Accountability in the Post-Cold War World* (West Hartford, CT: Kumarian Press).

[14] Fox, J. A. , & Brown, L. D. eds. , *The Struggle for Accountability: The World Bank, NGOs, and Grassroots Movements* (Cambridge, MA: The MIT Press, 1998).

[15] Cornwall, A. , Lucas, H. , & Pasteur, K. , "Introduction: Accountability through Participation: Developing Workable Partnership Models in the Health Sector", *IDS Bulletin*, (2000) 31 (1).

[16] Fry, R. E. , "Accountability in Organizational Life: Problem or Opportunity for Nonprofits?" *Nonprofit Management and Leadership*, (1995) 6 (2).

第九章　儿童福利服务组织公信力建设研究之二：儿童希望

林　魁

一　导言

本章的目的是通过对一个儿童福利组织的个案研究，探讨儿童福利服务组织的公信力建设的过程。

二　理论框架

本章主要的理论框架见前面的讨论。

公信力建设对中国儿童福利服务组织的进一步发展是至关重要的问题。公信力建设的核心是对他者负责，获取来自他者（其他组织、个人或公众）的信任，这个获得信任的过程即是公信力建设的过程。对他者负责才有来自他者的信任。为了实现对他者的负责，需要一定的程序和过程，这个过程表现为“问责”和“应责”两个互相联系的方面。需要对其负责的他者有权要求服务提供者对其负责，即有权“问责”；而需要负责的主体则需要对“问责”应答，即“应责”。

对服务提供者来说，为了对他者负责，首先需要确认对谁负责，即有权利对其进行“问责”的“他者”是谁。这些“他者”可能是多个主体，如用户、资金提供者、政府和公众（如果其服务涉及公共利益）。对这些主体的问责，服务提供组织需要“应责”，问责和应责即是公信力建设的有效过程。在英文中，“应责”的对应词为“accountability”。

在本章中，我们采用的是多问责主体的研究方法，所研究的儿童福利服务组织需要对多主体的问责作出“应答”。应该指出的是，“问责”这个概念容易让人误解，好像需要对其负责的主体都可以主动地采取行动进行“问责”。在实践中，这一点常常是不真实的。很多“问责”主体的缺位或者不行动是“应责”不能到位的原因之一。同时，还应看到沟通渠道是否畅通、公民参与的取向、经济发展水平、技术手段等一系列因素也会直接或间接地影响公信力建设的效果。

除了公信力的对象之外，公信力的内容也是值得探讨的。在儿童福利服务领域，组织管理、经费的使用、专业技术和儿童福利状态，是最值得重视的几个方面。

三　研究方法

2010 年 8 ~ 9 月，课题组在北京对儿童希望救助基金会进行了调查和访问。调查中，与该组织的主任、主任助理、助养项目负责人和会计等人员进行了访谈，从公信力建设的视角，考察了儿童希望救助基金会的组织成长、内部治理机制、责任意识以及如何在儿童救助工作中建立公信力，目的在于以个案为基础，对不同类型的儿童福利组织的运作进行比较，进而发现公信力建设机制构建中所取得的进展以及存在的问题。

（一）儿童希望救助基金会的基本情况

1. 组织性质和组织的成长

（1）创立。

儿童希望救助基金会（以下简称儿童希望）于 2001 年 8 月 25 日正式挂靠在中国社会工作协会（以下简称社工协会）之下，成为该协会的内设机构之一。张雯担任儿童希望基金工作部主任，吴建英任副主任，初始人员共有 6 人。它的性质是一个中国本土的非营利组织（NPO），接受国内外的捐助支持。成立时确立了 7 项目标，即促进孤残儿童领养、家庭寄养、关注孤儿心理健康、大龄孩子的就业培训、医疗救助、福利院员工培训等。

儿童希望其实是有国际背景的，它的诞生与美国一家非营利组织——国际儿童希望（Children's Hope International，CHI）有直接的联系。

CHI是以国际领养为主要业务的一家机构，于1994年在美国按非营利组织注册成立。实际上，它的创办人早在1992年即已涉足在华领养儿童的事务。当时，中国的《收养法》颁布不久，国外一般家庭对在中国如何领养儿童可以说是一无所知。时为新闻记者的张雯女士与美国教育专家甘特（Dwyant Gantt）一道，开始协助美国儿家从事儿童领养的机构开展中国业务，随后他们萌生了自办机构的想法，并命名为国际儿童希望，成为美国最早开展在华领养事务的机构之一，以后还陆续开立了俄罗斯、越南、埃塞俄比亚、哥伦比亚等国的收养项目。张雯后来赴美学习，并担任了CHI副总裁。

中国社会工作协会成立于1991年7月，是经过中国社会团体登记机关核准登记的全国性专业社会团体，是由民政部主管的国家一级社团（同时成立的还有中华慈善总会），主要领导是民政系统内德高望重的老干部，在系统内具有广泛的影响力。

2001年7月10日，社工协会批准了儿童希望基金工作部的成立。2001年8月25日，经民政部核准，儿童希望基金工作部作为中国社工协会内设的儿童救助机构正式成立。

在儿童希望基金与社工协会协商挂靠问题时，明确了行政开支和项目经费完全由CHI捐赠，并且向社工协会上缴一定数额的管理费，而社工协会除了组织管理之外，还表示要协助儿童希望基金开设独立的银行账号。因此，儿童希望基金工作部虽然是作为一家中国本土的非营利组织宣告成立，挂靠于社工协会之下，但资金自筹，项目自设，主任级以下的人员自聘，从一开始就有较强的独立性。2002年以后，儿童希望基金工作部才开始尝试国内募捐，不过直到2004年以后才取得较大的进展。

2010年3月29日，儿童希望救助基金会在河南注册成立，它是一个私募基金会。儿童希望在中国终于有了自己的法人资格和账号。

（2）活动发展与组织管理关系调整。

儿童希望最初的活动主要是面向福利院的唇腭裂孤儿，提供医疗救助。成立后的第一年共为100多名孩子做了唇腭裂修复手术。2002年以后，在得到更多的医疗单位的支持之后，又把儿童心脏病、脑瘫治疗等项目包括进来；同年，还尝试开展了家庭寄养，并与义工团队“爱心妈妈”等组织建立了合作关系。2004 年还在北京成立了自己的寄养中心。

2004 年以后，随着民政部针对孤儿手术需要的“蓝天计划”的实施，儿童希望也随之调整了工作重点，开始关注贫困家庭的患儿救助，目的是把孤残儿童救助推进一步，通过帮助贫困家庭来减少孤儿的产生，这意味着儿童救助的理念从被动补救向积极预防转变。此后，儿童希望还增加了助学、助养、艾滋孤儿心理辅导、脑瘫儿童康复培训等项目。

2007 年，社工协会着手对内部的儿童救助机构进行调整，一个重要的措施就是把内设的另一个部门——孤残儿童救助工作委员会（成立于 2003 年）更名为儿童社会救助工作委员会（以下简称儿助会），并把儿助会也交给儿童希望来做。

这一变动是对儿童希望几年来工作的充分肯定，它体现了对儿童救助工作的新认识，即工作范围扩大，从服务于孤残儿童这一特定群体扩大到了全社会所有需要帮助的儿童，同时更加强调在儿童救助工作当中补救和预防、发展功能的相互结合。从机构角度来看，过去孤残儿童救助工作委员会和儿童希望基金工作部虽然在工作上有一定的交叉重合之处，但是资金来源和内部管理方式，甚至组织文化等方面还是有很大区别的。尽管儿助会的成立意味着管理相对集中和一致，但是，对儿童希望来说，这次调整意味着社工协会对其监管加强了，这与其希望更加独立自主的发展要求相矛盾。

（3）寻求独立。

随着近年来中国儿童救助事业发展的步伐加快，民间非营利儿童福利组织也如雨后春笋般出现、壮大，不少组织都在积极寻求更大的发展空间，试图进一步发挥社会影响。张雯作为儿童希望的创始人之一，具体目标之一就是争取儿童希望的独立法人资格。2008 年，她申请到一笔资助，专项用于注册基金会。经过一段时间的筹备，河南省儿童希望救助基金会于 2010 年 3 月 29 日宣告成立，其性质是一家省级私募基金会，张雯是法人代表，并担任基金会主任，办公室设在郑州，主管单位是河南省民政局。领导机构是理事会，有理事 5 人，现有员工 31 人，其中，办公室员工 16 人，寄养点的阿姨 15 人，实际上是以儿童希望的原班人马为基础的。

儿助会与儿童希望分开的事宜被提上日程。儿童希望与社工协会基本达成按照规定程序解除挂靠关系的共识，双方也都表示了希望今后有所合作的意愿。

2. 组织宗旨和主要活动

儿童希望的宗旨是“珍爱生命，给孩子家、健康和希望”，其服务对象起初是孤残儿童，2004 年以后开始涉及贫困家庭儿童的救助。所开展的主要活动项目有如下几项。

（1）助医项目。

救助对象：年龄 0～14 岁，患有先天性心脏病、唇腭裂、尿道下裂以及其他各类病残的贫困家庭儿童及孤儿。

救助方法：由需要救治患儿的监护人填写申请并批准后，儿童希望基金将救助款直接汇到项目合作医院。并为社会爱心人士提供救助平台，捐助患儿的治疗。

救助标准：根据患儿的不同情况，资助 50%～100% 的手术费用。

助医是该组织最早开展也是最主要的项目。早在 1999～2000 年，张雯就曾参与美国医疗援助小组，在新疆、南昌等地区为 26 个孩子做了唇腭裂等手术。但是，国际医疗救助受到成本太高、时间短、风险大等因素限制，效果并不理想，因而不再继续这种方式。儿童希望基金成立后，主要是与国内各地医疗机构合作。迄今为止，已帮助 4700 多名孤儿和来自贫困家庭的孩子进行了手术。

（2）脑瘫康复项目。

该项目始于 2005 年，已经为 80 多所儿童福利机构建立了脑瘫康复室，培训康复师 21 名，约有 8000 名儿童接受了康复训练，并资助了 120 位贫困家庭的脑瘫患儿进行康复训练及其家长培训。

（3）助养项目。

此项目从 2006 年 7 月开始，救助对象为 0～18 岁的孤儿。开始全部是面向各地的福利院儿童，现在也关注贫困儿童。目标是提高孩子所居住福利院或者贫困家庭的生活质量。

救助方式：为孤儿寻找资助人，以一对一的方式提供每月 100 元的资助。自2008年开始，由于国外捐助减少，资助额提高到每人每月125元，其中扣除行政费20%。一般以一年为一期，如果受助人需要也可延长。受助人也可以同时接受不同项目的支持，如助医等。

“一帮一”儿童助养项目从2006年7月份开展至今，已有来自全国各地的29所福利院的近2000名孤儿加入此项目，并有超过1500名孤儿得到了资助。他们分别来自贵州、安徽、河北、河南、陕西、山西、辽宁、内蒙古、天津、广东、江西11个省市自治区。

（4）灾区孤儿及贫困儿童助养项目（四川社工站项目）。

救助对象：身处四川地震灾区的0~18岁孤儿或者单亲儿童，或者是父母因地震失去劳动能力的0~18岁特困家庭儿童。

项目目标：为他们提供物质援助，以改善他们的生活和学习条件。

救助方式：寻找资助人，并提供每个月330元的资金支持，每3个月发放一次资助款，由受助人的监护人亲自领取，直至受助人完成学业开始就业。

（5）大龄孤儿助学项目。

救助对象：生活在全国各福利机构中的年满16周岁、初中毕业的孤儿。

大龄孤儿的特点是社会化程度低、生活自理能力缺乏、学习基础薄弱、自学能力较差、就业技能缺乏。大部分人在初中毕业后不能顺利升入高中，并且无法解决就业问题，因而只能留在福利院，增加了福利院的管理难度。

项目目标：让大龄孤儿通过职业学校的培训，掌握诸如医护、烹饪、美容、维修、动画绘制等实用专业技能，同时对他们进行就业指导，健全心理机制，使之较为顺利地自立于社会之中。

救助方式：以学生贷款方式为失学孤儿提供学费、生活费，与各地教学质量有保证的职业高中或中专建立合作关系，直至孩子完成学业。毕业后要求还贷。

毕业前，根据学生的特点、兴趣爱好、就业市场等进行就业指导和就业推荐，最终由学生自主决定。

（6）国际儿童希望之家儿童寄养项目。

救助对象：福利机构中的病患孤儿，需要前来北京地区进行手术，并需要寄养。

救助方式：提供短期寄养，照顾、喂养术前术后的孩子，直到他们痊愈或找到领养家庭。

2004 年至今，希望之家共寄养过 50 多个孩子，有十几名已经被家庭收养，目前仍在寄养的有 13 名，都是曾经患有各种疾病，并接受了手术治疗的孤儿，大部分孩子都在期待拥有一个属于自己的家。

救助标准：每月每个孩子生活费 1000 元，一个寄养 20 个孩子的希望之家一年全部的费用是 40 万元（包括房租、水电、煤气、员工工资、孩子日常用品等）。

目前的寄养点在北京昌平区北七家鲁疃村。

此外，儿童希望还开展了一些灵活多样的活动，例如以下几种。

（1）“手拉手”夏令营。

活动形式：以“拉着我的手，连着你的心”为主题，举办夏令营，集中培训、游览和参与社会活动。每期营员一般包括 20 ~ 30 个来自福利院的大孩子（年龄在 10 ~ 16 岁）。

自 2003 年起，先后举办了 3 届“手拉手”夏令营。分别来自山西运城、内蒙古呼和浩特和包头、安徽颍上、河南新蔡的 87 名孤残儿童参加了活动。

2006 年开始，夏令营又尝试加入住宿寄宿家庭、参观企业、到敬老院做义工等新的内容。具体做法是选择 20 ~ 30 个志愿家庭，经过培训和协议，为孩子们提供家庭环境的免费住宿、餐饮，并且承担接送孩子们参加活动的责任。夏令营结束后家庭可与孩子们建立长期的联络。通过活动，让孩子们感受来自社会各方的关怀，同时引导孩子建立对自我的正确认知，树立回报社会的责任感。

（2）心理辅导。

项目内容：提供团体、个体心理辅导及青少年成长工作坊，培养他们应对挫折和自我减压的能力、保持健康心理和行为的能力、解决问题并决断事物的能力，及人际交往等能力。

执行方式：集中辅导和长期个别辅导。集中辅导主要由专业的咨询团体，配合经过培训的志愿者，定期定点，按照培训计划，以“年”为周期开展辅导。在此基础上，再针对个别有较严重的心理健康问题的孩子进行辅导。志愿者由专业咨询机构和儿童希望共同招募，主要从有心理学、教育学、医学、人力资源等专业或工作背景的人士中挑选。此项工作主要依靠具有专业知识的志愿者来进行。

（3）“希望健行”。

“六一”希望健行是向社会广泛宣传孤残儿童、贫困儿童救助工作，呼吁全社会关心和帮助弱势儿童群体的大型公益性宣传活动。

“希望健行”源于美国国际儿童希望每年举办的募捐活动，许多领养中国孤儿的美国家庭为了帮助中国的孤儿，通过“希望健行”这样的聚会形式募集资金，许多孩子亲手绘制图画、烤制饼干，用义卖的方式筹集资金帮助中国孤儿。

从2004年起，儿童希望每到“六一”儿童节之际也举办类似的活动。以2006年为例，5月27日，由中国社会工作协会儿童希望救助基金工作部、北京市社会工作协会、解放军第二炮兵总医院、威露士联合举办的第三届“六一”希望健行活动，突出向社会宣传关心和帮助患有先天性心脏病儿童的主题。

（4）“1+1”慧聪特困中学生助学项目。

救助对象：河北贫困县涞源县的特困中学生。

救助方式：由儿童救助基金工作部、志愿者、慧聪网合作完成的一项助学计划。具体由“种良行动”志愿者严格按照入户走访与相关单位推荐的方法确定资助对象，并持续到学生高中毕业。资助标准为每个学生每年2000元。慧聪网起到监督执行的作用。

（二）公信力建设：问责与应责

前面描述了儿童希望这一非营利组织的概况，下面我们将以该组织及其关系群为基础，从公民社会组织与主管部门的关系、组织内部的管理、组织和社会的关系，以及组织和服务使用者之间的关系这四个维度来分析儿童希望与其主要的利益相关者之间如何互动、怎样取得互信。

1. 问责与应责：公民社会组织与主管部门

我们把公民社会组织与主管部门之间的关系界定为特定组织与对其负

有监管责任的主体之间的权利—义务—责任关系。

讨论问责和应责，不能脱离特定的政治、社会环境。对非政府组织来说，公民社会发育的程度不同，主体间的关系以及由此形成的问责或应责的内容、方式也会有很大差异。

在中国，公民社会组织要合法存在，就不可避免会面临业务主管单位的问题。

《社团登记管理条例》规定，民间社团必须有业务主管单位，才具备在民政机关登记的资格。所谓业务主管单位，是指国务院有关部门和县级以上地方各级人民政府有关部门、国务院或者县级以上地方各级人民政府授权的组织。这就是众所周知的挂靠方式。

业务主管单位实际起着代表政府监督管理下属社会组织的作用。从问责和应责的视角来看，它们首先要依据政府相关的法律法规或政策，来指导、规范、约束下属组织或个人的行为；其次，各单位通常都有内部的规章制度，具体指导组织的运作。由此可见，同上级的关系包含了不同层级的主体间关系。我们所要考察的主要是儿童希望与其业务主管单位——中国社会工作协会之间的关系，即向上的直接应责关系。

儿童希望与社工协会之间就问责内容而言，大致分两方面：一是同一般业务主管单位与下属机构一样，社工协会作为上级机构对儿童希望是否遵纪守法实施政治、行政监督；二是基于内部协议而生成的权利义务关系，包括绩效评估。值得注意的是，两者的关系在初始时期，与社工协会直接自设的下级部门有所不同，是通过协商形成的。双方约定，社工协会协助儿童希望开立独立的银行账户；在人事方面，主任级以下的岗位聘用自定，项目管理也拥有相对的自主权。此外，儿童希望明确承诺行政开支和项目经费自筹，每年向社工协会交一笔管理费。

儿童希望之所以得到特殊对待，与前面提到的 CHI 的支持分不开。CHI 在后来的发展中也分设了领养机构和基金部两个部分，其基金部是中国儿童希望的主要资助方，国际儿童希望设有北京办公室，儿童希望租用办公室的费用及其他一些办公费用全部由国际儿童希望提供。

国际儿童希望北京办公室组织机构如图 9－1 所示。

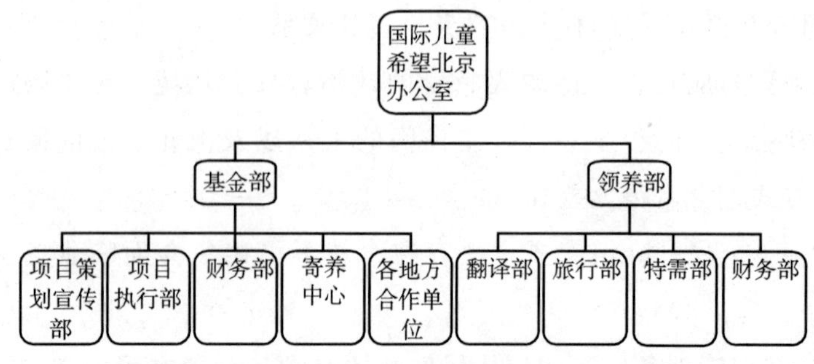

图 9－1　国际儿童希望北京办公室组织机构

不难看出，儿童希望其实处于双重领导之下，这种特殊性使它在起步时期获益匪浅。

改革开放以后，中国的残疾儿童救助事业从以政府为主的模式转向多主体参与。但是在“强政府”传统源远流长的环境里，民间组织获得有政府背景的资源无疑是提高自身公信力的捷径。儿童希望借助社工协会的平台，可以在全国开展活动，而且各地儿童福利院都会给予支持。对国内民间资助，也有不同寻常的吸引力。另外，由于它的国际背景和经费独立，社工协会在管理上给予很大的宽松度，主要就是按照程序由儿童希望提交工作报告，接受社工协会聘请的会计师事务所进行财务审计（自 2002 年开始）。相比不少民间组织初创阶段遇到的“找婆家难”、资金紧张、社会认知度低等困难，儿童希望的活动平台是很高的。

当然，社工协会在无需开支的情况下借助儿童希望这个很有活力的组织，开展了大量儿童救助工作，这也有助于它在国内外扩大影响，推动中国的儿童救助工作。

正是在这种相对独立、各有获益的基础上，儿童希望与主管单位的关系基本良好。

CHI 对儿童希望的发展也有直接的影响，表现为：①经济支持。②提供了国际化的财务和项目管理模式。③在“硬”支持以外，还有“软”因素的作用，即通过基督教理念的相承发挥精神激励作用。CHI 通过中国儿童希望也有所获益。CHI 本身的目标不仅限于领养，在世界各地都在做各种项目的儿童救助。在中国，CHI 借助儿童希望进入一般国外基金会很难进入的孤儿救助、儿童救助第一线，从而帮助了国际领养项目无法帮助的孩子们。2002年，CHI帮助20个中国孩子完成收养，以后逐年增加，仅2006年一年就完成了498个孩子的收养。此后，由于可被收养的孩子数量明显下降，CHI的领养业务也相应萎缩。1992～2008年底，CHI共完成了3500多名中国孤儿的国际收养。其中，70%的孩子身体健康，30%有各种残疾，如心脏病、唇腭裂、四肢残疾等。而通过中国儿童希望的助医、助学、助养、灾区儿童救助等项目，CHI帮助了超过万名的中国儿童。CHI与中国儿童希望之间的问责与应答关系，主要表现在领养部、基金部在业务和财务方面，需按期提交必要的财务和项目报告。

2009年，儿童希望从CHI得到的捐助锐减，一度削减了员工的收入和开支，对组织的凝聚力产生了一些消极影响。而与之形成鲜明对比的是，国内对儿童福利救助的重视程度和资助力度不断提高，以至于在儿童希望内部也出现关于未来发展应以立足国内为主的意见。此外，儿助会成立后，儿童希望在社工协会内的特殊地位也将不复存在，而它又希望保持独立性，导致双方走向分离。

小结

根据对儿童希望向上维度的问责与应责考察，我们感到，以下两个问题值得注意。

（1）公民非营利性组织发展的两难境地。

中国的社团管理有一个基本特点，就是业务主管单位的存在。在现行框架下，上级主管单位对下属社团承担领导责任，而社团的活动也会反过来影响主管单位的形象，实际构成一个带有行政管理色彩的封闭性“连带责任”结构。

从历史发展的角度看，在公民非营利性组织发展的初期，这种管理方式具有一定必然性，而且取得行政资源的支持，对公民非营利性组织也有重要的意义，因而它们通常会努力取信于主管机构。另外，资金是一个令现行体制尴尬的因素，很多民间组织为了解决资金问题必须广开渠道来获取国内外的社会资助。这就出现管理单一化、经费多元化的“混合”发展形态，儿童希望就是一个具体的代表。从公信力建设的角度出发，就出现一个问题，即业务主管单位是否能够作为公民非营利性组织公信力评估的充分条件？另一个问题是，假设公民非营利性组织一直处于主体性不够完整，责任、权利、义务也不够清晰的状态，是否有利于促进整个社会重视公信力建设？

从儿童希望的实践中，我们看到，在现行制度框架下，民间组织一方面重视寻找强有力的政府资源，另一方面又尽可能维护独立自主性，这就造成在中国这种特定环境下管理者和被管理者都面临的两难处境。下面我们将进一步分析这个问题。

（2）对专业化、社会化监管的需要。

众所周知，公民非营利性组织之所以能够存在和发展，恰恰在于它对政府功能有着重要的补充作用。这些组织往往针对具体问题或个体，行为方式灵活多样，具有探索性和创新性。

以 2009 年儿童希望参与救治“小希望”事件为例，由于网上信息的披露，儿童希望得知此事，认为孩子父母对小希望放弃救治是不当的，因而主动提出为孩子联系医院，重新诊断。这时，有个网友未经过孩子亲人同意就直接从医院把孩子带走，送到北京，引发孩子父母与儿童希望的人员及志愿者之间发生严重对峙。这一事件当时引起社会激烈的争论，也暴露出既有的儿童救助监管存在缺失。儿童是弱势群体，缺乏自我保护的能力，孤残儿童更是如此。针对这样一个群体，在儿童的法定监护人（如父母）之外，谁还有权干预儿童基本权益的保护？怎样干预？谁来监管？具体到儿童希望一方，如此处置是否妥当？对于这些问题，儿童希望当时曾与多个政府部门联系，希望它们介入，帮助拯救孩子，而这些政府部门却因无例可循，无法可依，拿不出说法。面对这类情况，即使业务主管单位也无法给出具有权威性的意见。比照一些发达国家的法律政策，我们看到，这里存在社会化发展程度的差异。在社会化程度高的情况下，解决这类问题有法可依，有各种专业性、社会化的权威组织履行职能，而不仅仅是依赖政府和政府下属机构。

2. 内部管理：问责与应责

内部问责是从组织内部的视角来考察组织建设与组织身份、目标是否匹配。分为两个方面，其一是某一组织对自身性质、目标和责任的认知，其二是组织内部的治理机制。

（1）组织认知。

儿童希望成立时就有基本宗旨，即“给孩子家、健康和希望”，这一宗旨与 CHI 的宗旨一脉相承。确立的组织使命是发动和利用社会公益资源，通过专业化的救助和服务，维护每个孩子的生存权利，使他们身心健康，拥有家庭生活和有价值的人生。

怎样落实这一宗旨，民间儿童救助组织能够发挥哪些作用，张雯谈到她的认识是在变化的。起初，只是较为单纯地出于人道主义的关怀，希望改善福利院孤残儿童的现状。后来，随着政府对福利院儿童制定了比较详细的标准化管理，又转向关注贫困与儿童救助的问题，考虑如何把救助推进一步，即预防与救助并举。近两年，在推动儿童救助的立法方面也作了一些尝试。2009 年，儿童希望首次通过全国人大代表提交了“关于建立全国儿童医疗保险制度的提案”。“小希望”事件发生之后，又通过政协委员向全国政协提交了“建立儿童保护强制报告及相关制度——关于未成年人保护法增补的议案”（见《儿童希望》2010 年第 3 期）。当被问到“你现在对儿童救助的最大的愿望是什么？”张雯说，希望看到中国建成不分城乡、全国统一的儿童医疗保障制度。

（2）内部治理机制。

儿童希望由于规模不大，组织结构只有两个层级，即核心层和项目部主管及项目人员。整个团队近 30 人，办公室人员一般维持在十几人左右。

该组织 2010 年之前在主任、副主任职位之外，没有设立理事会。重大决策，包括员工薪资定级，由核心成员（基本是一两个人）商议决定。

项目部有问题时通常直接与主任、主任助理等人汇报、商定。

工作沟通方式主要是每天半小时左右的晨会，现在采取网络会议的形式。

总体而言，儿童希望基本属于非正式的核心决策模式。

儿童希望在内部管理上实行岗位责任制。我们查阅到的内部规章有以下几种。

①儿童希望基金工作部手册。包括组织结构图、员工工作手册、基金部工作流程、寄养点工作流程、领养部工作流程、邮箱管理制度、计算机

日常使用管理制度等。

②工作岗位及流程。主要规定项目管理的流程，分为项目预处理、立项审核、项目执行、项目总结、项目过程记录，资料归档等环节。

③财务部岗位设置。

一是中国基金财务管理制度。分解为来源管理、使用审批程序、支付、报账、反馈程序等环节。其中，在收款确认方面规定，对容易出现纰漏的邮局汇款必须由财务两人共同监督执行，一人负责从传递室领取汇款单并按照规定登记信息，加盖个人名章，已经登记的汇款单交由另外一人，负责到邮局取款，开具收款收据，月末进行财务核对，统一通过网络或其他方式公布。

不定向捐款的管理是由基金部同组织有关项目负责人讨论确定实施项目，制定项目计划和预算，使用款项的过程及项目完结情况，通过网络公示，或以其他方式反馈给捐赠人。

二是 CHI 基金财务管理制度。其中对非定向捐赠的规定是，由基金部会同组织有关项目负责人讨论确定实施项目，制定项目计划和预算，经 CHI 批准后，方可使用捐赠款项，项目预算和 CHI 的批注件提交财务，财务按照预算拨款，项目完成后及时总结反馈给 CHI。

④旅行部财务管理制度。CHI 对岗位职责和工作流程的规定比较详细，新员工根据这些规章能够迅速地适应工作的需要。

（3）内部凝聚力。

薪酬福利方面，儿童希望采取的是个别定级的方式，员工薪酬不公开。新员工试用期一个月，起薪在 2200～2400 元。除“三险”之外，儿童希望还为员工缴纳了住房公积金，几项相加，人均支出为 1000 多元。员工收入在一般民间非营利组织中处于较高的档次。员工对组织的财务没有直接提出问责要求，组织对员工也没有应责的安排。

儿童希望录用员工特别强调爱心和奉献精神，目前多数员工信仰基督教，这些员工通常每周一次利用业余时间做祷告。基督教文化对组织精神起到支撑的作用。

员工队伍相对稳定。不过，2009 年，由于 CHI 资助锐减，儿童希望实行员工薪金减半，数月以后才逐步恢复。张雯本人的薪资由 CHI 支付，也在减薪，但不从中国儿童希望支出。这段时间，人员流失较多。

小结

我们把儿童希望的治理模式界定为非正式的核心决策模式。张雯个人对组织的影响是决定性的，这体现在决策、国际联系、组织宣传、员工录用、发展资助人、项目设立等各个环节。由于没有设立理事会，只是张雯和一两个核心成员决策，这种做法相对灵活，也有效率；缺点在于，一旦核心成员发生严重分歧，就可能造成内部分裂，带来组织危机。

内部规章里，对岗位职责和工作流程的规定比较清晰翔实，这有利于提高员工的工作效率。不过，我们没有看到关于员工绩效评估的办法和不同阶段的发展战略规划等方面的文件。

因为组织宗旨和使命清晰，项目明确，结构简单，员工易于形成对组织的认识，一般在加入时就有组织认同。因为组织规模不大，内部沟通不存在规模障碍；此外，多数员工都信仰基督教，也是形成内部认同的一个重要因素。在考察中，我们感到，组织内部的民主管理，似乎并不是儿童希望所考虑的主要议题。

尽管如此，当我们在考察了另一个民间儿童福利组织——安琪之家之后，感到在规模相似的情况下，安琪之家在发挥理事会作用和重视内部管理的透明度方面还是有很多可借鉴之处。

3. 对社会问责的应答

这里主要讨论儿童希望与社会捐助人（包括集体和个人）的关系，也涉及组织宣传及社会化问题。

儿童希望自成立以来，救助项目在内容和数量上都有很大发展，在这个过程中，对社会的公信力建设的重要性就充分凸显。儿童希望积极、主动地承担了越来越大的社会责任。

日常，各项目部会把通过各地福利院、志愿者、网络、直接联系等渠道获得的信息整理、收入数据库，然后在儿童希望的网页和刊物上公布，为爱心人士提供一个平台。在突发大灾难时，像四川“5·12”大地震，也会及时组织进行儿童救助。汶川地震发生的第二天，张雯等6人（两名员工、4名义工），就带着从和睦家医院筹到的第一批药品，赶到都江堰和北川附近的绵阳，随后又在四川设立了工作站，专门救助因地震造成的孤残儿童和特困儿童。此外，该组织还开展一些社会性活动，积极宣传儿童救助的理念、事迹，吸引更多的人士投入这项社会公益事业。儿童希望于2005年创办了自己的网站，此外还有自己创办的刊物——《儿童希望》，该刊每期印数在3000份左右。

我们根据看到的儿童希望的财务审计报告，列出了该组织自2002年7月以来的公益性捐赠的收支总额（见表9－1，其中缺少2005年的数字）。

表9－1 儿童希望2002～2009年度的公益性捐赠收支总额

单位：元

年度	境内公益性捐赠收入	境外公益性捐赠收入	公益性捐赠总收入	公益性支出
2002.07～2004.03.31	—	—	454637.10	318138.10
2006	—	—	6465761.84	7741642.54
2007	5910112.25	3679349.24	9589461.49	4373406.61（本年度数字均为货币收入）
2008	5686747.67（捐款） 11569983.00（实物捐赠） 合计：17200127.67	5439571.25（CHI捐款） 1138761.42（其他境外捐款） 3579240.00（境外实物捐赠） 合计：8065259.87	27414303.34（含会费等收入）	21697894.74
2009	6423903.67（捐款） 253400.00（实物捐赠） 合计：6677303.67	1870092.16（CHI捐款） 1839289.62（其他境外捐款） 合计：3709381.78	8950219.14 其中货币收入 8696819.14 实物收入 253400.00	8049139.20

前面提到，2001～2002 年，儿童希望的办公经费和项目运作经费都来自美国，自 2002 年以后开始面向国内接受社会捐助。2004 年和 2006 年的审计报告没有注明捐赠额的细目。2007 年以后，国内捐款同国外捐款比例已经基本持平或超出。这反映出国内已认可像儿童希望这样的民间非营利性组织对社会公益事业的贡献，支持的力度不断增强。

自 2009 年初，由于 CHI 基金会不再为儿童希望提供办公经费，儿助会（儿童希望）发布通知，按照国家有关规定，从助医项目捐款中提取 5% 项目运作成本费，其他项目中提取 10%。根据看到的资料，2008 年度，儿童希望工作人员的工资福利费支出和行政办公支出，两项合计占当年支出的比例为 6.54%。

儿童希望获得支持的主要渠道有：张雯、吴建英和她们的朋友，对她们和她们所从事的事业的积极认同；通过网络、朋友介绍、参加组织宣传的社会活动、媒体等得到信息，尤其是志愿者，到寄养点做义工，直接接触孩子。据介绍，儿童希望并未主动地组织大规模募捐，或者广泛地拉企业资助。目前，在儿童希望基金的国内捐助中，企业约占三成，多数来自个人。这中间，既有像满文军这样的明星，为脑瘫儿童筹款累计达到 1107947.49 元，也有小额的捐款。有的捐款人自称“无名氏”，未留下任何联系信息。

在捐助反馈方面，主要的做法是财务透明和及时提供受助人的反馈报告，达到对捐助人负责的目的。具体措施：一是郑重向各捐款人承诺，所有捐款专款专用。二是儿童希望财务报表对外公开。自 2007 年 1 月起，任何人都可以在网上查看财务报告及项目报告，查询捐款，北京办公室同时开放所有救助报告，可以随时按捐款人、项目或收益人，查询所有捐款使用情况。三是自 2009 年开始把年度审计报告在网上公示。根据项目的不同，提供的资料也不同，如助医，要向捐助人提供受益人的医疗诊断报告。儿助会在四川设立的社工站工作人员每季度到受助人家庭或所在学校进行随访，并将更新的信息转交资助人。

近来，由于儿童希望的财务管理权上交，有的项目捐助因为种种原因不能及时转给受助人，引起一些捐助人的质疑，也发生了中断捐助的情况。

小结

近年来，非政府组织提高透明度成为一种共识，有些做法被普遍采用，如财务透明、专款专用、及时反馈、加强捐助人的监督，儿童希望也不例外。但在看到成绩的同时，也还存在一些问题。例如，由于人力物力的限制，它自身难以做到全面监督捐助款的去向和效果。有的福利院在提供孩子情况时千篇一律，捐助人也不满意。怎样才能更好地发挥社会捐助的效果，需要进一步总结经验，加以改进。像助养项目就在考虑新思路，要点是：在调研的基础上确定捐助重点；除了考虑帮助需要，在布点时还要便于跟踪监管，保证组织有监控能力；建立更加翔实、准确的数据库，及时更新数据；吸引集体捐助；在确定的救助点上加强资助力度，做到以点带面，扩大示范效应。

加强捐助人教育也是一个重要方面，例如，以“无名氏”方式捐助，固然表现了默默奉献的美德，但在另一方面，缺乏联系信息，也加大了对捐助人反馈的难度，捐助人实际上是放弃了自己的监督责任。这反映出公众对慈善行为和自己的权利还需要有全面认识，需要进一步增强主体意识。

4. 对用户问责的应答

作为儿童福利服务提供组织，组织工作的成效最终反映在接受服务的儿童状态的改善方面。在这方面，我们感触较深的有两点。

第一，由于城乡差别，以及中国目前在儿童救助领域还远远达不到基本保障的要求。因此，对受助人来说，任何数量的资助，本质上都是有和无的对比，只要是有，即使是暂时性的，或者是小额的，也弥足珍贵，都是值得感激的。这一点从一个事例可见一斑。

2010 年 9 月 1 日，我们通过电话，向受助人皓迪的父亲了解他接受儿童希望基金帮助的感受。

皓迪，山东省临沂市莒南县文疃草岭后一户普通农民家的小女孩，孩子在刚满一周岁时（2006 年）不慎掉进家中滚烫的面条锅中，头和脖子因为烫伤严重粘连，五官严重扭曲变形，生命奄奄一息。孩子的父母从出事以后从未放弃努力，带着孩子四处求医，即使被临沂医院拒之门外，仍然不曾放弃。孩子的父亲说，他当时已经不要求什么了，只希望女儿能够活下去。

儿童希望基金工作部通过中国母亲网得知了这一情况，马上提供了帮助，和其他一些慈善组织一起，为孩子募捐，将孩子接到北京进行会诊、治疗，请了很多整形和麻醉方面的专家，其中有中国麻醉协会会长罗爱文教授。

美国儿童希望执行总裁来华期间看到孩子，主动为孩子联系好马萨诸塞州的波士顿儿科烧伤专科医院，医疗费用全部由医院承担。儿童希望等组织将国内所得捐款15万元，全部用于皓迪前往美国的旅费和生活费。具体由在波士顿成立的中国人基督会的工作人员安排小皓迪一行的衣食住行。所有捐款由儿童希望转入国际儿童希望在波士顿的办事处。

皓迪于2007年12月30日赴美接受手术，第一次停留约10个月。至今已经完成了多次手术，医疗救助将持续到18岁为止。

皓迪的父亲对儿童希望基金工作部非常感激，说如果没有他们，孩子早就夭折了。过去家庭经济状况在当地处于中上水平，孩子受伤后，为了治病，积蓄花光，根本无法承受大手术的费用。在接触中，感到那些工作人员的态度比亲人还亲。

家长对儿童希望也很信任，双方签有医疗救助的协议，家长也知道专款的数额，至于具体开支，表示无需过问。

谈到周围人对儿童希望等组织提供的无偿救助的看法，家长说，周围没人相信，总认为要么是送礼了，要么有关系。即使孩子家长本人，刚开始也不敢相信，抱着走一步看一步的心态。

当问到家长是否作了宣传、解释，他说，说了，而且媒体也做过报道，如上海东方卫视专题栏目做过专门报道（不是儿童希望联系的），可周围的人还是不信。

第二，当我们提出联系服务使用者进行访谈时，发现远比我们想象的困难。绝大多数受助人居住分散，联系不易，再加上前面所说的感恩心态，在公信力建设方面，服务使用者属于作用严重缺失的群体。由此可以看出，帮助基层民众了解、关心进而参与儿童社会救助事业的发展，也是一项长期而重大的社会任务。

（三）结论

对儿童希望的个案考察尚有很多不完善之处，仅就初步了解的情况来讲，大体可以得出以下观点。

（1）民间儿童福利组织发挥着政府救助功能之外的重要补救作用，也得到了政府和整个社会的肯定和扶持，具有一定的公信力。但是，非营利儿童福利组织目前的发展水平仍然处于初级阶段，表现为社会总体的制度环境远远不够完善，这些组织内部治理中个人因素仍然起着非常大的作用，服务规范不够健全，在组织公信力建设方面，仍然面临不少来自外部和内部的障碍，尚谈不上充分发挥主体性，从而全面、独立地承担社会责任。在公信力考察的框架下，相比较而言，一些有着明确的特定服务对象的组织比较易于评估，而综合性组织的评估体系有待建立。在中国目前的情况下，民间儿童福利组织走一条服务相对专门化的道路似乎更加有助于发展。

（2）民间儿童福利组织的运作有不同模式。一方面，允许探索；另一方面，亟须在深入调研的基础上总结经验，发现问题，针对具有共性的问题，在制度框架方面提出细化的改进措施，尤其是允许在一定的竞争中发展权威性评估机构，形成透明的、较为一致的行业规范。

（3）提高全社会对公信力的认识，并把这种意识贯彻到儿童救助事业发展的每一个重要的程序环节里。重视引导公众对公信力机制建设的重视，而不是把目光单纯停留在个别场合下的巨额捐款，忽视了公信力建设在社会公益事业发展中的制度意义。

参考文献

[1] 邓国胜：《构建我国非营利组织的问责机制》，《中国行政管理》2003 年第 3 期（总第 213 期）。

[2] 李勇：《非政府组织问责研究》，《中国非营利评论》2010 年第 1 期。

[3] Nancy M. Toelle and Karen E. Blankenship, "Program Accountability for Students Who Are Visually Impaired", *Journal of Visual Tmpairment & Blindness*,

February 2008.

[4] Jonathan GS Koppell, "Pathologies of Accountability: ICANN and the Challenge of 'Multiple Accountabilities Disorder'", *Public Administration Review*, January/February 2005, Vol. 65, No. 1.

[5] ALNOOR EBRAHIM , "Accountability in Practice: Mechanisms for NGOs", *World Development* (2003) Vol. 31, No. 5.

[6] Alnoor Ebrahim, "Making Sense of Accountability: Conceptual Perspectives for Northern and Southern Nonprofits", *Nonprofit Management & Leadersship*, Vol. 14, No. 2, Winter 2003.

[7] Chisolm, L. B. , "Accountability of Nonprofit Organizations and Those Who Control Them: the Legal Framework", *Nonprofit Management and Leadership*, (1995) Vol. 6, No. 2

第十章　儿童福利服务组织公信力建设研究之三：南宁市儿童福利院

王霞绯　尚晓援

一　导言

本章研究的主要目的是儿童福利服务组织组织的公信力。考察的对象是南宁市儿童福利院。本章主要使用了混合福利模式的理论。根据混合福利模式，社会福利的供给者，不仅仅是国家，也包括公民社会，即社区、家庭和个人。儿童福利服务组织是这个框架中的一个利益相关方，也是一个维度。从这个维度出发，我们把公信力的对象，分为四个方面：国家、公民社会组织（资金提供者）、服务组织自身（服务提供者）、用户（在家长参与的服务组织中，用户和服务提供者的身份可以重合）。

从这个角度对公信力进行分析，我们把混合福利的四个利益相关方作为主要分析维度。第一个分析维度是针对国家的公信力。因南宁市社会福利院隶属于南宁市民政局，受社会福利和社会事务科指导，所以政府可算其直接委托者，也是主要的资金提供者，对政府负责是必需的。第二个分析维度是针对社会的公信力，其中包括对主要资助者问责的应答责任。福利院使用来自公众募捐的款项，也接受大的机构资助者提供的款项，同时，在与国际组织合作时，福利院通常会接受国际组织在资金、设施方面的援助，从而达到某一既定目标。所以福利院也对作为捐助方的合作伙伴负有责任，这主要包括政府和大的国际资助组织。因公办福利院基本依靠公共财政拨付，每个纳税人均有权过问资金流向及运作效率，所以福利院也存在对整个社会拥有公信力的问题。第三个分析维度是机构对自身的公信力，本章将重点探究福利院的内部治理、工作人员对职业及使命的定位，以及行业自律的可能。第四个分析维度，作为福利院的服务对象，用户有权利要求福利院对自己负责，因此，对服务对象，或简称对用户的公信力，也是一个重要的维度。

二 南宁市福利院

（一）组织概况与发展进程

南宁市社会福利院是广西首府市属福利事业单位，隶属于南宁市民政局。占地 65 亩，床位 789 张。该院始建于 1951 年，是承担接收南宁市无法定赡（抚）养人、无劳动能力、无生活来源的孤寡老人、残疾人、孤儿、弃婴，并面向社会开展自费托养老人、残疾儿童康复、代养保教幼儿等为社区家庭老年人、儿童提供系列化服务的综合福利机构。是自治区福利事业的窗口单位、自治区一级福利院、自治区精神文明单位[①]。

调查时，福利院的机构设置为：办公室、行政科、财务科、收养管理科、医疗康复科、教育康复与社会工作科共一室五科（陈丽宁，2009）。依福利类别可将福利院分为老人部、儿童部。老人部按护理级别分类管理，分有护养区、供养区、慈海公寓；儿童部由婴儿区、儿童区、慧田康复训练中心、慈海幼儿园组成[②]。

福利院涉及儿童福利的工作主要有收养南宁市区 14 岁以下失依弃婴残童、孤儿以及联动中心送来的迷路儿童，集供养、保育、医护、康复、教育于一体；发展家庭寄养、助养项目；配合国内、国际收养工作。

值得关注的是，福利院多年的建设过程，是一个不断变革与发展儿童养护理念的进程。中国儿童福利院早期的养护理念是 20 世纪 60 年代提出的“养”、“治”、“教”的方针。对收养在院的残疾儿童，进行病

① http：//www. nnswi. com/jj. htm.

② 《南宁市社会福利院 2009 年度工作总结》。

情诊断和功能、智力、伤残程度测定，确立分类施教方案。并根据他们的年龄大小，因人制宜，实行分管、分教、分治，有的以养为主，有的教养结合，有的以矫治功能训练为重点，对残疾青壮年则实行以教为主，组织他们参加生产活动，进行职业技能培训，提高生活自理与劳动能力，为就业创造条件。在之后的发展中，儿童本身的利益逐渐成为养护工作的中心。2000 年前后，福利院儿童区开始强调“以孩子为核心，以爱为准绳”的工作目标，全体工作人员用爱心为孩子们营造了家的环境，精心喂养、抚育，开展教学、康复等活动，保证婴幼儿的身心健康，维护了孩子们应享有的合法权益[①]。并根据孩子的特点，开展与孩子心灵沟通的工作，针对孩子的年龄、身体差异，有针对性地开展声音、色彩、阳光、户外等活动[②]。

南宁市社会福利院作为该市唯一的国有福利院，承担了该市区所有的被遗弃儿童的“医疗、养护、康复、教育”责任。21 世纪初开始，养护观念逐步转变，逐步扭转服务对象在福利体系中的弱势地位并推动服务质量的提升。为了达到这样的目的，福利院必须拓展与国际组织的合作关系，实现服务社区与社会并汲取对等资源的目标，将工作重心转为特殊教育。福利院选择的这种外向型发展模式促进了机构的成长，并助推着广西处于初级阶段的儿童福利事业。

（二）接受进院和在院儿童的数量

福利院的主要工作是收养无人照料的儿童。数据显示，近 30 年来，福利院接收和在院的弃婴残童数量逐渐上升（见表 10－1、图 10－1），从 1985 年的 39 人增加到 2009 年的 497 人。在安置方式上，儿童收养和永久性安置是首选的安置方式。福利院严格遵照国家收养法规与政策，积极协助完成国内、涉外收养工作，致力于实现儿童家庭生活的权利（见表 10－2、图10－2）。

① 《南宁市社会福利院 2000 年度工作总结》。

② 《南宁市社会福利院 2004 年度工作总结》。

表 10－1　南宁市社会福利院历年收养在院之弃婴残童数量

单位：人

年　份	在院弃婴残童数量	年　份	在院弃婴残童数量
1985	39	2000	440
1987	54	2001	425
1989	70	2002	381
1991	63	2003	372
1992	90	2004	367
1993	102	2005	472
1994	164	2006	530
1995	136	2007	387
1996	585	2008	403
1997	649	2009	497
1999	599		

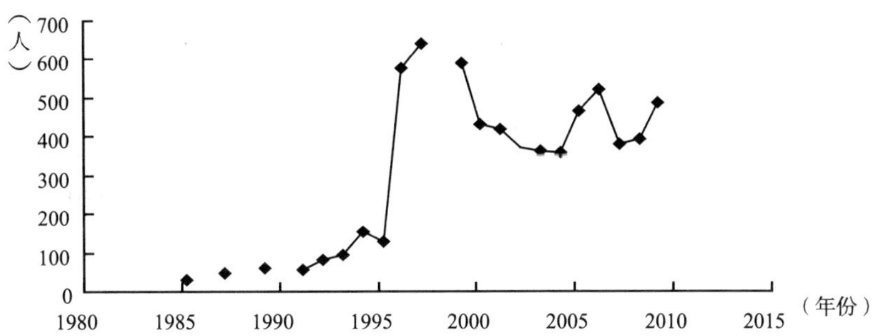

图 10－1　南宁市社会福利院历年收养的孤残儿童数量

表 10－2　南宁市福利院历年送养状况

单位：人

年　份	送养总数	国内送养	涉外送养
2000	208	79	129
2001	244	88	156
2002	264	63	201
2003	129	30	99
2004	181	39	164
2005	192	76	116
2006	155	56	99
2007	197	109	88
2008	95	65	30
2009	49	17	32

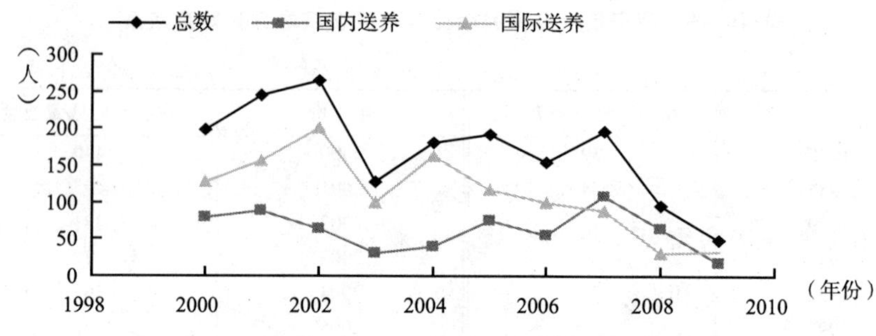

图 10－2　南宁市福利院历年送养状况

资料来源：根据南宁市社会福利院历年工作报告整理。

（三）国际合作

在中国国有儿童福利机构的发展中，国际儿童福利服务组织的作用不可低估。在理念转变、照料方式革新和补充经费的提供等方面，国际儿童福利服务组织的进入都发挥了积极的作用，带动了中国儿童福利院事业的现代化和与国际最佳实践接轨。因为国际儿童福利服务组织开始都带来了国外的慈善资金，而资金提供者要求资金使用者对其负责，公信力建设成为其中非常重要的一个方面。

南宁市社会福利院以外向型发展模式，丰富服务内容，提升服务质量。首先表现为积极发展与国际组织的合作关系，有效使用国际资源，吸收国际先进理念。福利院五个相对固定的国际合作伙伴为世界宣明会、美国浩德国际儿童服务中心、美国永恒之家、半边天基金会、美国晨光国际儿童服务中心[①]。

1. 与世界宣明会的合作

作为一个以儿童福祉为工作核心的救援性扶贫发展机构，世界宣明会与福利院建立了长期稳定、密切友好的工作关系。截至调查日，已完成了两期项目。

项目第一期从 1999 年 5 月至 2000 年 9 月，双方签署《合作助孤项目协

① 下文对于合作项目的介绍均参考了南宁市社会福利院网站，http：//www. nnswi. com/hzxm. htm。

议书》，合作内容包括举办福利院保育员、调奶员、医护人员、康复人员和管理人员的培训，提升工作人员对生命价值的认识，提高照顾孩子的专业化与规范化水平，从而提高孩子的生活质量；开展寄养家庭服务，让孩子有机会到家庭成长，享受家庭的温暖，同时也让社区人士更多地认识和了解福利院和孩子的需要，推动全社会都来关爱福利院的孩子；为特殊需要的孩子提供受教育和医疗的机会；开展引导式教育，为 0～6 岁的特殊孩子提供康复机会，为特殊需要的孩子将来更好地融入社会奠定良好的基础。6 年来，在合作助孤项目上的总投入共计 345 万元，包括资助 50 名保育员、康复人员工资和资助 120 个寄养家庭 313 万元；举办保育员、医护人员、管理人员、康复人员培训 100 多人次；建立引导式教育中心投入 11 万元；为院购置 21 万元的设施。

为巩固项目成果，双方于 2005 年 10 月开始第二期合作项目。南宁市民政局及南宁市社会福利院与世界宣明会签订了“广西残障孤儿早期康复及教育项目”合作协议书，旨在满足 0～6 岁残障孤儿的康复及教育需要，推广并巩固引导式教育的服务系统。具体工作包括对南宁市社会福利院的前线工作人员进行培训，使其成为引导式教育及特教工作的主要骨干；对南宁市社会福利院管理层提供培训、考察等机会，借此提高院方对引导式教育服务系统的管理意识及水平；在硬件上对福利院进行资助；与南宁市社会福利院共同举办社区教育宣传活动及协调义工服务，让社会了解残障孤儿。

2. 与美国浩德国际儿童服务中心的合作

美国浩德国际儿童服务中心（以下简称“浩德”）是一家有着悠久历史的专业儿童慈善机构，其宗旨为“每个孩子都应有自己的家”。

1994 年，浩德与香港“母亲的抉择”组织合作，对福利院的部分儿童实行了家庭寄养。2001 年秋，在自治区民政厅的大力支持下，浩德又与福利院协商达成共识：由双方共同提供资金，共同管理，合作开展福利院特殊需要儿童的家庭寄养项目。该项目开展两年，就已将 30 多名 1～7 岁的乙肝带菌、唇腭裂、白化病及肢残等病残儿童安置到有爱心的市民家庭生活。目前这些孩子在家庭的关爱中幸福快乐地生活，得到和正常孩子一样的照顾、支持和鼓励，为他们将来回归家庭、回归社会打下基础。该项目没有规模和时间限制，未来将有更多的有特殊需要的孩子通过双方的合作进入家庭生活。在十年的合作中，浩德通过中国收养中心为福利院安置了数百名孤残儿童到美国的收养家庭中生活。

此外，浩德还多方筹集资金与福利院合作，为福利院有特殊需要的孩子提供助学及助医的服务，并每月组织一次院内儿童进行院外活动，使他们有更多机会接触社会、增长见识。浩德职员还经常组织国外收养家庭募捐，不断帮助改善福利院儿童的生活条件。

3. 与美国永恒之家的合作

从 2003 年 10 月起，美国“永恒之家”收养组织与福利院合作，资助 10 个寄养家庭，该组织每月为每个寄养的孩子提供人民币 200 元资助。

4. 与半边天基金会的合作

南宁市社会福利院与半边天基金会于 2006 年 7 月起合作助孤项目。其中包括以回应式早期教育方法抚育 0 ~ 18 个月婴幼儿的“祖母计划”；采用“瑞吉欧”教育理念对 18 个月至 7 岁儿童进行学前教育的“小姐妹学前教育项目”；为 12 ~ 18 岁的青少年提供个性化的助学及技能培训的“大姐妹项目”，其依托慈海幼儿园的教师和艺术教育设施开展学龄孤儿等特长教育；以及采用补偿式家庭教育养育 2 ~ 16 岁孤儿的“新和家园”项目，其为南宁市的学龄前孤儿提供一个能在稳定持久的家庭氛围内生活的机会。

5. 与美国晨光国际儿童中心的合作

从 2005 年 4 月至今，美国晨光国际儿童服务中心在福利院开展扶残助困项目，进一步拓展了福利院孤残儿童的社会寄养项目。晨光国际儿童服务中心资助的寄养家庭由最初的 8 户上升至现在的 74 户，先后有 148 个孩子得到此项目惠助，其中正常儿童占总人数的 43%，特殊儿童占总人数的 57%。福利院与晨光国际儿童服务中心合作的近 3 年期间，晨光国际儿童服务中心不仅给福利院的孤残儿童提供了生活上的资金协助，并每年协助福利院举办与寄养家庭迎新春、庆“六一”、中秋慰问寄养家庭等联谊活动。有力地推进了福利院与社会组织的密切合作关系，提高了对孤残儿童身心健康的关怀。

（四）建设面向社区的资源中心

在福利院的发展中，建设面向社区的资源中心，对福利院以外的儿童提供服务，同时让福利院的儿童有机会在普通幼儿园接受教育和照料。这是跨度最大的一步改革。也是民政部自2006年以来一直推进的工作方面。这包括几个方面。

第一，面向社区，探索健残合一的学前教育发展模式。2005年2月，福利院中创办了慈海幼儿园。到调查日止，“入园160多名幼儿，已发展为办园思想端正，管理严谨，教育质量高，有优良社会信誉的幼儿园。福利院的办园思路是：儿童社会工作以教育保护为中心工作，孤残儿童的教育已成为我院必须突破的当前问题。幼儿教育具有较强的社会性，办辐射社区的幼儿园，让福利院孩子接受良好的学前教育同时与社区家庭孩子交流融合，达到使之融入家庭社区、融入社会目的。5年来，该园突出体现儿童福利院的资源优势，不断挖掘潜力开拓新项目：‘贝婴屋’育婴项目抚育家庭1岁以内婴幼儿、亲子苑、钢琴舞蹈兴趣班、师生参加各类教学比赛喜获大奖等，特别是融合教育健残合一的学前特殊教育……得到华东师范大学等国内特教专家很高评价，该园近期目标是努力发展成为教育部项目的华东师范大学特殊教育实验基地”（陈丽宁，2009）。

第二，面向社会，全面推进特殊教育。南宁市社会福利院于“2005年8月增挂‘南宁市孤残儿童特殊学校’牌，开始接受教育主管部门的业务指导并多方争取教育资源完善设施，着力健全以儿童区为主体的孤残儿童特教学校建设。几年来，积极向教育主管部门汇报开展‘九义’和学前特教工作情况，争取重视、理解和支持，教育部门和残联对该校的特教和助残经费划拨逐年增加。在业务方面，该校享受和教育部门特教学校同等待遇，参加教育部门的全部特教教师和校长培训，参加各类教学比赛，2010年一教师经严格考试考取广西教育厅名额的教育部委托华东师范大学举办的特殊教育言语与康复专业研究生课程进修班。特校现设4个教学班，同时进行手工艺等项目的职业技能培训，孩子的作品开始义卖销售。目前，教育局全力支持该校面向社会开放接受家庭义务教育阶段的特教学生。2006年9月创办‘慧田儿童康复训练中心’，接收40余名自闭症、弱能等特殊需要儿童开展个性化的特殊教育康复，并为家长提供培训和支持”（陈丽宁，2009）。

三　福利院的公信力建设

以上介绍说明，南宁市福利院已经不是传统意义上的国有福利院。通过国际合作和对社会开放，福利院的性质正在转变。逐渐向儿童福利的资源中心转变。这种转变除了民政部门的支持，还得到了教育部门的承认。这对其公信力建设提出了新的挑战：对外，国际资助者的问责要求需要得到回应，对内，除了民政部门，福利院还需要对教育、残联等部门的问责要求作出回应。在用户方面，除了原来的孤残儿童，社会上的儿童和家长也成为公信力的对象。

（一）政府

政府是资助和提供儿童福利的主渠道。福利院必须按照国家各个方面的规定安排工作，并对来自政府方面的问责作出应答。同时，如果不能对政府的要求作出应答，上级政府可以应用各种制约手段。包括更换领导。因此，福利院对来自政府的问责是必须应答的。从福利院各个方面的制度安排来看，福利院对政府的问责作出了充分的应答。

1. 组织应责和专业应责

作为福利事业单位，福利院对政府的应责主要体现在有效执行政府颁布的法律法规、政策条款；完成上级政府下达的任务；贯彻上级党委精神。而实现的机制大体为提交工作报告；接受上级部门（民政部门）对工作的评比检查；以及接受上级部门（组织部门）对干部（院长）的人事考核。专业应责则表现为严格执行国家对儿童福利服务的各项标准，包括组织标准和技术标准。

首先，2001 年 2 月 6 日中华人民共和国民政部批准发布《儿童社会福利机构基本规范》，于 2001 年 3 月 1 日起实施。阐明了儿童社会福利机构的宗旨；确立了针对儿童膳食、护理、康复、心理、教育上的最低分类服务标准；规定了关于机构证书和名称、人力资源配置、制度建设方面的管理细则；也明确了福利院设施设备的最低要求。福利院的实践证明，该政策得到了有效执行，具体体现在：一方面，福利院某些领导从儿童福利机构的宗旨“以科学的知识和技能维护儿童基本权益，帮助儿童适应社会，促进儿童自身发展”出发，明确认识到“儿童福利机构的基本服务功能是养护、治疗、康复和教育。福利院的服务内容要充分体现福利机构的基本功能，管理运作要将福利机构与医疗机构的服务区分开来”（陈丽宁，2009）。另一方面，福利院依照《儿童社会福利机构基本规范》，积极改革组织结构，最大化儿童福利。

该院的报告说明：“根据儿童福利院的功能定位，我院 2007 年申报增挂‘南宁市儿童福利院’牌时，同时申报增设教育职能科室，市编委批复后，我院内设机构设置为：办公室、行政科、财务科、收养管理科、医疗康复科、教育康复与社会工作科一室五科，改变了我院教育康复业务的长期空白和缺失局面，教育和社工从灯火阑珊处走向前台。为增强两个业务职能科室的务实功能和直接管理力度，又调整将医疗康复科和医疗康复中心合并，教育康复与社会工作科与儿童区合并。2008 年，我们按《儿童社会福利机构基本规范》对大儿童部作重大改革调整，按功能调整为医疗康复中心、婴儿区、儿童区三部门，各区强调工作人员配置专业对应和管理到位，分别配备医护、幼教、康复、教育、特教、社工等不同专业工作人员，充分体现儿童福利院的‘医疗、养护、康复、教育’四大功能。”（陈丽宁，2009）

其次，福利院很好配合民政部、卫生部自 2004 年开展的“残疾孤儿手术康复明天计划”（明天计划），即为城乡各类社会福利机构中 0 至 18 岁具有手术适应证的残疾孤儿实施手术矫治和康复。2007 年福利院申报手术儿童 7 人，已进行手术 7 人，派有专人陪同手术儿童负责护理康复，保证术后儿童得到很好的护理①。2008 年申报手术儿童 23 人，已进行手术 23 人，3 ~ 4 月安排专人陪同 12 名儿童到南昌医科大学做脑瘫手术，保证术后儿童得到很好的护理。2008 年 5 月福利院被民政部确定为广西脑瘫儿童术后康复训练基地②。同时，2006 年发布的“蓝天计划”也运行良好，2008 年孤

① 《南宁市社会福利院 2007 度工作总结》。

② 《南宁市社会福利院 2008 度工作总结》。

残儿童“蓝天计划”前期筹建工作稳步开展。福利院积极争取到“蓝天计划”资金，建设引导式儿童教育楼，总投资1210万元，2008年完成前期图纸设计工作，争取2009年7月前完成勘探等前期准备工作，2009年下半年开工建设，为福利院孤残儿童提供更好的生活和护理康复环境[①]。2009年该引导式教育楼已通过设计、招标、勘探、保健等各项手续，已于2009年底开工建设，预计2010年底完工[②]。

此外，福利院受1999年6月28日第九届全国人民代表大会第十次会议通过的《中华人民共和国公益事业捐赠法》规制，需履行受赠者之义务。同时，在收养工作中，需严格按照国家收养法规定，若涉外收养，则由专人负责的涉外送养工作小组负责；国内送养则需要配合民政局完成收养工作流程，并承担国内被领养儿童18岁前的间接监护责任。

2. 意识形态应责

福利院对国家的应答不仅仅是对政府，也对共产党组织。或者是对两者合一的问责的应答。应责一方面体现在传递官方意识形态，以官方主导的思想理念对院内干部职员进行教育。另一方面，则是应和上级党委各个时期的工作重心，将其工作精神贯穿渗透在福利院工作中。

从前者看来，集中体现在福利院认真抓好干部、职员的政治理论学习、培训工作。不断加强对干部职工的思想政治教育，培养干部职工爱党、爱国、爱院，为民政福利事业作出贡献的精神[③]。而福利院对党委工作重心的配合则着重体现在开展党风廉政建设和反腐败工作上。

3. 财务应责

（1）经费筹集。

福利院之财务应责主要体现在抓“两个效益”（经济效益与社会效益），自20世纪90年代开始，对于经济效益的关注尤为明显，创收幅度逐年递增（见表10－3、图10－3）。福利院自1994年开始即与民政局签订《工作目标管理责任书》，实行经济目标管理责任制，每年均须完成一定的工作目标

---

① 《南宁市社会福利院2008年度工作总结》。

② 《南宁市社会福利院2009年度工作总结》。

③ 《南宁市社会福利院2007年度工作总结》。

和经济指标任务。而院部则与各科室、收养区签订经济（工作）目标管理责任书，按工作目标任务完成状况，分清责、权、利，奖优罚劣。如南宁市社会福利院2001年经济目标管理责任制方案中明确提出“全年全院完成经济指标基数为960000元，每月基数为80000元。第一托养区工作人员17人，收治老人120人，自费老人67人。每月经费指标基数为27500元，全年经济指标基数为330000元；第二托养区工作人员15人，收治自费老人55人，每月经费指标基数为23333元，全年经济指标基数为280000元；第三托养区工作人员20人，收治老人45人。每月经费指标基数为29166元，全年经济指标基数为350000元；其他部门和人员定工作任务，不定经济指标。”1995在一份“扩大对外开放能力，促进福利事业发展”文件中，从福利院实际条件出发，提出几项创收措施，包括坚持广开门路，抓好自我经济发展创收工作；抓好自费收养收入为大头，积极创办福利经济实体，发展第三产业，走以实业补事业的新路子；充分发挥本院的有利条件，开通财源渠道，引进厂家出租场地，多方增加收入，形成多渠道发展经济的门路措施，从而增强了自我发展的能力。而2008年在工作总结中提出的不足是，“在2008年的工作中，我们虽然取得一些工作成绩，但还有许多不足的地方，如我院经济收入没有完成上级党委下达的经济指标，相差太大”。

表10－3 福利院历年创收金额

单位：万元

年份	创收金额	年份	创收金额
1985	4.442871	1999	464.3
1987	8.356935	2000	457
1989	23.95029	2001	532
1991	30.9119	2002	638
1992	38.2525	2003	439
1993	40.6	2004	520
1994	48.7525	2005	476
1995	60.8	2006	496
1996	68.9	2007	537
1997	78.09	2008	404
1998	379.1187	2009	424

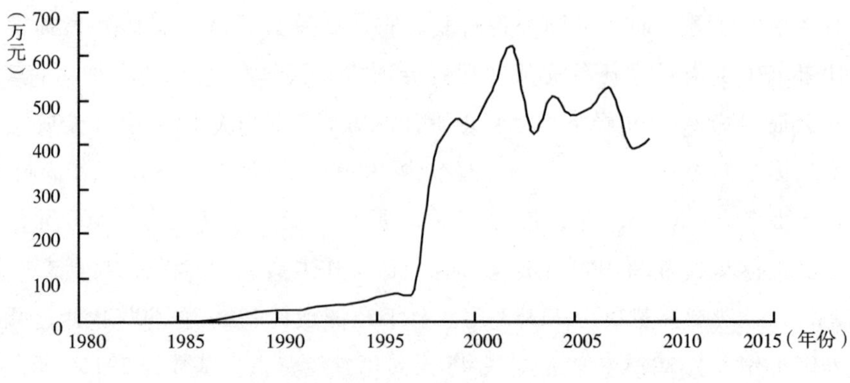

图 10－3　福利院历年创收金额

资料来源：根据南宁市社会福利院历年工作报告整理。

（2）经费使用。

在 2006 年工作总结中提出："在工作中，院领导班子组织党员领导干部、科职干部认真对待中央和各级党委、政府关于党风廉政建设、反腐败工作的有关规定，寻找工作中容易产生腐败的部门和岗位，制定相应的制度规定，从源头上堵塞漏洞，铲除腐败的根源。院领导还在全院大会、中层领导会议上多次强调，要做到廉洁自律，依法办事，请全院职工监督，请党员干部自警自爱，遵纪守法。如院里规定：院内购买 1000 元以上大件物品，一定要通过政府采购；院内的各项维修、基建工程，超过 2000 元一律报审计；重大的项目立项，大宗款使用要经过班子集体讨论决定。对业务科室如收养管理科的国内外收养工作、办公室的人员调动工作、财务科的资金管理、行政科的基建维修工程等这些涉及人事安排、资金使用、小孩收养、基建维修工程等容易产生腐败的部门和岗位，均制定详细规定，让大家有章可循。在工作中，院领导以身作则，带头廉洁从政，依法办事。院领导多次拒绝办理孩子收养的家庭宴请、拒绝收养家庭和建筑队老板的红包，并经常督促有关部门的科室领导要依法办事，不能收受办事人员的好处。"

上述几个方面，构成了福利院在党政机关层面应责的内容。福利院一方面通过提交历年的工作计划、总结报告，与上级机关签订工作责任书等方式对其应责，一方面通过接受民政部门的检查与评比（如 2008 年民政系统举办的“院长论坛”中评选出10个优秀福利院，2009年评选出80个优秀儿童福利院院长），对既有工作进行总结、反思与改进。此外，福利院院长与书记（副处级以上干部）则会定期接受组织部的人事考核。

（二）社会

因为福利院在与国际组织合作时，会接受来自合作方一定程度的资金、设施援助，所以虽然是平行的合作关系，也需要就服务状况与财政支出向合作方报告，以推动更深入的合作，进而实现儿童福利最大化。

在福利院的五个合作伙伴中，宣明会提供的经费最多，问责的要求最高。以宣明会与福利院“引导式教育中心”项目为例，福利院需要接受宣明会每周一次的访视、一季度一次的财务检查、每季度召开的有福利院管理层参与的中心季度会议、年终召开总结会，并接受年度评估，不合格的内容经过一段时期的修正后接受再评估。有时，世界宣明会多个区域办公室会对福利院进行交叉评估，以更严格的保证评估质量。其次，半边天基金会则聘请顾问在福利院工作，即实地对福利院工作人员进行监督、指导与沟通，福利院对其呈现“软性应责”。最后，福利院在与美国浩德国际儿童服务中心与晨光国际儿童中心的合作中，因二者都是定向捐赠，所以福利院的应责体现为落实专款专用即可。

作为政府下设的福利单位，福利院依靠公共财政的拨付而生存并开展服务。因之，其也需要向普通公民（社会）应责，这构成了公信力建设的又一维度。对于社会应责，主要在于向社会大众公开福利院状况，并接受社会监督。

福利院实则在20世纪90年代已形成了向社会公开的机制，在福利院1995年的自查报告中提及：我院“完善修订了《南宁市社会福利院工作制度和工作人员职责》，把《南宁市社会福利院公开服务细则》制成牌匾，挂在窗口科室和各个托养区，把服务工作人员的相片集体放入镜框，标上姓名，把服务意见箱挂在旁边，服务人员胸前挂工作牌，这样就把细则、操作规程范围、内容、对象、要求、纪律、监督人、电话、服务人员、意见箱全挂上，实行公开服务，自觉接受托养人员，家属，社会各界的监督。通过制定严格的岗位责任制，把我院的服务内容和职责层层分解，任务到岗，责任到人，由于建立了一整套较为完整的目标、有监督的工作机制，使服务工作人员在工作上完全改变观念，过去工作认为是管人，现在认识到是为人服务，而且还要热心、细心地为他们服务”。

2010 年，福利院也因推行行风建设运动而大大改善其社会形象，通过开展该活动，“院内科室、部门纠正以往一些非正常的工作状况，如离岗、串岗、迟到、早退、做与上班工作无关的事情等现象，杜绝‘门难进、脸难看、话难听、事难办’的现象”①。

（三）福利院的自身建设：对职工问责的应答

福利院的自身建设是公信力的基础。其实是机构对职工问责的应承。各个方面的措施包括：福利院对自身使命的定位，福利院的制度建设，以及对职工的培训、福利与考核。

首先，就组织使命而言，福利院对自身有清晰的界定，即坚持“为国分忧、为民解愁”的民政工作宗旨。而某一时期，“创建国家二级福利院”也是此院的奋斗目标②。

其次，福利院的制度建设比较完善，各项工作有章可循，均对职工透明。如在《全院岗位工作制度》与《各科室岗位目标管理责任制》中，对医护制度、查房制度、班组卫生工作制度、护理操作规程、财务制度、外事管理制度、安全管理制度等存在详细的规定。同时各项制度的执行状况也具有保障，福利院在 1995 年即实现了：根据每个工作岗位要求，把岗位责任制具体落实到个人，并实行每月打分的 100 分考核办法，按个人每月出勤，执行岗位责任制情况，完成工作任务情况进行考核评分。满分者奖，违反制度者罚，使各项规章制度得到严格执行③。此外，近些年还颁布了《福利院党风廉政建设规定》、《民主评议行风活动责任制规定》、《院务公开实施办法》的规定，提升了福利院的社会信誉。

最后，组织自身问责的重要方面在于对组织成员负责。福利院在向职

---

① 《南宁市社会福利院 2007 年度工作总结》。

② 《南宁市社会福利院 2001 年度工作总结》。

③ 《南宁市社会福利院 1995 年自查报告》。

工应责时有良好的作为。具体体现在重视对职工的培训、关注职工福利并实行对职工的考评。

在职工培训方面，福利院积极开展职工的培训教育工作以提高职工队伍素质，为服务对象提供优质服务。譬如，“2008 年我院加强职业道德和专业技术的培训，努力提高职工队伍素质，开展学习型单位、学习型职工活动，多次派人参加市级以上专业培训，组织工作人员参加院内培训就更多，有专业技术护理技能的培训，有护理礼仪、健康知识的培训讲座，也有针对我院出现艾滋病感染弃婴进行的艾滋病防护知识培训。积极发动干部职工报名残疾社会工作师资格考试，在 3 ~6 月邀请社会工作师对社工进行培训，让大家对社会工作有了更深的认识。福利院做好职工职称考试、技术工人资格培训、执业医师、执业护士注册考试等申报工作，为他们提供发挥自己能力的舞台”①。

在职工福利方面，福利院积极为职工做实事，谋福利。如 2004 年工作总结中提及，“院领导解决了职工宿舍 1 栋 18 户的集资建房问题，同时解决 12 户无房职工的住房问题；组织职工子弟夏令营活动；组织离退休职工的重阳节外出旅游活动；给考上大学的职工子女一次性奖励；为全院职工（含离退职工）进行了一次体检。为全院职工（含离退休、临时工）增加了药费补贴”②。

福利院也非常重视对在职在编人员的考核工作，以奖优罚劣，维持公正。如在“关于做好 2010 年上半年考核工作的通知”中，确立了《奖励性绩效工资分配方案》，“考核内容包括德、能、勤、绩、廉五个方面，重点考核工作态度、工作纪律和工作实绩。德，主要考核政治、思想和职业道德表现；能，主要考核业务技术水平、管理能力的运用发挥，业务技术提高、知识更新情况；勤，主要考核工作态度、勤奋敬业精神和遵守劳动纪律情况；绩，主要考核履行职责情况，完成工作任务的数量、质量、效率，取得成果的水平以及社会效益和经济效益；廉，主要考核在依法办事、廉政自律、坚持和维护党的民主集中制以及落实党风廉政建设责任制等方面

① 《南宁市社会福利院 2001 年度工作总结》。

② 《南宁市社会福利院 2004 年度工作总结》。

的情况。年度考核结果分为优秀、合格、基本合格、不合格4个等次”①。

（四）用户

福利院对用户的应责是公信力的一个重要维度。在儿童福利方面，重要的服务使用者应为院内的孤残儿童。这些儿童自身缺少问责能力。在得不到适当的应答时，也无力采取任何行动。因此，这个方面的问责主体处于相对无力的地位。国际组织在评估的过程中，会从儿童福利的角度进行，应视为用户代表的问责。

根据历年的工作报告发现，福利院在此处的公信力建设体现在孤残儿童服务理念的进步，即强调“以孩子为核心”的工作目标。其中，在2000年工作总结中提出“儿童区则用‘以孩子为核心，以爱为准绳’作为自己的工作目标，全体工作人员用爱心为孩子营造了一个家的环境，精心喂养、抚育，开展教学、康复等活动，保证了婴幼儿的身心健康，维护了孩子们应享有的合法权益”。同时，“根据孩子的特点，开展与孩子心灵沟通的工作，针对孩子的年龄、身体差异，有针对性地开展声音、色彩、阳光、户外等活动，科学喂养，精心哺育”②。最近几年则确立了“以医疗康复和教育康复相结合，关注孤残儿童的哺育、成长和发展，大力发展特殊教育”的政策方向，福利院通过与“合作组织联系，除了派人到外地学习同时也邀请专家到院内授课，通过举办培训班有针对性地提高工作人员对婴儿常见病的处理能力，提高寄养姆哺育护理儿童成长的能力，提高脑瘫康复基地工作人员康复训练的能力”③。

由于开展了对社会的服务，对家长的负责是公信力的另外一个方面。在这个方面，由于调查时间限制，尚未开展。

四　福利院面临的公信力挑战

南宁市社会福利院作为隶属于民政局的公办福利院，其工作体现了较

① 南宁市社会福利院：《关于做好2010年上半年考核工作的通知》。

② 《南宁市社会福利院2004年度工作总结》。

③ 《南宁市社会福利院2009年度工作总结》。

强的对政府负责的特点（特别是对民政局）；福利院日臻完善的机构建设则是对组织自身成员负责的体现，而就服务儿童之理念的进步与向社会公开之意识的增强则是福利院对社会公众负责的努力。必须承认，南宁市社会福利院在公信力建设方面做出了不少努力。但其未来的发展中，还需要迎接重要的公信力挑战。

1. 对政府负责

对政府负责是福利院公信力建设中最强的方面。首先，政府对于福利院工作的考核基本以数字化的定量考察为主，此绩效考察标准会引导福利院在工作中重视收养量、治疗量。但是针对需要较长时段才可展现成效的孤残儿童的教育工作，因现阶段上级部门缺乏能够衡量长期工作过程的质性指标，使得福利院从“医院化”向“康复教育化”转变缺乏激励机制。

其次，因民政局社会福利和社会事务科对福利院进行管理的形式以宏观政策指导为主，同时受人力与资源限制，管理较为松散。所以，福利院也可能出现“选择性执行政策”的状况，仅靠社会福利和社会事务科官员难以保证问责之成功实现。同时，院内领导层由组织部负责考察，但考核干部数量之多使组织部也难以精细考察某位领导的具体工作状况，因此在其位不谋其政的干部不会受到惩罚，这严重削弱了向上负责的动力。

再次，就财务负责方面，福利院能够做到遵守财经纪律，但在财务登记之专业性上略有瑕疵。据称，福利院未能实现《公益事业捐赠法》规定的捐赠收入单列，而上级部门也未对此进行规制。今后需加强规范福利院财务程序的专业性。

2. 对社会负责

对社会负责，在福利院的角度，最具体的是对资助者负责。这样，福利院才能得到持续的资金支持。福利院对于其合作方（在某种程度上也为捐赠方）的负责，因结构因素所致，有时也不够理想。因合作组织也需依靠项目运作而维系自身生存发展，所以其对福利院项目完成质量的考核也并非绝对严格，这种互利共生的合作关系使得合作方不会轻易以撤资解约来约束福利院的作为。所以，负责机制的缺漏削弱了公信力建设的效果。

其次，就对社会的负责来看。自 1996 年外媒报道“死亡屋”事件引发全球哗然后，福利院在对外开放上实则非常谨慎；同时，政府不允许福利院进行公开劝募，以及福利院为避免诱使民众抛弃孩子，致使福利院几乎不做宣传。因此，虽然院内存在一系列公开机制，但社会公众对于福利院依旧知之甚少，负责之效力也很微薄。

3. 对自身负责

首先，福利院高层乃组织调配形成，这种非自愿的就职模式使得高层有时很难对自身使命，以及组织使命有清晰的定位与热切的追求。

其次，虽然福利院自身着力进行员工培训及制度建设，但普遍存在在编人员工作积极性不高的现象。因事业编制人员轻易不会被降低待遇标准，轻易不会被辞退，致使守成心态普遍，改革较为艰难，新制度之执行有时也并不理想。

最后，虽则院内对在职在编人员存在奖优罚懒的考核制度，但多数工作人员“轮流坐庄”的要求使得考核制度形同虚设。这些都影响了组织对自身的负责。

4. 对用户负责

在对儿童负责上，对政府的负责可能与对服务使用者的负责相冲突。这集中表现在：福利院在 20 世纪 90 年代前后，为完成政府创收任务，对自费托养老人的关心、对于发展实业的热情，都远远超过对儿童的关注。究其原因，一方面在于福利院受制于财政约束，但另一方面在于，孤残儿童处于最弱势、最无法发声的地位，作为其监护者的福利院又充任其代言人，当问责和应责双方合二为一时，公信力建设的效度必然大大削弱。

五　政策建议

针对福利院面临的上述问题，笔者认为，在公办福利院的公信力建设体系中，首先需着力强化组织对自身公信力的建设，健全内部问责与应答机制；其次要探索实现对用户负责的机制。就前者而言，应配合事业单位改革方向，逐步实现公益事业单位的非营利组织化，从而摆脱计划体制下“等、靠、要”的惰性思维，进而激发工作人员的积极性。就后者而言，考虑到孤残儿童群体的弱势性，应更多依靠社会监督以推动福利院的公信力建设。这需要引入第三方评估的机制，使无利益关系的第三方成为自身无保护能力的儿童的代言人。一方面福利院需要以更加开放的态度面向社会，而整个社会也需逐步形成监督政府、关注弱势的意识；另一方面，可以考虑逐步建立社会审计的指标体系。

就对政府负责而言，作为民政局的下属福利事业单位，福利院自身缺乏自主性，导致政府问责过强，其他利益相关方的问责过弱或者缺位的风险。同时，福利院与其上设组织的沟通协商机制尚少（福利院目前尚无人大、政协代表），比如某些利益诉求无从上达，以及某些不合地方实际的政策无法修正（如养育标准），这都会导致福利院被迫“选择性”地执行政策。这需要随着我国政治体制改革的深化而逐步改善。

参考文献

[1] 陈丽宁：《南宁发展适度普惠型儿童福利事业的实践探索》，中国儿童福利政策研究暨第五届全国儿童福利院长论坛，2009。

[2]《南宁市社会福利院 1988 年度工作总结》。

[3]《南宁市社会福利院 1995 年自查报告》。

[4]《南宁市社会福利院 2000 年度工作总结》。

[5]《南宁市社会福利院 2001 年度工作总结》。

[6]《南宁市社会福利院 2004 年度工作总结》。

[7]《南宁市社会福利院 2007 度工作总结》。

[8]《南宁市社会福利院 2008 度工作总结》。

[9]《南宁市社会福利院 2009 年度工作总结》。

[10] 南宁市社会福利院：《关于做好 2010 年上半年考核工作的通知》。

[11] 南宁市福利院网站 http：//www. nnswi. com/hzxm. htm。

[12] Chisolm, L. B. ,“Accountability of Nonprofit Organizations and Those Who Control Them: The Legal Framework”, *Nonprofit Management and Leadership*, (1995) 6 (2) .

[13] Edwards, M. , & Hulme, D. eds. , *Beyond the Magic Bullet*: *NGO Performance and Accountability in the Post-Cold War World* (West Hartford, CT: Kumarian Press) .

[14] Fox, J. A., & Brown, L. D. eds., *The Struggle for Accountability: The World Bank, NGOs, and Grassroots Movements* (Cambridge, MA: The MIT Press, 1998).

[15] Cornwall, A., Lucas, H., & Pasteur, K., "Introduction: Accountability through Participation: Developing Workable Partnership Models in the Health Sector", *IDS Bulletin*, (2000) 31 (1).

[16] Fry, R. E., "Accountability in organizational life: problem or opportunity for non-profits?" *Nonprofit Management and Leadership*, (1995) 6 (2).

后记　任重道远：理论研究和制度创新的挑战

在本书中，我们对影响中国儿童福利制度未来发展的一些重要问题进行了初步探索。这些问题包括四个大类：第一，中国儿童福利的法律政策和制度；第二，中国的儿童预算和儿童成本；第三，中国弱势儿童群体的生存状态；第四，不同类型儿童福利服务组织的公信力建设。

中国的儿童福利政策正在进行着重大的制度性突破。在孤儿群体的生活保障问题被提到中国政府最高的议事日程上之后，其他弱势儿童群体的生存状态、生活保障和福利需求的问题也被提到了中央和各地政府的议事日程上。中国的公民社会更是对弱势儿童的生存状况极其关注，并通过现有的政治体制和参与机制参加了制度创新。然而，当决策层的局面逐渐打开之后，新的儿童福利的制度设计正在成为发展的瓶颈，对中国的儿童福利界和政策制定者提出了挑战。中国的儿童福利制度设计，将成为今后学术界和政策学界研究的新的前沿问题。

新的儿童福利制度的思想基础，是对儿童问题重要性的重新认识，要转变儿童福利的理念。作为国家政策的思想基础，在过去的几十年中，和儿童福利制度紧密相关的一个基本前提是，人口增加对经济发展有负面的影响，相关的对儿童的各种福利支出，是私人领域的问题，所以应该尽量由家庭承担。随着中国劳动力市场上刘易斯拐点的到来，劳动力成本增加，人口老龄化加速，人力资本的增值加速，劳动力日益成为经济发展中的稀缺要素。儿童是中国未来发展中最重要、最宝贵但又是最稀缺的资源，这一点已经非常明确。在这种情况下，儿童福利不再仅仅是家庭的事情，国家必须在这个对未来发展有极其重要战略意义的方面投资。没有对儿童的投资就没有中国的未来。这是我国儿童福利制度进一步发展的重要前提。

新的儿童福利制度的筹资基础，是全新的儿童预算。没有政府的投入，新的儿童福利制度不可能建立，即使建立了，也无法正常工作。对儿童预算的研究，在中国刚刚开始。希望通过本书第二章的简单分析，能抛砖引玉，见到更好的研究。同时，政府对儿童的投入，有赖于政府部门和全社会接受制定预算时的儿童视角，也取决于全社会对政府预算制定和执行的监督。可以预见，儿童预算的问题，将在比较长的时间内，成为儿童福利领域的一个重要的研究课题。在实践中，建立儿童敏感的预算制度和对政府支出的监督制度，会是一个长期的课题，也会迎来理论和实践层面的双重挑战。

中国儿童群体的生存状态，逐渐进入政府、学术界和公民社会的视野，这种态势将会进一步继续。我们预计，政府、学术界和公民社会将从更多的角度关注目前已经引起了社会和政府重视的弱势儿童群体，如孤儿、留守儿童等，并从更多角度关注所有儿童面临的问题。如本书提出的饮用水、卫生设施和能源服务等问题，过去没有进入儿童福利界的研究视野，这是我们探讨儿童福利研究新的发展方向的一个尝试。多维度儿童福利会逐渐成为新的研究热点，也会是今后政策关注的重点。在基本生活得到保障的同时，儿童安全、心理发育、主观福利和向成年期过渡等多维度的问题，会得到更多的关注。与此相关，建立测量儿童福利指标体系的问题，也会提上议事日程。

除了对中国儿童福利整体状况的关注，对目前尚未引起足够重视的弱势儿童群体，如残疾儿童、单亲家庭的儿童和其他照料者缺失儿童的关注度也会上升。其中，对中国500万残疾儿童的生存状态以及这些残疾儿童的家庭经验，关注度将会上升。未来的政策突破，也会从这个方面进行。

建设新的儿童福利制度，意味着增加对儿童的服务。服务不仅是金钱的问题，还有服务提供本身涉及的一系列技术和制度问题。这些在未来都是政策研究关注的重点问题。其中，最重要的问题之一是服务提供者的问题：服务从何而来？由谁提供？新中国成立后的经验，已经否定了政府作为唯一的服务提供者是一个正确的选择。政府可以作为规则制定者和资金投入者发挥重要的主导作用，因此，非政府的儿童福利服务组织将成为重要的服务提供者。这将推动一个新的部门迅速扩大。儿童福利服务提供机构的问题，会在不久的将来，成为制度发展的中心环节。在整个部门面临超常发展的时候，怎样通过学术研究引导政策制定，为这个部门的未来发展打下良好的基础，是对整个儿童福利学界的挑战。本书选择了机构公信力建设问题作为切入点，并形成下述认识：公信力是整个部门发展的重要环节，甚至是中心环节。而政府对这个新的服务提供部门的发展，也要承担起制定游戏规则、监管所有的游戏参与者的责任。未来，在公信力评估、服务提供者监管这些方面，政府和非政府的作用会大大增加。随着对项目和组织评估的需要增加，相关的“评估学界”的发展也可以预期。

总而言之，中国儿童福利的制度突破已经开始，在这个新制度形成和发展的关键时期，中国面对的最重要的挑战，不是资金的短缺，不是政府的决心，不是整个社会的关注与否或儿童是否有政治声音——这些条件都已经具备。最重要的挑战来自儿童福利学界自身：在这个极其重要的发展阶段，中国的学术界在儿童福利的理念、制度创新和体制设计方面，能够前进多远，决定了中国新的儿童福利制度能够向前推进的程度。在这个意义上，我们说，中国的儿童福利研究者，任重道远。

图书在版编目(CIP)数据

中国儿童福利前沿. 2011/尚晓援，王小林等著. —北京：社会科学文献出版社，2011.6
(儿童生存现状系列)
ISBN 978-7-5097-2361-6

Ⅰ.①中… Ⅱ.①尚… ②王… Ⅲ.①儿童福利-研究-中国
Ⅳ.①D632.1

中国版本图书馆CIP数据核字（2011）第091121号

·儿童生存现状系列·
中国儿童福利前沿（2011）

著　　者／尚晓援　王小林 等

出 版 人／谢寿光
总 编 辑／邹东涛
出 版 者／社会科学文献出版社
地　　址／北京市西城区北三环中路甲29号院3号楼华龙大厦
邮政编码／100029

责任部门／财经与管理图书事业部（010）59367226　　责任编辑／蔡莎莎
电子信箱／caijingbu@ssap.cn　　责任校对／师敏革
项目统筹／高　雁　　责任印制／董　然
总 经 销／社会科学文献出版社发行部（010）59367081　59367089
读者服务／读者服务中心（010）59367028

印　　装／北京季蜂印刷有限公司
开　　本／787mm×1092mm　1/16　　印　张／21
版　　次／2011年6月第1版　　字　数／327千字
印　　次／2011年6月第1次印刷
书　　号／ISBN 978-7-5097-2361-6
定　　价／59.00元